M. Gonauser · M. Mrva (Hrsg.)

Multiprozessor-Systeme

Architektur und Leistungsbewertung

Mit 106 Abbildungen

Springer-Verlag
Berlin Heidelberg NewYork
London Paris Tokyo 1989

Dipl.-Math. Monika Gonauser
Leiterin des Fachgebietes Softwaretechnik

Dr. phil. Michael Mrva
Leiter der Fachabteilung SW-Architektur und -Sicherheit

Zentralabteilung Forschung und Entwicklung,
Siemens AG, München

CIP-Titelaufnahme der Deutschen Bibliothek
Multiprozessor-Systeme: Architektur und Leistungsbewertung
M. Gonauser ; M. Mrva (Hrsg.).
Berlin ; Heidelberg ; New York ; London ; Paris ; Tokyo : Springer, 1989
  ISBN-13: 978-3-540-50262-3   e-ISBN-13: 978-3-642-95573-0
  DOI: 10.1007/ 978-3-642-95573-0
NE: Gonauser, Monika [Hrsg.]

2362/3020-543210

Vorwort

> „Wer sich aber wundern sollte, daß nach so vielen Geschichtsschreibern
> auch mir die Abfassung einer solchen Schrift in den Sinn kommen konnte,
> der lese zuvor alle Schriften jener anderen durch, mache sich darauf an die
> meinige, und dann erst wundere er sich."
>
> Flavius Arrianos (95 - 180 n. Chr.)

Die Entwicklung von Rechnersystemen wird vom Wunsch nach immer
höherer Rechenleistung vorangetrieben. Das Angebot hoher Verarbeitungsgeschwindigkeit ermöglicht es, neue und komplexere Anwendungsfelder der
Datenverarbeitung zu erschließen. Früher wurden steigende Leistungsanfor-
derungen über neue oder verbesserte Technologien des Entwicklungs- und
Fertigungsprozesses der Hardwarekomponenten, durch sinkende Schalt-
zeiten und höhere Taktraten befriedigt. Heute erlauben die vergleichsweise
niedrigen Hardwarepreise zusätzlich Rechnerkonzepte, die erhöhte Leistung
durch größere Anzahl von Rechnergrundkomponenten und deren parallele
Nutzung zu erzielen versuchen. Abhängig von der nutzbaren Nebenläufigkeit in der Verarbeitung haben sich drei Klassen von Parallelrechnern
herausgebildet: Pipelinerechner, Arrayrechner und Multiprozessor-Systeme.

Die Klasse, mit der die größten Erwartungen hinsichtlich einer möglichst
universellen Anwendung verbunden werden, sind Multiprozessor-Systeme.
Hierbei handelt es sich um eine Rechnerarchitektur, die mehr als einen Prozessor als Hardware-Betriebsmittel enthält. Verschiedene Beispiele solcher
Rechner, die bereits heute erfolgreich eingesetzt werden, demonstrieren die
universelle Anwendbarkeit. Dabei kann nicht übersehen werden, daß sich
die Softwareentwicklung für Multiprozessor-Systeme erst im Anfangssta-
dium befindet.

Zweck dieses Buches ist die Bereitstellung relevanter Merkmale für die
spezifische Beurteilung von Multiprozessor-Systemen. Es versucht, einen
Überblick der derzeit bekannten Konzepte solcher Systeme zu geben und
einige der damit verbundenen Probleme und Fragestellungen zu erläutern
bzw. bewußt zu machen. Die zahlreichen aufgegriffenen Aspekte im Zusammenhang mit Multiprozessor-Systemen können in einem Buch dieses Um-
fangs allerdings nicht erschöpfend diskutiert werden. Ausführliche Litera-
turverweise bieten dem Leser deshalb Hinweise auf Beiträge, die vertieften
Einblick in die einzelnen Themenkomplexe geben.

Das Buch wendet sich an Leser, die mit den Grundbegriffen der Hard-
und Softwareentwicklung vertraut sind. Angesprochen sind sowohl Systementwickler, die an einem Überblick und Vergleich der bekannten Konzepte
interessiert sind, als auch Verantwortliche, die Hilfestellung für Auswahl-
kriterien suchen und konkrete Rechnersysteme kennenlernen wollen, sowie
Studenten DV-technischer Fachrichtungen.

Der Inhalt gliedert sich in zwei Themenkomplexe. Im ersten werden der
Begriff „Multiprozessor-System" bestimmt und diese Rechnerklasse anhand

ihrer charakteristischen Merkmale strukturiert. Verschiedene Systemkonzepte und spezielle Fragestellungen werden angesprochen sowie zahlreiche Rechnerbeispiele anhand der verschiedenen Klassifikationsmerkmale gegenübergestellt und verglichen. Um den Überblickscharakter des Buches zu erhalten, wurden Detailinformationen in zwei ausführlichen Anhängen zusammengefaßt.

Der zweite Themenkomplex behandelt die Leistung von Multiprozessor-Systemen. Ansätze für Definitionen des Begriffs Leistung im Zusammenhang mit Multiprozessor-Systemen und Methoden für die modellgestützte Leistungsbeurteilung von Rechnersystemen werden dargestellt.

Viele der im Text verwendeten Namen von Hardware- und Software-Produkten sind eingetragene Warenzeichen, die ohne Hinweis angegeben sind. Beispielsweise sind Ada oder UNIX immer als Ada™ bzw. UNIX™ zu lesen. Abkürzungen sind am Ende des Buches in einer eigenen Liste zusammengefaßt.

An dieser Stelle ist es ein besonderes Anliegen der Herausgeber, sich bei allen zu bedanken, die zum Gelingen des Buches beigetragen haben. Dies gilt insbesondere Herrn Lebsanft, der sich um die Gestaltung des Buches besonders verdient gemacht und die Fertigstellung unermüdlich vorangetrieben hat.

München, im Oktober 1988   M. Gonauser, M. Mrva

Mitarbeiterverzeichnis

Sieghart Bagdon	Kapitel 3, 4, Anhang R
Werner Hoffmann	Anhang R, V
Karl Lebsanft	Kapitel 2, 6, Anhang V
Siegfried Paul	Kapitel 1, 5, 6

Hr. Bagdon, Hr. Lebsanft und Hr. Paul gehören der Zentralabteilung Forschung und Entwicklung der Siemens AG in München, Hr. Hoffmann dem Unternehmensbereich Energie- und Automatisierungstechnik der Siemens AG in Erlangen an.

Inhaltsverzeichnis

6 Methoden zur Modellbildung und Analyse von Rechnersystemen 83

Anhang

V Verbindungsnetze 128

1 Klassifikation von Multiprozessor-Systemen

„Denn im Menschen lebt ein tiefer Wille zur Einteilung, er hat einen hefti-
gen, ja leidenschaftlichen Hang, die Dinge abzugrenzen, einzufrieden, zu
etikettieren."
Egon Friedell

Um sich im großen Angebot von Rechnern zurechtzufinden, die als „Multiprozessor-Systeme" bezeichnet werden, ist zunächst eine geeignete Beschreibung oder *Definition* (Abschnitt 1.1) solcher Systeme notwendig, die zur
Unterscheidung und Abgrenzung gegenüber verwandten Rechnern dienen
soll. Für Vergleiche innerhalb der so definierten Menge von Multiprozessor-
Systemen wird eine Verfeinerung der Definition, also eine zusätzliche *Klassifikation* (Abschnitte 1.2 u. 1.3) benötigt. Es müssen deshalb Kriterien zur
Unterscheidung von Systemen angegeben werden. Die Software spiegelt das
Einsatzfeld eines Multiprozessor-Systems am stärksten wider und ist somit
für eine Leistungsbewertung entscheidend. Daher ist die *Programmierung*
(Abschnitt 1.4) solcher Systeme mit ihren vielfältigen Möglichkeiten und
neuen Problemen der dritte zu behandelnde Aspekt. Hinweise auf exemplari-
sche Multiprozessor-Systeme beziehen sich auf Kapitel 3 und Anhang R.

1.1 Definition „Multiprozessor-System"

Da es derzeit keine allgemeine oder verbindliche Definition für Multiprozessor-Systeme gibt, wollen wir uns zunächst auf eine „Basis"-Definition
beschränken, die später mit Hilfe zusätzlicher Beschreibungsmerkmale sukzessive erweitert werden kann.

1.1.1 „Basis"-Definition

Definition: „Ein Multiprozessor-System ist ein Rechnersystem, das als
wesentliches Merkmal über mehr als einen Prozessor verfügt. Diese Prozessoren - von durchaus unterschiedlicher Komplexität - können miteinander
kommunizieren und teilweise kooperieren, um Aufgaben verschiedenster
Ausprägung gemeinsam zu bearbeiten. Das schließt eine asynchrone Parallelverarbeitung mit ein. Die Komponenten des Gesamtsystems (Prozessoren,
Speicher, Ein-/Ausgabe) sind über unterschiedlich ausgeprägte Verbindungsnetze miteinander gekoppelt und werden von einem gemeinsamen
Betriebssystem kontrolliert" (Bild 1.1).
In der Literatur (z.B. [Enslow 77], [Hwang 85], [Klein 87], [Männer 87])
werden ähnliche nicht-formale Definitionen vorgeschlagen, um das Gebiet
der Multiprozessor-Systeme grob abzugrenzen. Gravierende Unterschiede

entstehen erst mit der Verfeinerung der Definitionen, da jeder Autor die wesentlichen Bestandteile eines Systems anders gliedert und bewertet. Solche direkte Definitionen unterscheiden sich von einer abstrakten Rechnerklassifikation, in der ein Multiprozessor-System z.B. nur als eine spezielle Form von Parallelrechner definiert wird. Die Rechnerklassifikation von Flynn [Hwang 85] ist eine der bekanntesten. Sie basiert auf der Vielfachheit von Befehls- und Datenströmen, die ein Rechner verarbeiten kann, und unterscheidet (in Akronym-Schreibweise) die vier Klassen:

SISD : sequentielle Rechner	SIMD : Array-Rechner
MISD : (im Prinzip) leer	MIMD : Multiprozessor-Systeme

Dabei steht S jeweils für *Single*, M für *Multiple*, I für *Instruction-Stream* und D für *Data-Stream* (siehe auch Tabelle der Abkürzungen im Anhang).

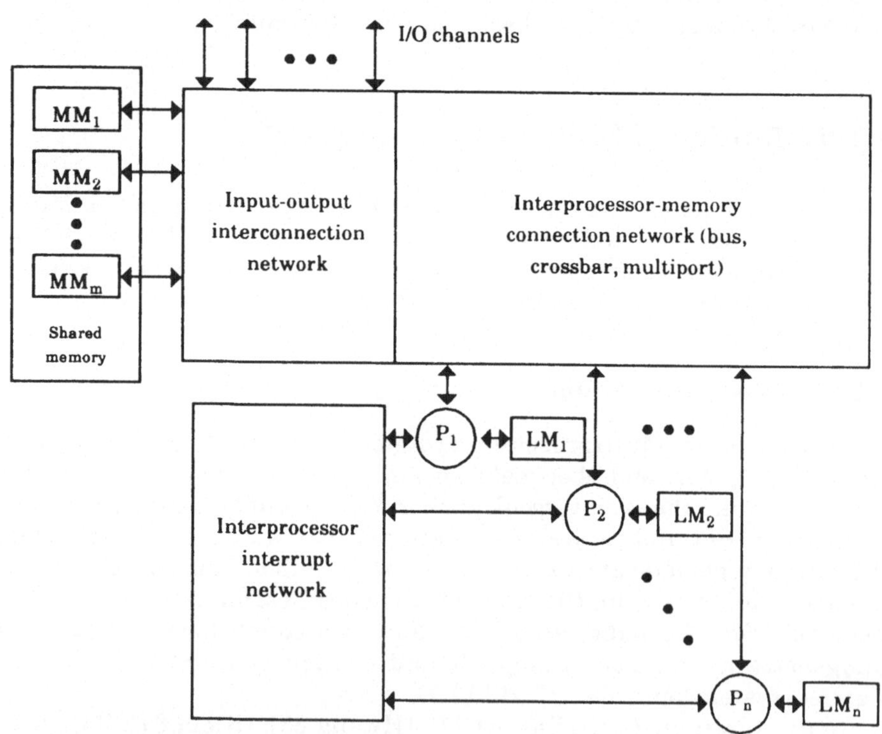

MM: memory module
LM: local memory
P: processor

Bild 1.1: Grundschema eines Multiprozessor-Systems [Hwang 85]

Diese Einteilung ist grob und hat zudem die Nachteile, daß Datenflußrechner gar nicht erfaßt und Multiprozessor-Systeme häufig der MIMD-Klasse gleichgesetzt werden, obwohl sie nur eine Teilmenge dieser Klasse bilden [Enslow 77]. Richtig dagegen und allgemeiner ist, daß Multiprozessor-Systeme der Multiple-Data-Klasse (SIMD- und MIMD-Rechner) angehören, denn seit der Definition der Flynn-Klassifikation sind auch SIMD-Rechner wie z.B. die Connection-Machine entworfen worden, die der Definition 1.1.1 entsprechen. In Abschnitt 1.3.8 werden noch zusätzlich einige Definitionserweiterungen genannt, die sich aus unterschiedlichen Klassifikationen ergeben können.

1.1.2   Verwandte Rechnertypen

Wie bereits erwähnt, ist die Definition 1.1.1 geeignet, um Multiprozessor-Systeme von ähnlichen oder verwandten Rechnersystemen abzugrenzen. Sogenannte *Multicomputer-Systeme* etwa bestehen aus weitgehend autonomen Rechnereinheiten mit je einem eigenen Betriebssystem und eigenen Ein-/Ausgabemöglichkeiten, d.h. diese Einheiten arbeiten zwar parallel, aber nicht unbedingt an einer gemeinsamen Aufgabe. Der Systemverbund, z.B. LANs (*local area networks*) oder *verteilte Systeme*, dient mehr kommunikativen als kooperativen Zwecken. Relativ eng ist dagegen die Verwandtschaft zu anderen Parallelrechnern, die teilweise mit der Definition für Multiprozessor-Systeme übereinstimmen, sei es, daß sie mehr als einen Prozessor haben oder daß sie Parallelverarbeitung erlauben. Diese Rechnertypen werden deshalb im folgenden kurz skizziert, hier aber nicht weiter ausgeführt, es sei denn als Bestandteil eines vorgestellten Multiprozessor-Systems.

(1) Charakteristisch für einen *Pipeline-Rechner* ist die Aufteilung der Befehlsausführung in mehrere Phasen (z.B. instruction fetch, instruction

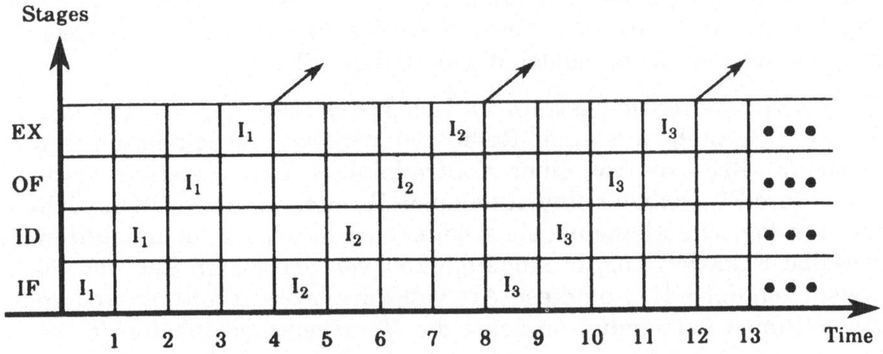

IF: instruction fetch, ID: instruction decoding, OF: operand fetch, EX: execution

Bild 1.2: Befehlsverarbeitung ohne Pipelining [Hwang 85]

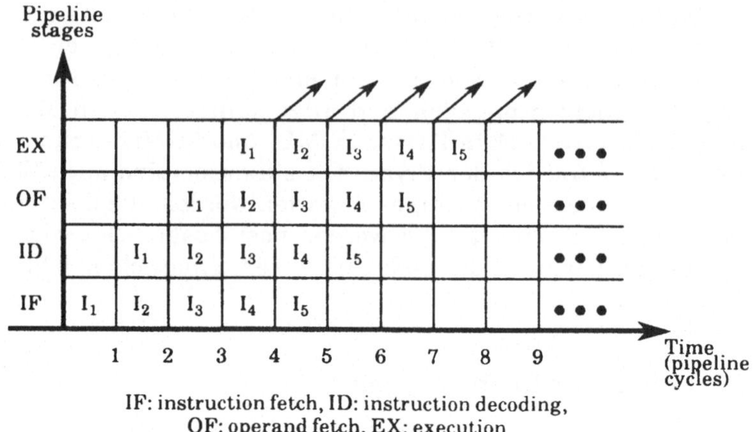

IF: instruction fetch, ID: instruction decoding,
OF: operand fetch, EX: execution

Bild 1.3: Befehlsverarbeitung mit Pipelining [Hwang 85]

decoding, operand fetch, execution), die von verschiedenen Rechnerkomponenten bearbeitet werden. Es können also unterschiedliche Phasen einer sequentiellen Befehlsfolge parallel ausgeführt werden. Die Anzahl k der Phasen bzw. Stufen der Pipeline ist ein Maß für die Leistung des Rechners (Abschnitt 5.2.1). Ist die Pipeline „gefüllt", kann die Befehlsausführung k-mal schneller sein als in einem konventionellen Rechner, der die Befehle nicht in überlappender Weise bearbeitet. Die Bilder 1.2 und 1.3 verdeutlichen den Unterschied zwischen der überlappenden und der sequentiellen Ausführung der einzelnen Befehlsphasen.

Allerdings kann die optimale Auslastung nicht immer gewährleistet werden, z.B. „reißt" die Pipeline bei einem Sprungbefehl auf, da hier die vorgesehene Befehlsfolge nicht eingehalten wird. Sehr günstig dagegen ist die Pipeline-Technik bei „regelmäßigen" Befehlsfolgen wie etwa Vektoroperationen. Deshalb gibt es auch kaum einen Hochleistungsrechner, der nicht die Pipeline-Technik ausnutzt. Ebenso werden in vielen Multiprozessor-Systemen Komponenten verwendet, die nach diesen Regeln arbeiten.

(2) Ein *Array-Rechner* ist ein typischer Vertreter der SIMD-Klasse nach Flynn. Er besteht aus einer Reihe von Verarbeitungseinheiten (*processing elements* - PEs), die von einer Kontrolleinheit (CU) gesteuert werden (Bild 1.4). Diese PEs haben keine autonomen Rechte, sondern sind einfache arithmetisch-logische Elemente, sie arbeiten synchron parallel und führen jeweils dieselbe Funktion aus, in Abhängigkeit von den Daten und den Steueranweisungen der CU. Für diese Art von Parallelverarbeitung sind geeignete Algorithmen notwendig, da sonst die Verarbeitungseinheiten nicht ausgelastet sind. Je nach Anwendungsgebiet sind dann auch verschiedene Strukturen für die Vernetzung der PEs denkbar. Eine asynchrone Parallelverarbeitung ist nicht möglich.

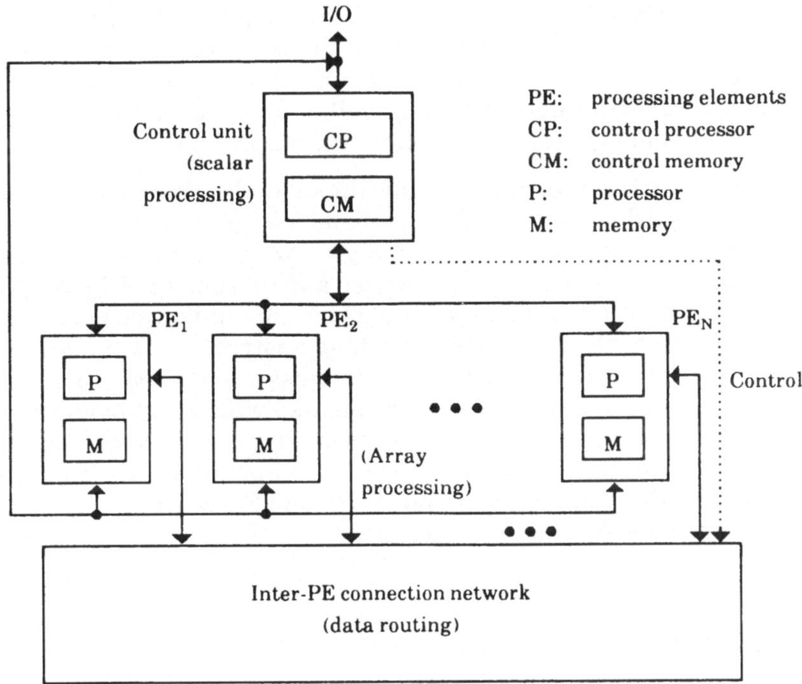

Bild 1.4: Grundschema eines Array-Rechners [Hwang 85]

(3) Eine Teilklasse der Array-Rechner sind die *systolischen Arrays*. Der
Name leitet sich von der Verarbeitungsweise ab: die Informationen werden
vom Speicher in ein komplexes Verbindungsnetz von einfachen Verarbeitungseinheiten (PE) „gepumpt", wie Blut durch die Kontraktion des Herz-
muskels im Körper. Da die PEs primitive Bausteine oder sogenannte Zellen
sind, die nur einfache Operationen ausführen können, wird erst durch eine
anwendungsabhängige Vernetzung die Verarbeitung eines Algorithmus
möglich bzw. wird die Menge von PEs zu einem arbeitsfähigen System. Man
kann sich demnach ein systolisches Array als einen in Hardware implemen-
tierten Algorithmus vorstellen. Die Verwandtschaft zu Multiprozessor-Systemen ist entsprechend gering.

(4) Dem Prinzip eines *Datenfluß-Rechners* liegt eine ähnliche Idee wie bei
systolischen Arrays zugrunde, allerdings ist der Kontrollfluß nicht fest „verdrahtet", sondern ergibt sich implizit durch den zu bearbeitenden Algorithmus und die berechneten Daten. Im Gegensatz zur sequentiellen Verarbeitung werden die Instruktionen ausgeführt, sobald die notwendigen Operanden vorhanden sind, die maximale Parallelität ist demnach allenfalls durch
die Datenabhängigkeit und die Anzahl der verfügbaren Verarbeitungsein-

heiten eingeschränkt. Da insbesondere die implizite Parallelität von Algorithmen ausgenutzt werden soll, ist jedoch die Verschaltung dieser Verarbeitungselemente ein schwieriges Problem und bisher noch nicht zufriedenstellend gelöst. Trotz einiger hoffnungsvoller Ansätze gibt es derzeit keinen Datenfluß-Rechner, der den gestellten Ansprüchen gerecht wird.

(5) Eine echte Parallelverarbeitung findet in *VLIW-Rechnern* (very long instruction word) statt. Mehrfach vorhandene funktionale Einheiten (ALUs, Speicherbänke, Register etc.) werden gleichzeitig von einem besonders langen Maschinenbefehl angeregt; wobei auf diesem niedrigen Niveau der Maschinenbefehlsebene keine zusätzliche Kommunikation notwendig ist.

Die Zusammensetzung des very long instruction word aus einzelnen Instruktionen (die nicht gleichartig sein müssen - im Gegensatz zum Vektorrechner) für die verschiedenen Komponenten wird vom Compiler vorgenommen. Dadurch können auch herkömmliche Programme verwendet und deren implizite Parallelität ausgenutzt werden. Sinnvoll ist in jedem Fall eine gemeinsame Entwicklung von Hardware und Software (Compiler), um eine möglichst hohe Effizienz zu erreichen.

1.2 Klassifikationsschema

In der Menge von Rechnersystemen, die nach Definition 1.1.1 Multiprozessor-Systeme genannt werden, gibt es immer noch gewichtige Unterschiede, die einen direkten Vergleich erschweren. Die besonderen Merkmale solcher Systeme müssen deshalb klassifiziert werden.

1.2.1   Klassifikationsprobleme

Sinn und Zweck einer Klassifikation ist es, unterschiedliche Objekte nach gewissen Merkmalen so zu ordnen, daß „ähnliche" Objekte zusammengefaßt und verglichen werden können. Eine solche Einteilung, manchmal auch *Taxonomie* genannt, ist Voraussetzung, um die Vielfalt an Systemen angemessen beschreiben zu können. Ebenso können die Merkmale der Klassifikation - mitsamt ihren Abhängigkeitsbeziehungen - helfen, Leistungskriterien für Multiprozessor-Systeme zu definieren. Erst die genaue und umfassende Beschreibung aller Systemeigenschaften versetzt in die Lage, ihren Einfluß auf Leistungsmerkmale zu erkennen. Solche Kriterien, die sich in natürlicher Weise von denen für Monoprozessor-Systeme unterscheiden, werden in Kapitel 5 behandelt.

Bei jeder Klassifikation treten allerdings Probleme auf, die hier kurz vorgestellt werden sollen, damit das anschließend vorgestellte Klassifikationsschema einsichtig wird.

Eine Klassifikation anhand nur weniger Unterscheidungsmerkmale ist von Vorteil für die einfache und schnelle Zuordnung eines Systems. Der

Nachteil einer groben Einteilung ist, daß sich viele Systeme in einer einzigen Klasse häufen, während andere Klassen sogar leer bleiben können, wie z.B. die MISD-Klasse der Flynn-Einteilung. Eine Hinzunahme von Kriterien scheint deshalb notwendig und sinnvoll, führt aber häufig zu einer stark zergliederten Aufteilung der Menge, d.h. die „gleichzeitige" Anwendung von allen Kriterien ergibt eine disjunkte Mengenaufteilung, bei der im Extremfall in mancher Klasse nur ein einziges Element liegt. Die Folgerung daraus ist, für eine spezifische Beurteilung nur die jeweils relevanten Merkmale zu berücksichtigen. Wesentlich für einen *Leistungsvergleich* sind das vorgesehene Einsatzgebiet des Rechners und Kriterien wie z.B. die Anzahl der Prozessoren. Andere Merkmale wie beispielsweise die räumliche Größe oder der Preis werden deshalb nicht berücksichtigt.

1.2.2 Kurzdarstellung der Klassifikation

Für die Klassifikation wird folgende Vorgehensweise gewählt: Es werden zunächst drei Kriterien angegeben, die einen „strukturellen" Charakter haben und eine schnelle Orientierung erlauben; anschließend werden drei eher „funktionale" Kriterien genannt. Jedes dieser Unterscheidungsmerkmale, die sich gegenseitig stark beeinflussen und die problemspezifisch verwendet werden sollten, kann hierarchisch unterteilt werden, wodurch sich weitere noch zu erläuternde Abhängigkeiten ergeben.

„Strukturelle" Kriterien:	*„Funktionale" Kriterien:*
• Prozessoreigenschaften	• Betriebssystem-Organisation
• Systemkopplung	• Speicheraufteilung
• Verbindungsnetze	• Ebene der Parallelverarbeitung

Es sei an dieser Stelle ausdrücklich darauf hingewiesen, daß auch andere Einteilungen und Kriterien möglich sind (Abschnitt 1.3.8) und verwendet werden können. Entscheidend sind letztlich der Verwendungszweck einer Klassifikation und die Gewichtung der einzelnen Kriterien. Dazu gehört eine ausführliche Erläuterung dieser Klassifikationsmerkmale, die in Abschnitt 1.3 vorgenommen wird.

1.3 Einzeldarstellung der Klassifikationsmerkmale

Im folgenden Abschnitt werden die in Abschnitt 1.2.2 genannten Kriterien mit ihren hierarchischen Verfeinerungen und gegenseitigen Abhängigkeitsbeziehungen näher beschrieben.

1.3.1   Strukturelles Kriterium „Prozessoreigenschaften"

Prozessoren sind die wesentlichen Komponenten eines Multiprozessor-Systems. *Anzahl, Typ* und *Komplexität* beeinflussen in entscheidendem Maße die Leistungsfähigkeit des Gesamtsystems.

(1) Die *Anzahl* der Prozessoren ist eine sehr einfache Maßzahl für jedes Multiprozessor-System, sie beeinflußt z.B. den Preis und die Größe des Systems. Aber erst in Verbindung mit anderen Merkmalen sind Aussagen über Eigenschaften des Gesamtsystems möglich, wie z.B. über den Grad der Parallelverarbeitung und die Art der Prozessor-Speicher-Verbindung.

Mit der Zahl der Prozessoren steigt auch die Zahl der Prozesse, die parallel verarbeitet werden können. Allerdings ist dieser Leistungsanstieg nicht linear, da mit den zusätzlichen Prozessoren auch ein erheblicher Mehraufwand an Kommunikation und Organisation verbunden ist (Kapitel 6).

Die Art der verwendbaren Prozessor-Speicher-Verbindung wird ebenfalls von der Prozessorzahl geprägt. Ein einfacher Systembus kann schon bei wenigen Prozessoren überlastet sein, wenn deren Kommunikationsrate hoch ist. Leistungsfähigere Busse oder Mehrbussysteme (Abschnitt V.3.6.2) sind dann Alternativen. Bei einem Crossbar-System etwa gelten sechzehn Prozessoren schon als Maximum (z.B. S1 (Abschnitt R.3.3)). Und bei Zahlen von über tausend Prozessoren müssen entsprechend sinnreiche Verbindungsstrukturen (z.B. Hypercube, Banyan-Netz (Anhang V)) gewählt werden.

(2) Der *Typ* der eingesetzten Prozessoren gibt Aufschluß über die Fähigkeiten des Gesamtsystems. Es wird deshalb oft unterschieden zwischen *homogenen* Systemen mit Prozessoren vom gleichen Typ (z.B. Connection-Machine, BBN-Butterfly) und *heterogenen* Systemen mit speziellen Prozessoren für spezifische Aufgaben (z.B. Alliant-FX). Manchmal wird auch von heterogenen Systemen gesprochen, wenn Prozessoren vom gleichen Typ mit unterschiedlichen Aufgaben betraut werden (z.B. Concurrent-3280-MPS) oder das Verbindungsnetz keinen symmetrischen Charakter hat.

Eine wichtige Eigenschaft der Prozessoren ist ihre grundsätzliche Eignung, in ein Multiprozessor-System eingebunden zu werden (*Multiprozessor-Fähigkeit)*. Merkmale dafür sind z.B. „process recoverability", „context switching", Größe der physikalischen und virtuellen Adreßräume, Synchronisationsmechanismen, Mechanismen für die Interprozeßkommunikation, Organisation von Betriebssystem und Befehlssatz für parallele Anweisungen [Hwang 85]. Zur Zeit werden in kommerziellen Systemen noch weitgehend Standard-Mikroprozessoren eingesetzt und nicht solche, die hardwaremäßig spezielle Funktionen für die Parallelverarbeitung anbieten. Deshalb müssen diese komplexen Aufgaben bei der Parallelverarbeitung im Betriebssystem oder sogar vom Anwenderprogramm selbst gelöst werden.

(3) Die *Komplexität* eines Prozessors wird durch sein Funktionsangebot bestimmt. Zusammen mit Verbindungsstruktur und Betriebssystem prägt sie

die Art der Parallelverarbeitung und dadurch auch das Anwendungsgebiet des Gesamtsystems. Als extreme Beispiele sollen die Cray X-MP und die Connection-Machine genannt werden. Die Cray X-MP besteht aus nur bis zu vier sehr komplexen, hochleistungsfähigen Pipeline-Prozessoren, die von einem relativ einfachen Betriebssystem kontrolliert werden und deren Parallelverarbeitung „grob" ausfällt. Die Connection-Machine ist aus mehreren tausend, sehr „einfachen" Ein-Bit-Prozessoren aufgebaut, deren Koordination sehr komplex ist und von einem eigenen Rechner (Vax) gesteuert werden muß. Die Parallelverarbeitung kann hier dagegen bis auf Bit-Ebene hinunter betrieben werden, was z.B. für die Bildverarbeitung günstig ist.

1.3.2　Strukturelles Kriterium „Systemkopplung"

Es wird in der Literatur ([Hwang 85], [Ameling 84], [Kuck 78], [Männer 87]) häufig zwischen lose und eng gekoppelten Multiprozessor-Systemen unterschieden, wobei allerdings die Definitionen nicht ganz eindeutig sind.

Ein Multiprozessor-System wird *eng gekoppelt* genannt, wenn die Kommunikation zwischen den Prozessoren nur über einen gemeinsamen Speicherbereich (*shared memory*) erfolgen kann. Um den parallelen Zugriff vieler Prozessoren auf gemeinsame Daten zu ermöglichen, werden deshalb Multiport-Speicher verwendet (z.B. DIRMU, BBN-Butterfly), Verbindungsnetze zwischen den Prozessoren und Speichern (z.B. Alliant-FX, Sequent-Balance u. -Symmetry) oder Kombinationen dieser Techniken. Entsprechend kann diese Kopplungsart als strukturell angesehen werden. Ein eher funktionaler Aspekt der engen Kopplung ist durch den Grad der Zusammenarbeit gegeben, d.h. je stärker die Arbeit der Prozessoren voneinander abhängig ist, um so enger ist die Kopplung.

Ein Multiprozessor-System heißt dagegen *lose gekoppelt*, wenn die Interaktion der Prozessoren minimal ist und sich auf „gelegentlichen" Nachrichtenaustausch (*message passing*) beschränkt. Jeder Prozessor hat dann normalerweise einen großen lokalen Speicher und ist mit den anderen Prozessoren über ein Verbindungsnetz gekoppelt, dessen Ausprägung auch die Kommunikationsfähigkeit beeinflußt. Falls keine lokalen Ein-/Ausgabe-Möglichkeiten vorhanden sind, kann die ausreichende Versorgung der Prozessoren mit Daten zum Problem werden. Beispiele für solche Systeme sind z.B. NCube und FPS-T-Rechner.

1.3.3　Strukturelles Kriterium „Verbindungsnetze"

Der parallele Einsatz vieler Prozessoren verlangt effiziente und kostengünstige Kommunikationsmöglichkeiten. Es wird im wesentlichen, wie schon bei der Aufteilung in lose und eng gekoppelte Systeme, unterschieden zwischen der Kommunikation über gemeinsame Speicherbereiche oder über direkte Verbindungen der Prozessoren. In jedem Fall aber wird das Medium, über das die Kommunikation erfolgt, ein sogenanntes Verbindungsnetz sein. Es wird dabei hauptsächlich zwischen statischen und dynamischen Netzen unterschieden. Ihrer Bedeutung wegen wird in Kapitel 2 und Anhang V eine ausführliche Spezifikation und Klassifikation von Verbindungsnetzen sowie ihrer topologischen Eigenschaften vorgenommen.

Neben der Topologie der Verbindungsstruktur sind einmal das Kommunikationsprinzip, also Paket- oder Leitungsvermittlung (Abschnitte 2.2.1 u. V.1), und zum anderen die Art der Kopplung zwischen den Prozessoren und Speicherkomponenten von Bedeutung. Entsprechend der Speicheraufteilung (Abschnitt 1.3.5) wird immer auch die Verbindungsart gewählt. Hierbei sind zwischen den Extremfällen, daß nur ein gemeinsamer Hauptspeicher oder nur prozessoreigene, lokale Speicher vorkommen, nahezu alle hybriden Konfigurationen denkbar.

(1) Am weitesten verbreitet bei kommerziellen Multiprozessor-Systemen ist der Einsatz eines Systembusses (Bild 1.5) als Vertreter einer *dynamischen* Netzform (Abschnitte 2.3 u. V.3). Die Prozessoren haben Zugriff auf die Speicherkomponenten über einen Bus im *Time-Sharing-Betrieb*, die Kommunikation zwischen den Prozessoren erfolgt nur über die gemeinsamen Speicherbereiche (z.B. Sequent-Balance u. -Symmetry). Der Bus ist in einem solchen System zwangsläufig das kritische Element, seine Bandbreite bzw. Übertragungsgeschwindigkeit beeinflußt den Durchsatz des Gesamtsystems entscheidend. Mit der Zahl der am Bus angeschlossenen Komponenten erhöhen sich Konflikthäufigkeit und Wartezeiten, was die Leistung des Systems verringert. Ein Ausfall des Busses führt gar zum Totalausfall des ganzen Rechners. Eine Lösungsmöglichkeit ist, mehr als einen Bus einzusetzen und den Speicher in mehrere, physikalisch getrennte Einheiten zu gliedern (Bild 1.6). Extrembeispiel für solch ein *Mehrbussystem* (Abschnitt V.3.6.2) ist die Anordnung von Bussen in Crossbar-Struktur, wobei jeder Prozessor und jeder Speicher über einen eigenen Bus verfügen (z.B. Intel iAPX 432 [Geyer 82]). Konflikte bei gleichzeitigem Zugriff auf einen Speicher können leicht gelöst werden. Diese Art der Verknüpfung ist zwar effizient, aber auch mit hohen Kosten verbunden, da viele Schaltelemente wie z.B. Buskoppler benötigt werden.

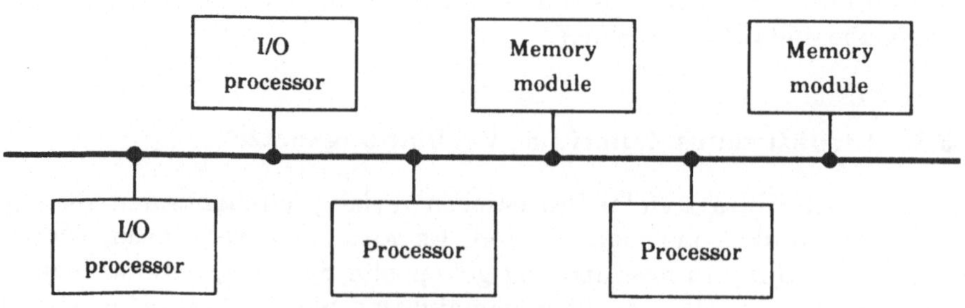

Bild 1.5: Systembus [Hwang 85]

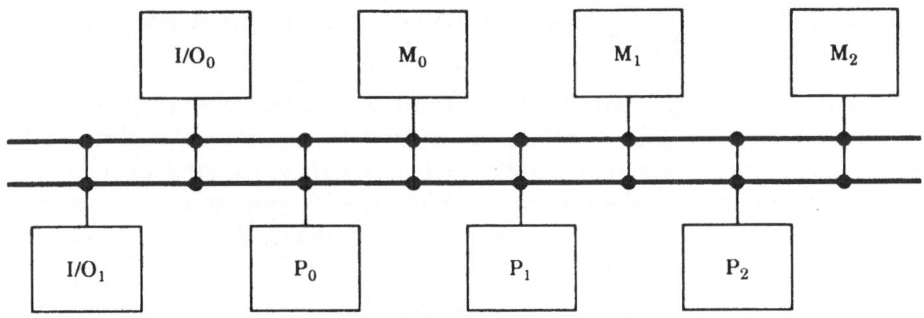

P: processor, M: memory module, I/O. I/O-processor

Bild 1.6: Zwei-Bus-System [Hwang 85]

(2) Eine ganz andere Möglichkeit ist die Verwendung von *Multiport-Spei-chern*, wodurch die meisten Nachteile eines Busbetriebs vermieden werden können (Bild 1.7). Die Verbindung selbst kann dann einfach sein, da die gesamte Komplexität, also besonders die Konfliktbearbeitung, vollständig in den Speicherbaustein verlagert ist. Im Extremfall sind in einem solchen System keine eigenständigen Speicherkomponenten mehr vorhanden, son-dern jeder Prozessor besitzt einen eigenen, lokalen Speicher, auf den über Multiports andere Prozessoren zugreifen können. Die aufwendige Logik der Speicherverwaltung verursacht allerdings auch hier erhebliche Kosten.

(3) Falls das System lose gekoppelt ist, haben die Prozessoren keinen Zugriff mehr auf andere lokale Speicher, die Kommunikation wird dann über eine *direkte* Prozessor-Prozessor-Verbindung durchgeführt, d.h. das Verbindungs-

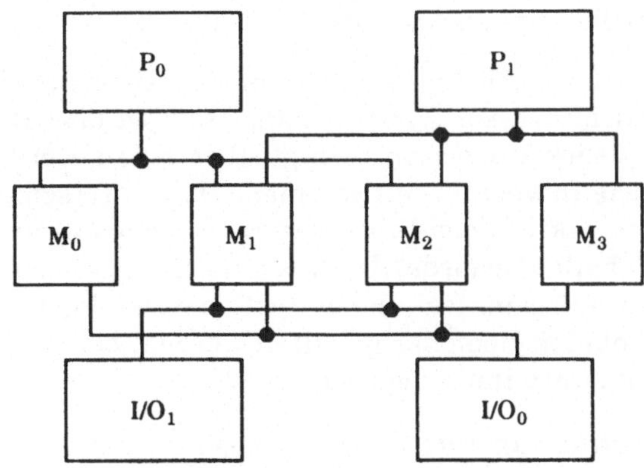

P: processor, M: memory module, I/O: I/O-processor

Bild 1.7: Multiport-Speicher-Konfiguration [Hwang 85]

netz, etwa in Form eines Hypercube (Abschnitt 2.2.1), hat *statischen* Charakter (Abschnitte 2.2 u. V.2).

Diese Varianten zeigen bereits, daß Verbindungsnetze vielfältigen Einflüssen ausgesetzt sind. Insbesondere die Speicheraufteilung (Abschnitt 1.3.5) und das Betriebssystem (Abschnitt 1.3.4) gehören dazu, sind aber zugleich auch am stärksten betroffen, wenn die Wahl des Verbindungsnetzes anderen Entwurfsentscheidungen vorausgegangen ist (Anhang V).

1.3.4   Funktionales Kriterium „Betriebssystem-Organisation"

Die Aufgaben eines Betriebssystems, das mehrere Prozessoren kontrollieren soll, unterscheiden sich natürlich in einigen Punkten von denen herkömmlicher Betriebssysteme. Wesentliche neue Aspekte sind:

- Parallelverarbeitung effizient unterstützen,
- Kommunikation zwischen den Prozessoren regeln,
- Ausfall eines oder mehrerer Prozessoren erkennen und Folgen beheben.

Die geeignete Betriebssystemarchitektur für ein Multiprozessor-System festzulegen, ist nicht einfach, weil es einerseits noch sehr an Erfahrung fehlt und andererseits der Einfluß der jeweiligen Rechnerarchitektur auf die Wahl des Betriebssystems von starker Bedeutung ist. Man kann allerdings drei Prinzipien unterscheiden (für eine ausführliche Darstellung siehe z.B. [Enslow 77], [Hwang 85]):

(1) Das *Master-Slave-Prinzip* bedeutet, daß ein Prozessor, in dem sich das Betriebssystem befindet, die anderen Prozessoren steuert und kontrolliert. Dieses Prinzip wird auch bei herkömmlichen Rechnern mit Koprozessoren angewandt. Für Multiprozessor-Systeme ist es aber nur bei speziellen Anwendungsgebieten gut geeignet. Ein großes Problem des Master-Slave-Prinzips ist vor allem die geringe Ausfallsicherheit.

(2) Ein *separate supervisor system* kommt den Erfordernissen eines (eng gekoppelten) Multiprozessor-Systems näher und ist deshalb auch am weitesten verbreitet. Jeder Prozessor verfügt über einen Kern des Betriebssystems, ähnlich wie in verteilten Systemen. Der Unterschied liegt jedoch in der stärkeren Interaktion der Prozessoren, was gemeinsame Datenbereiche (Registerfiles, Tabellen) erforderlich macht und Zugriffskonflikte hervorruft, die gelöst werden müssen. Bei vielen Systemen muß der gesamte Betriebssystemkern im lokalen Speicher gehalten werden, bei anderen ist der Kern bereits in der Hardware implementiert.

(3) Bei einem *floating supervisor operating system* wechselt die Kontrolle des Systems zwischen den Prozessoren, die dazu auf einen mehrfach aufrufbaren Betriebssystemkern zugreifen. Der Wechsel erfolgt prioritätengesteuert oder problemabhängig. Probleme sind derzeit noch die Koordination der Betriebs-

systemzuordnung im speziellen und die Komplexität von Multiprozessor-Systemen im allgemeinen.

Ein wichtiger Aspekt bei Betriebssystemen ist außerdem die *Transparenz* der Parallelverarbeitung für den Benutzer. Damit wird die Eigenschaft eines Systems bezeichnet, Parallelverarbeitung ohne spezielle Vorbereitungen des Anwenders (z.B. verteilen der Prozesse auf die Prozessoren) zu organisieren.

1.3.5 Funktionales Kriterium „Speicheraufteilung"

Wie bereits in Abschnitt 1.3.3 angesprochen, erfordert die Parallelverarbeitung mit wechselnden Zugriffen der Prozessoren auf gemeinsame Datenbereiche eine sorgfältige, auf das jeweilige Multiprozessor-System abgestimmte Speicheraufteilung bzw. -organisation, damit Konflikte und Wartezeiten möglichst gering gehalten werden können. Es werden dazu drei Konzepte diskutiert:

(1) *shared central*: Es gibt im System nur einen globalen, gemeinsamen Speicher für alle Prozessoren (z.B. Concurrent-3280-MPS). Dieser kann entweder ein einzelner Hauptspeicher sein oder aus physikalisch getrennten Speicherbausteinen bestehen. Die Bandbreite bzw. Zugriffsgeschwindigkeit des Speichers kann einen nicht unerheblichen Engpaß im System bilden, besonders in Verbindung mit einem Systembus.

Für die Speicheradressierung können sogenannte *Interleave-Techniken* zum Einsatz kommen. Dazu wird der Hauptspeicher in verschiedene Module aufgeteilt. Beim „high-order-interleaving" geben die ersten n (höherwertigen) Bits einer Adresse die Nummer des Moduls an, die nächsten Bits die konsekutiven Adressen innerhalb dieses Moduls. Für das „low-order-interleaving" werden entsprechend die hinteren (niederwertigen) n Bits für die Modul-Nummer verwendet, d.h. konsekutive Adressen sind verteilt über konsekutive Moduln. Für Multiprozessor-Systeme ist das „high-order-interleaving" dann gut geeignet, wenn Prozesse mit wenig Interaktion und wenig gemeinsamen Daten auf dem System ablaufen, außerdem kann der Speicherbereich leicht erweitert werden. Schlechter dagegen ist das Verfahren, wenn stark verschränkte Operationen ausgeführt werden, in diesem Fall ist „low-order-interleaving" geeigneter [Hwang 85].

(2) *lokal*: Es gibt im System nur prozessoreigene Speicher, auf die kein anderer Prozessor Zugriff hat. Die Kommunikation erfolgt deshalb nur über die Prozessoren selbst (z.B. FPS-T-Rechner mit Nachrichtenaustausch). Für die Ein-/Ausgabe wird dieses Konzept allerdings manchmal durchbrochen. Beispielsweise hat der Host-Rechner bei der Connection-Machine schreibenden Zugriff auf die Speicher der Ein-Bit-Prozessoren, allein schon um das System mit den erforderlichen Daten zu versorgen.

(3) *shared local*: Bei existierenden Multiprozessoren wird häufig versucht, die Vorteile der beiden obigen Konzepte zu kombinieren und die Nachteile zu

vermeiden. Um den Datentransfer zwischen Hauptspeicher und Prozessoren
möglichst gering zu halten, wird deshalb jedem Prozessor zusätzlich ein loka-
ler Speicher zugeordnet, in dem sich auch gemeinsame Daten befinden können (z.B. Alliant-FX, Flexible-Flex/32, BBN-Butterfly). Aus Gründen der
Effizienz sind Dualport-Speicher dafür geeignet, außerdem kommen noch
rein private Speicher bzw. Caches zum Einsatz. Ein Problem, das in jedem
Fall bei Zugriffen auf gemeinsame Daten auftritt, betrifft die Datenkonsi-
stenz und „cache coherence" [Hwang 85].

1.3.6   Funktionales Kriterium „Ebene der Parallelverarbeitung"

Man unterscheidet mehrere Ebenen der Parallelverarbeitung, die sich in der
Realität allerdings nicht immer eindeutig trennen lassen und die nicht von
allen Systemen in gleichem Maße unterstützt werden. Je nach Detaillierungsgrad der parallelen Prozesse spricht man von „grob"- oder „fein"-körni-
ger Parallelität bzw. von der *Granularität* der Parallelverarbeitung. Da diese
Begriffe aber relativ sind, ist es besser, die Parallelitätsebenen explizit zu
nennen.

(1) Auf der obersten Ebene sind die Objekte, die in einem Multiprozessor-
System parallel verarbeitet werden können, allgemeine Benutzerprozesse;
mehrere Benutzer können gleichzeitig im System arbeiten und kommunizieren (*Multi-User-System*). Für die Zuordnung der Benutzer zu den Prozessoren gibt es verschiedene Varianten; z.B. jeder Benutzer hat einen Prozessor
für sich oder das Betriebssystem entscheidet je nach Situation über die
genaue Zuordnung, um eine effiziente Auslastung der Prozessoren zu
erreichen.

(2) Eine Ebene tiefer sind es die *Programme* und sonstigen Prozesse eines
Benutzers, die parallel ablaufen können. In Monoprozessor-Systemen - bei-
spielsweise mit UNIX-Betriebssystem - werden solche Prozesse im Time-
Sharing-Betrieb, also sequentiell verarbeitet.

(3) Die Kommunikation zwischen parallelen Prozessen und die sich daraus
ergebenden Probleme haben auf den bisher genannten Ebenen noch keine
große Rolle gespielt, weshalb der nächsten Ebene (auch *Task-Ebene* genannt)
eine besondere Bedeutung zukommt, wenn nämlich die *Subroutinen* eines
Anwendungsprogrammes parallel ablaufen und kommunizieren. Ein Beispiel dafür ist ein Simulationsprogramm, das ein System mit parallel arbeitenden Komponenten nachbildet, die intensiv Nachrichten austauschen.

(4) Die nächste Ebene befaßt sich mit den *Anweisungen* innerhalb eines
Programms, die für eine Parallelverarbeitung geeignet sind. Es wird dabei
zwischen expliziter und impliziter Parallelität unterschieden: Explizite, also
offensichtliche Parallelität liegt bei Vektor- und Matrizenoperationen sowie
Schleifenanweisungen vor, wobei natürlich Seiteneffekte zu beachten sind.
Implizite Parallelität ist nicht so leicht zu erkennen. Sie umfaßt alle sonsti-

gen in einem Programmstück vorkommenden Anweisungen, die unabhängig voneinander sind und eine parallele Ausführung erlauben.

(5) Auf der Ebene der *Maschinenbefehle* ist ebenfalls die parallele Ausführung möglich, meistens in der Form des Pipelining, d.h. die Befehle werden nicht vollständig parallel, sondern überlappend ausgeführt. Das oft genannte Koprozessor-Prinzip (z.B. speziell für floating-point-Operationen) kann in diesem Sinne nicht als Parallelverarbeitung bezeichnet werden, da in der Regel Teilaufgaben delegiert werden und der Master-Prozessor währenddessen häufig wartet.

(6) Die tiefste, softwaremäßig beeinflußbare Ebene befaßt sich mit der parallelen Verarbeitung sehr langer *Bitstrings*, z.B. in der Connection-Machine, die dazu mehrere tausend Ein-Bit-Prozessoren verwendet.

Die Parallelverarbeitung betrifft sowohl Betriebssystem- als auch Anwenderprogramme, und meistens sind verschiedene Arten der Verarbeitung auf einem System nebeneinander möglich. Je nach Ebene sind das Betriebssystem, der Compiler oder der Benutzer für die Parallelisierung verantwortlich. Derjenige Entwickler von Software, dessen Ziel in erster Linie hohe Verarbeitungsleistung ist, will jederzeit erkennen, was und wie parallel verarbeitet wird, um die Möglichkeiten der Parallelisierung optimal nutzen zu können. Für viele Anwendungen ist es jedoch nicht erforderlich, explizit auf die Art der Parallelisierung Einfluß zu nehmen. In diesem besonderen Kontext heißt ein System transparent, wenn dem Benutzer die Art der Parallelität verborgen bleibt.

1.3.7 Definitionserweiterung

Die Basisdefinition für Multiprozessor-Systeme in Abschnitt 1.1.1 kann jetzt erweitert werden um die Merkmale, die hier beschrieben wurden (Tabelle 1.1). Damit ist eine statische Einordnung solcher Systeme möglich. Das dynamische Verhalten, das sich in Funktions- und Leistungsfähigkeit tren-

Tabelle 1.1: Klassifikationsmerkmale mit Unterpunkten

Prozessoreigenschaften	Anzahl / Typ / Komplexität
Verbindungsnetze	statisch / dynamisch
Systemkopplung	lose / eng
Betriebssystem-Organisation	Master-Slave-Prinzip / separate supervisor system / floating supervisor operating system
Speicheraufteilung	shared central / shared local / lokal
Ebene der Parallelverarbeitung	Multi-User-System / ... / bitstrings

nen läßt, ist mit diesen Kriterien allerdings nicht hinreichend zu bewerten. Es sind vielmehr neue Leistungsmerkmale notwendig, die auf die speziellen Eigenschaften von Multiprozessor-Systemen bezogen werden können. In Kapitel 5 werden solche Leistungskriterien definiert und die Einflüsse untersucht, die bestimmte Multiprozessor-Eigenschaften auf eine mögliche Leistungssteigerung haben oder haben können.

In den vorherigen Abschnitten ist auch mehrfach auf die Abhängigkeiten zwischen den Merkmalen hingewiesen worden. Daß diese Beziehungen nicht immer ganz eindeutig sind, hat mehrere Gründe. Einerseits können die Merkmale der Klassifikation nicht immer streng voneinander getrennt werden, wenn sie lediglich unterschiedliche Ausprägungen einer einzigen Systemeigenschaft darstellen, z.B. sind Speicheraufteilung und Prozessor-Speicher-Kopplung zwei verschiedene Sichtweisen auf das gleiche Problem. Zum anderen sind die wenigsten Abhängigkeiten rein kausal, es überwiegen wechselseitige und mehrwertige Abhängigkeitsverhältnisse. Kaum ein Merkmal kann ohne weitreichende Folgen für andere vernachlässigt oder verändert werden.

1.3.8 Klassifikationen aus der Literatur

Die aus der Literatur bekannten Klassifikationen befassen sich eher mit allgemeinen Rechnersystemen und / oder Parallelrechnern als speziell mit Multiprozessor-Systemen. Die Klassifikation von Flynn gilt beispielsweise allgemein für Rechnersysteme und berücksichtigt nicht die speziellen Eigenschaften von Multiprozessor-Systemen. Daß es dennoch zu Überschneidungen kommt, liegt daran, daß Multiprozessoren zur Klasse der Parallelrechner gehören und somit teilerfaßt werden. Abweichungen ergeben sich vor allem aus den unterschiedlichen Zielen der jeweiligen Klassifikation und einer damit verbundenen Sichtweise.

(1) Eine Studie [Klein 87] über den Stand der Technik bei Parallelrechner-Architekturen behandelt allgemeine Klassifikationsmerkmale von Parallelrechnern. Es werden insgesamt vier verschiedene Klassifikationstypen angegeben:

- Eine strukturelle Grobklassifikation, die verschiedene Ebenen der *Parallelverarbeitung* zugrundelegt, korrespondiert eng mit der Einteilung von Flynn (Abschnitt 1.1.2). Pipeline-, Array-, Datenfluß-Rechner sowie Multiprozessor-Systeme werden unterschieden und können teilweise den Flynn-Klassen zugeordnet werden.
- Eine zweite Klassifikation basiert auf Hardware-Merkmalen und berücksichtigt hauptsächlich *Verbindungsstrukturen* (Kapitel 2 über Verbindungsnetze).
- Eine dritte Möglichkeit ist die nicht-hierarchische Einteilung nach technischen und strukturellen Eigenschaften, die wiederum auf *Entwurfsentscheidungen* und *Hardware-Eigenschaften* beruhen. Zu nennen sind

Maschinenkonzept, Prozessorelemente, Granularität der Parallelverarbeitung, Struktur, Verbindungstopologie, Kopplung, Kontrolle, Kooperation und Synchronisation. Das sehr detaillierte Schema soll allerdings weniger einer übersichtlichen Einordnung von Parallelrechnern dienen als vielmehr „deren ausführliche Beschreibung vom Standpunkt der Entwurfszielsetzung unter Vernachlässigung aller Implementierungsdetails." (Zitat aus [Klein 87], S. 111)

- Die Klassifikation nach *Ausführungsmechanismen* ist von völlig anderer Art. Sie berücksichtigt die Probleme, die sich bei der Parallelverarbeitung allgemein ergeben, nämlich Programmablaufkontrolle, Aufgabenzerlegung, Aufgabenzuordnung, Synchronisation und Speicherzugriff, und klassifiziert die Lösungsmöglichkeiten.

(2) Eine sehr grobe Klassifikation, die sich aber gleichwohl im kommerziellen Bereich großer Beliebtheit erfreut, ist die Einteilung von Multiprozessor-Systemen in *farms* und *cubes*. Systeme mit bis zu zehn Prozessoren werden „farms" genannt, solche mit mehr als zehn Prozessoren „cubes". Diese Einteilung ist rein quantitativ und hat nichts mit irgendwelchen Verbindungsnetzen zu tun, auch nicht mit der in der Bezeichnung „cube" anklingenden „Hypercubestruktur".

(3) Andere Klassifikationen sind relativ grob und behandeln meistens strukturelle Unterschiede, nur wenige befassen sich mit Multiprozessor-Systemen, aber von denen wieder die meisten nur mit speziellen Größen. Beispielsweise definiert Feng [Hwang 85] den *Parallelitätsgrad* eines Systems durch die maximale Anzahl von Bits, die in einer Zeiteinheit gleichzeitig verarbeitet werden kann und klassifiziert nach diesem Merkmal. Giloi [Giloi 81a/b] unterscheidet bei Rechnersystemen zwischen Hardwarestruktur und Operationsprinzip, beide Aspekte werden jeweils hierarchisch verfeinert und ergeben somit ein matrix-artiges Klassifikationsschema. Zu erwähnen ist auch noch die Rechnerklassifikation von Händler [Hwang 85] nach dem Grad der Parallelität und des Pipelining.

Die Schlußfolgerung ist, daß die möglichen Unterscheidungsmerkmale für Multiprozessor-Systeme sehr vielfältig sind und nach sehr unterschiedlichen Gesichtspunkten gewertet werden können, was für eine umfassende Betrachtung durchaus sinnvoll ist. Sicher ist aber auch, daß diese Merkmale zu vielfältig und zu verschieden sind, als daß in absehbarer Zeit eine verbindliche Klassifikation für Multiprozessor-Systeme verfügbar sein dürfte.

1.4 Anmerkungen zur Softwareerstellung

Die Möglichkeiten der Parallelverarbeitung auszunutzen, ist in erster Linie ein Problem der Software, die in Betriebssystem- und Anwenderprogramme getrennt werden kann. Nachdem in Abschnitt 1.3.4 bereits verschiedene

Betriebssystem-Organisationen beschrieben worden sind, wird hier die Programmierung aus Anwendersicht im Vordergrund stehen.

Eine generelle Aussage soll an den Anfang gestellt werden: Wenn herkömmliche Programme bzw. implementierte Algorithmen, die für Monoprozessor-Systeme konzipiert worden sind, ohne entsprechende Anpassung auf Multiprozessor-Systemen zum Ablauf gebracht werden, wird die größere Leistungsfähigkeit dieser Systeme nicht ausreichend genutzt. In manchen Fällen wird sich sogar eine Verschlechterung der Leistung ergeben, gemessen an der Auslastung der Prozessoren.

Zwei Faktoren sind es, die die Programmierung entscheidend beeinflussen: ein hardwaretechnischer durch die vorgegebene Rechnerarchitektur und ein softwaretechnischer durch die meist fehlende Erfahrung der Entwickler. Schon geringe Unterschiede zwischen zwei Multiprozessor-Systemen können sich auf einen Algorithmus stark negativ auswirken. Derzeit fehlt es allerdings häufig an geeigneten Algorithmen; die Entwicklung von Programmiersprachen für die Parallelverarbeitung konnte mit der raschen Hardwareentwicklung nicht Schritt halten.

Die Art der Parallelverarbeitung, die auf einem gegebenen System möglich ist, prägt in erster Linie den Programmierstil des Anwenders. Hinzu kommen die Verteilungsstrategien des Betriebssystems und der Einfluß, den der Anwender auf diese Strategien ausüben kann. Bei [Kober 88] wird untersucht, wie die Rechnerarchitektur zu einer vorgegebenen Sprache (LISP, Prolog, Ada etc.) aussehen müßte, um eine hohe Effizienz zu erreichen. Für kommerzielle Multiprozessor-Systeme werden in der Regel für die Parallelität angepaßte Standardprogrammiersprachen angeboten: Fortran, C, Pascal, Ada oder COBOL. Eine Ausnahme bilden Transputer-Systeme, für die eine eigene Sprache Occam entwickelt wurde, um die Systemarchitektur optimal zu nutzen.

Diese Beispiele zeigen schon, daß für den Anwender die Möglichkeiten meistens auf der Ebene der Programmiersprache und der Task-Ebene liegen. Die jahrzehntelange Erfahrung mit von-Neumann-Rechnern, die sequentielle Algorithmen verlangen, macht es jedoch schwierig, neue Denkweisen in der Programmierung anzunehmen und anzuwenden. Die Möglichkeiten der Parallelverarbeitung auf verschiedenen Ebenen sind noch weitgehend unerforscht; Vektoroperationen und Programmierschleifen zu parallelisieren ist sicher erst der Anfang. Zu berücksichtigen ist allerdings auch: Je effizienter ein Algorithmus oder ein Rechner für eine spezielle Aufgabe ausgerichtet wird, um so größer kann der Leistungsabfall auf einem anderen Rechner bzw. für eine andere Aufgabe sein. Bezüglich Leistungsfähigkeit läßt sich aber auch sagen, daß mit der Anzahl der Prozessoren sowohl die Zahl der parallel arbeitenden Prozesse erhöht als auch die Granularität der Parallelverarbeitung verfeinert werden kann.

Um geeignete Algorithmen für die verschiedenen Klassen von Multiprozessor-Systemen bzw. deren spezifische Architektur zur Verfügung zu stellen, gibt es nur zwei Wege: entweder werden bereits existierende Algorithmen so umstrukturiert, daß sie Parallelverarbeitung ermöglichen, oder es werden ganz neue Algorithmen spezifiziert und implementiert. Die Argumente sind stark vom jeweiligen Anwendungsgebiet geprägt:

Für das automatische Erkennen von Parallelitäten in einem Programm sind Compiler notwendig, die meist neu entwickelt werden müssen, was Zeit und Geld kostet. Allerdings lohnt sich der Aufwand, wenn solche Compiler die Weiterverwendung von existierenden Programmen erlauben, was vor allem im kommerziellen Bereich sehr wichtig ist. Eine Einschränkung ist allerdings in vielen Fällen die fehlende Kompatibilität.

Die maximale Leistung eines Multiprozessor-Systems ist fast nur bei speziellen Anwendungen erreichbar und macht meist eine Neuentwicklung der eingesetzten Algorithmen erforderlich. Im Forschungsbereich ist es geradezu zwingend, neue Algorithmen zu entwickeln. Zu dieser Thematik laufen z.Zt. zahlreiche Arbeiten. Mit diesen sollen auch Problembereiche erschlossen werden, deren Aufgaben nicht mehr algorithmisch gelöst werden können, etwa im Bereich der „künstlichen Intelligenz".

Literatur zu Kapitel 1

[Ameling 83]   Ameling W.
                   Parallelism in Computer Architecture
                   in: Ruschitzka et al. (editors),
                   Parallel and Large-Scale Computers, 1983, pp. 251-260

[Baer 84]   Baer J.
                   Computer Architecture
                   IEEE Computer, October 1984, pp. 77-87

[Böckle 88]   Böckle G.
                   VLIW-Architekturen und -Compiler
                   Siemens, 1988

[Delesalle 81]   Delesalle P.D.M.R.M.
                   Introduction to a taxonomy of computer architecture
                   Workshop on taxonomy in computer architecture,
                   Nürnberg (FRG), June 1981, pp. 1-18

[Dertouzos 86]   Dertouzos M.L.
                   Harnessing Computers Together
                   Technology Review, February/March 1986, pp. 44-57

[Enslow 77]   Enslow jr. P.H.
                   Multiprocessor Organization - A Survey
                   Computing Surveys, Vol. 9, No. 1, March 1977, pp. 103-129

[Evans 86]   Evans D.J.
                   Parallel Processing
                   Data processing, Vol. 28, No. 10, December 1986, pp. 529-542

[Fathi 83]   Fathi E.T.; Krieger M.
                   Multiple Microprocessor Systems: What, Why, and When
                   IEEE Computer, Vol. 16, No. 3 (1983), pp. 23-31

[Fisher 84]   Fisher J.; O'Donnel J.
                   VLIW Machines: Multiprocessors we can actually program
                   Proc. COMPCON Spring 1984, pp. 299 - 305

[Fortes 87]   Fortes J.A.B.; Wah B. W.
                     Systolic Arrays - From Concept to Implementation
                     IEEE Computer, July 1987, pp. 12-17

[Fox 87]   Fox G.C.; Messina P.C.
                     Fortschrittliche Rechnerarchitekturen
                     Spektrum der Wissenschaft, Nr. 12, 1987, S. 54 - 62

[Geyer 82]   Geyer J.
                     32-Bit-Mikrocomputer besitzt neuartige Architektur
                     Elektronik, Sonderheft „Multi-Prozessor-Systeme", 1982

[Giloi 81a]   Giloi W.K.
                     A complete taxonomy of computer architecture based on the abstract data
                     type view
                     Workshop on taxonomy in computer architecture,
                     Nürnberg (FRG), June 1981, pp. 19-38

[Giloi 81b]   Giloi W.K.
                     Rechnerarchitektur
                     Springer-Verlag, Berlin, 1981

[Giloi 84]   Giloi W.K.
                     Kritische Betrachtungen und konstruktive Vorschlage zur Frage der
                     Entwicklung eines großen MIMD-Multiprozessor-Systems fur numerische
                     Awendungen
                     GMD, August 1984, S. 161-193

[Handler 77]   Händler W.
                     The Impact of Classification Schemes on Computer Architectures
                     Proc. Int. Conf. Parallel Processing, 1977, pp. 7-15

[Händler 81]   Handler W.
                     Standards, Classification and Taxonomy
                     Workshop on taxonomy in computer architecture, Nurnberg (FRG), June
                     1981, pp. 39-76

[Hillis 87]   Hillis W.D.
                     The Connection Machine
                     Scientific American, July 1987, pp. 86-93

[Hockney 83]   Hockney R.W.
                     Characterization of Parallel Computers; in: Ruschitzka et al. (editors),
                     Parallel and Large-Scale Computers, 1983, pp. 201-205

[Hwang 85]   Hwang K.; Briggs F.A.
                     Computer Architecture and Parallel Processing
                     McGraw-Hill, New York, 1985

[Klein 87]   Klein A.; Eckardt H.; Istavrinos P.
                     Parallelrechner-Architekturen - Eine Studie zum Stand der Technik
                     Siemens, 1987

[Kober 88]   Kober R. (Hrsg.)
                     Parallelrechner-Architekturen: Ansätze fur imperative und deklarative
                     Sprachen
                     Springer-Verlag 1988

[Kolsch 87]   Kolsch L.
                     Merkmale neuer Rechnerarchitekturen
                     Siemens, 1987

[Kuck 78]   Kuck D.J.
                     The Structure of Computers and Computations
                     Vol. I, John Wiley & Sons, New York, 1978

[Kung 82]   Kung H.T.
                     Why Systolic Architectures ?
                     IEEE Computer, January 1982, pp. 37-46

[Lipovski 87]   Lipovski G.J.; Malek M.
                   Parallel Computing - Theory and Comparisons
                   John Wiley & Sons, New York, 1987

[Männer 87]   Männer R.
                   Entwurf und Realisierung eines Multiprozessors
                   Springer-Verlag, Informatik-Fachberichte 138, 1987

[Meng 86]   Meng B.
                   Non-Von Neumann Architectures
                   Digital Design, March 1986, pp. 38-52

[Mokhoff 87]   Mokhoff N.
                   Parallelism breeds a new class of supercomputers
                   Computer Design, March 15, 1987, pp. 53-64

[Mudge 87]   Mudge T.N.; Hayes J.P.; Winsor D.C.
                   Multiple Bus Architectures
                   IEEE Computer, July 1987, pp. 42-48

[Parkinson 87]   Parkinson D.
                   Organisational aspects of using parallel computers
                   Parallel Computing 5 (1987), pp. 75-83

[Riganati 84]   Riganati J.P.; Schneck P.B.
                   Supercomputing
                   IEEE Computer, October 1984, pp. 97-113

[Schmid 82]   Schmid H.
                   Multi-Mikroprozessor-Systeme
                   Elektronik Sonderheft Nr. 54, 1982, S. 3-19

[Tucker 86]   Tucker N.D.
                   Development and application of parallel processing
                   Data processing, Vol. 28, No. 8, October 1986, pp. 405-409

[Zucker 87]   Zucker W.
                   Architektur Alternativen
                   Computer Magazin Nr. 3, 1987, S. 51-66

2 Verbindungsnetze

Ein wichtiges Merkmal von Multiprozessor-Systemen ist das verwendete
Verbindungsnetz. Unter Verbindungsnetz werden diejenigen Komponenten
des Systems verstanden, die für den Austausch von Daten und Steuersignalen zwischen den Prozessoren und zum Zugriff auf die von den Prozessoren
gemeinsam benutzten Systemteile (z.B. I/O-Ports, Speicherbereiche) notwendig sind. Der Gestaltung des Verbindungsnetzes kommt bei einem Multiprozessor-System große Bedeutung zu, weil es die Fehlertoleranz und Leistung
des Gesamtsystems wesentlich mitbestimmt.

In diesem Kapitel werden neben einigen Anmerkungen zu Unterscheidungskriterien von Verbindungsnetzen einige der bekannteren Netzformen
besprochen, vorzugsweise solche, die in kommerziell verfügbaren Produkten
oder Forschungsprojekten tatsächlich zum Einsatz kommen. Für eine ausführliche Übersicht von Netzformen, für die entweder Anwendungen bekannt sind oder die zum großen Teil auch nur diskutiert werden, wird auf den
Anhang V verwiesen. Über das Thema „Verbindungsnetze" existiert eine
Flut von Literatur. Am Ende dieses Kapitels sind Hinweise auf Literatur-
stellen mit Übersichtscharakter angegeben. Für weiterführende Literaturhinweise wird auf das ausführlichere Literaturverzeichnis im Anhang V
verwiesen.

2.1 Unterscheidungskriterien und Klassifikationsmerkmale

Es gibt zahlreiche Kriterien, nach denen man einzelne Netze kennzeichnen
und bewerten sowie Klassen von Netzen unterscheiden kann. Trotzdem existiert keine verbindliche oder eindeutige Klassifikation, die alle bekannten
Netztypen erfaßt und eindeutig einordnet. Grobe Unterscheidungsmerkmale
erhält man durch die Kennzeichnung von *statischen* und *dynamischen*
Netzen (Abschnitt 2.1.2) sowie verschiedenen Kriterien, die sich auf die Art
der Netzsteuerung und der Verbindungsmöglichkeiten beziehen (Abschnitt
2.1.1). Es ist darauf hinzuweisen, daß diese Kriterien in wechselseitiger
Beziehung stehen und bei der Bewertung eines Netzes nicht isoliert betrachtet werden können. Für weitere Merkmale und Kriterien für Verbindungsnetze siehe Anhang V.

2.1.1   Art der Verbindung und Steuerung

Das Verbindungsnetz von Multiprozessor-Systemen verbindet die verschiedenen Prozessoren entweder direkt miteinander, oder es verbindet eine Reihe von Prozessoren mit einer Anzahl von Speicherbausteinen. Die Prozessor-Prozessor-Kopplung korrespondiert - wenn auch nicht eindeutig - mit dem Begriff *lose Kopplung*, die Prozessor-Speicher-Kopplung mit dem Begriff *enge Kopplung* (Abschnitte 1.3.2 u. V.1).

Für die Abwicklung des Datentransfers zwischen den Knoten (Prozessoren bzw. Speicher) gibt es die Verfahren *Paket-* und *Durchschaltevermittlung* (*packet-* bzw. *circuit-switching*). Bei der Paketvermittlung werden Nachrichten vom Sender zum Empfänger in „unabhängigen" Blöcken auf individuellen Pfaden übertragen. In Zwischenstationen werden die Pakete evtl. zwischengespeichert, es gibt keine durchgehende Verbindung (Leitung) zwischen Sender und Empfänger. Im Gegensatz dazu überträgt ein Durchschaltenetz Nachrichten erst dann, wenn zwischen Sender und Empfänger eine durchgehende Leitung (deshalb auch „Leitungsvermittlung") aufgebaut ist. Auf dieser Leitung werden dann Nachrichten beliebiger Länge in einem Zug transferiert. Da beide Verfahren unter verschiedenen Netzbelastungen spezifische Vor- und Nachteile mit sich bringen, werden sie gelegentlich gemeinsam angeboten.

Für die Steuerung des Verbindungsaufbaus gibt es die Prinzipien der *zentralen* und der *dezentralen* Kontrolle. Bei einem Netz mit zentraler Kontrolle werden alle Funktionen des Verbindungsaufbaus bzw. Routings der Nachrichten von einer zentralen Instanz wahrgenommen. Dezentrale Kontrolle bedeutet, daß die einzelnen Netzknoten das Ziel eintreffender Nachrichten selbständig entschlüsseln und in Abhängigkeit davon zum nächsten Knoten (der dem Ziel „näher" liegt) weiterschicken.

2.1.2   Statische bzw. dynamische Verbindungsnetze

Ein statisches Netz ist aus einer Menge von Verbindungsleitungen aufgebaut, die (im Betrieb) zwischen je zwei Knoten fest installiert sind. Einzelne Knoten können dabei unterschiedlich viele „Nachbarn" haben. Dynamische Netze kennen keine festen Verbindungen zwischen einzelnen Knoten. Für die Datenübertragung werden hier die Verbindungen jeweils neu hergestellt (geschaltet). Verbindungsleitungen und Schaltelemente sind in dynamischen Netzen „an einer Stelle" konzentriert, in statischen Netzen sind die Schaltfunktionen auf die einzelnen Knoten verteilt. Dynamische Netze korrespondieren mehr mit dem Prinzip der zentralen, statische Netze mit dem Prinzip dezentraler Kontrolle. Die im folgenden besprochenen Netze werden nach dem Kriterium statisch bzw. dynamisch getrennt behandelt.

2.2 Statische Netzstrukturen

Statische Verbindungsnetze werden in verschiedenen verfügbaren Multiprozessor-Systemen verwendet. Bekannt sind vor allem Hypercube- und Baumstrukturen. Diese werden im folgenden näher besprochen. Für weitere statische Strukturen siehe V.2. Bei den meisten Rechnern mit statischem Netz ist die entsprechende Struktur fest vorgegeben. Es gibt jedoch auch Beispiele für Rechner, bei denen die Netzstruktur variabel rekonfiguriert werden kann (z.B mit steckbaren Verbindungen). Ein Beispiel hierfür ist der DIRMU-Rechner (Abschnitt R.2.5).

Für statische Netze gibt es eine Reihe von Unterscheidungskriterien und Bewertungszahlen, die in der Literatur häufig genannt werden:

- *Bewertungszahlen, die direkt aus der Netzstruktur abgeleitet werden*: Mit diesen Zahlen werden die „Entfernungsverhältnisse" der unterschiedlichen Netze bewertet. Die *maximale Entfernung* beziffert den größten Abstand zwischen zwei Knoten (der Knotenabstand wird gleichgesetzt mit der Zahl der Verbindungen, die eine Nachricht auf dem Weg vom Sender zum Empfänger belegt), die *durchschnittliche Entfernung* entsprechend den mittleren Knotenabstand. Die *normalisierte Entfernung* gewichtet die durchschnittliche Entfernung mit der Zahl der Verbindungen, die von einem einzelnen Knoten ausgehen (Zahl der Nachbarn). Eine andere wichtige Bewertungszahl ist die *Gesamtzahl der Verbindungen* (*Verbindungsaufwand*) des Netzes. Die angegebenen Bewertungszahlen werden um so günstiger eingestuft, je niedriger sie sind.
- *Allgemeine Kriterien*: Neben dem Wunsch nach einem „einfachen" *Routingalgorithmus* für die Streckenauswahl zum Nachrichtentransport sind die einfache *Erweiterbarkeit* des Netzes und die *Fehlertoleranz* gegenüber Ausfall einzelner Verbindungen bzw. Knoten wünschenswerte Eigenschaften.

2.2.1 Hypercube

Diese Struktur (Bild 2.1) ist die heute am häufigsten in kommerziell verfügbaren Rechnern eingesetzte statische Netzform. Der Name ist von der anschaulichen Darstellung eines Netzes mit acht ($=2^3$) Knoten abgeleitet, wobei diese die Eckpunkte eines (dreidimensionalen) Würfels besetzen. Allgemein verbindet die Struktur $N = 2^d$ Knoten, die als die Eckpunkte eines d-dimensionalen Würfels aufgefaßt werden können. Jeder Knoten ist dabei mit jeweils d Nachbarknoten verbunden.

Die Vorteile von Hypercubes sind das einfache Routingverfahren (Abschnitt V.2.2.6), der geringe Knotenabstand - maximal d - und die gute Fehlertoleranz aufgrund der relativ hohen Zahl von notwendigen Verbindungen ($dN/2$). Ein Nachteil ist die relativ schwierige Erweiterung, die nur in Verdoppelungsschritten mit Eingriffen an allen Knoten möglich ist.

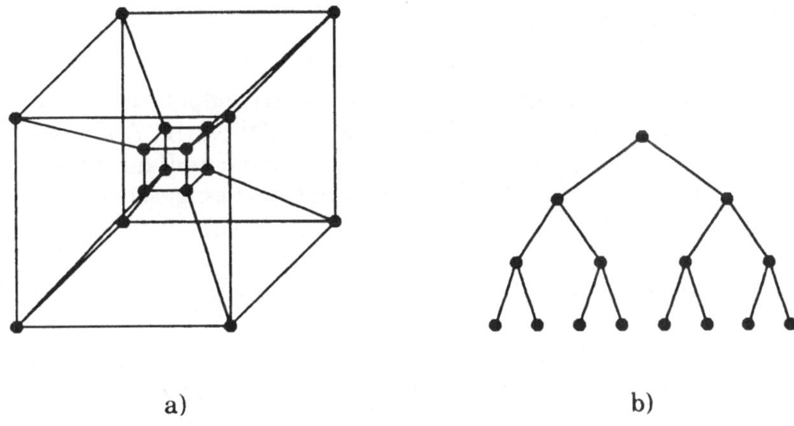

a)   b)

Bild 2.1: Statische Netze: a) 4-dimensionaler Hypercube, b) Binarbaum

Von der „reinen" Hypercube-Struktur wurden einige andere Netzstrukturen abgeleitet. Ein Beispiel dafür sind die Cube-Connected-Cycles (Abschnitt V.2.2.7). Beispiele für Rechner, wo Hypercubes zum Einsatz kommen, sind die T-Serie von FPS (Abschnitt R.1.12), Intel-iPSC (Abschnitt R.1.14) und die Connection Machine (Abschnitt R.1.22).

2.2.2   Binärbaum

Der Hauptvorteil der Binärbaumstruktur (Bild 2.1) liegt in der guten Hardware-Implementierbarkeit, der Hauptnachteil in der sehr schlechten Fehlertoleranz (aufgrund der fehlenden Alternativpfade, um einzelne Knoten zu erreichen). Entsprechend dem baumartigen Aufbau kann diese Netzform nur für solche Anwendungen mit Vorteil eingesetzt werden, die sich auf hierarchisch strukturierte Algorithmen abbilden lassen.

Die Zahl der notwendigen Verbindungen bei einem Baum mit $N = 2^d{-}1$ Knoten in d Ebenen ist mit $N{-}1$ sehr niedrig. Der maximale Knotenabstand $2(d{-}1)$ - mehr als die Hälfte der Knoten haben diesen maximalen Abstand voneinander - ist annähernd doppelt so hoch wie in einem Hypercube. Ein Beispiel eines kommerziell verfügbaren Rechners mit Binärbaum-Aufbau ist der DADO (Abschnitt R.2.4).

Vom Binärbaum sind zahlreiche andere Baumstrukturen abgeleitet worden, die mit zusätzlichen Verbindungen zwischen den Knoten die Fehlertoleranz verbessern und die großen Entfernungen verringern. Beispiele sind Multi- und Hyperbäume (Abschnitte V.2.2.4 u. V.2.2.5).

2.3 Dynamische Netzstrukturen

Bei dynamischen Netzen gibt es zwei wichtige Grundprinzipien: Bussysteme
und Verbindungsnetze auf der Grundlage von Zellen. Im Anhang V werden
darüberhinaus noch dynamische Netze auf der Grundlage von Crossbars
behandelt. Diese werden in der Praxis jedoch selten eingesetzt.

2.3.1 Busstrukturen

Das Bus-Prinzip ist einfach: Ein Bus ist eine Übertragungsleitung, die
angeschlossenen Prozessoren auf Anforderung für „kurze" Zeitintervalle
abwechselnd zur Verfügung gestellt wird. Für die Auflösung (Arbitrierung)
der dabei entstehenden Zugriffskonflikte (gleichzeitige Anforderung durch
mehrere Prozessoren) gibt es unterschiedliche Methoden. Bussysteme sind
theoretisch gut untersucht und praktisch weit entwickelt. Für den Aufbau
von Verbindungsstrukturen auf der Basis von Bussen stehen leistungsfähige
Komponenten mit hoher Übertragungsrate zur Verfügung (bis zu 80
MByte/sec z.B. für den Bus der Symmetry-Rechner der Firma Sequent). Aus
diesen Gründen sind Busse die mit Abstand am häufigsten eingesetzte
Technik zur Kopplung der Komponenten von Multiprozessor-Systemen.

Die einfachste Bus-Verbindungsstruktur ist ein globaler Systembus. Die
Vorteile dieser Verbindung sind:

- Sehr einfache Erweiterung des Systems um zusätzliche Prozessor- oder
  Speicherelemente (verglichen beispielsweise mit dem Aufwand zur Erwei-
  terung eines statischen Hypercube).
- Niedrige Kosten.
- Vergleichsweise geringer Hardware-Aufwand durch niedrige Zahl von
  Kabeln und Komponenten.

Die Nachteile eines globalen Systembusses sind:

- Sehr geringe Fehlertoleranz. Der Ausfall des Busses setzt das gesamte
  System außer Funktion.
- Sinkende Systemleistung bei Erhöhung der Zahl angeschlossener Knoten
  über einen kritischen Schwellenwert hinaus durch die dann häufiger
  auftretenden Zugriffskonflikte.

Die Nachteile der schlechten Fehlertoleranz und der häufigen Zugriffskonflikte können abgemildert werden, wenn die Knoten anstatt an einen Bus an
mehrere parallel arbeitende (identische) Busse angeschlossen werden (sogenannte *Mehrbussysteme*). Die Übertragungswünsche können in diesem Fall
auf die einzelnen Busse verteilt werden, bei Ausfall eines Busses übernehmen die verbleibenden dessen Aufgaben mit.

Auch mit Systemen von parallel arbeitenden Bussen können nur vergleichsweise wenige Prozessoren (bis zu ca. 30) vernetzt werden, was aber so-

wohl für die meisten kommerziellen Anwendungen als auch für die meisten der heute angebotenen Multiprozessor-Systeme ausreicht.

Für die Kopplung größerer Zahlen von Prozessoren wurden verschiedene komplexere Verbindungsstrukturen auf Bus-Grundlage vorgeschlagen (z.B. Spanning Bus-Hypercube, Abschnitt V.3.6.3), die jedoch bisher nicht in am Markt erhältlichen Rechnern eingesetzt worden sind.

2.3.2 Zellenbasierte Netze

Die Verbindungsnetze mit Zellen-Grundlage haben ihren Ursprung in der Fernmelde- und Vermittlungstechnik. Ausgehend von kompletten Crossbars wurden dort Netzstrukturen zur Verknüpfung großer Teilnehmerzahlen entwickelt, die mit geringerem Hardware-Aufwand als jene auskommen. Zellenbasierte Netze werden überwiegend in SIMD-Rechnern eingesetzt, in letzter Zeit jedoch auch für die Vernetzung von MIMD-Rechnern untersucht. Ein Beispiel ist der TRAC-Rechner der University of Texas, Austin (Abschnitt R.3.3).

Als „kleinste Einheit" zum Aufbau der Verbindungsnetze wird am häufigsten der sogenannte „Zweierschalter" verwendet: Ein Schaltelement (Zelle), das prinzipiell verschiedene Verbindungen zwischen zwei Eingängen und zwei Ausgängen herstellen kann, der einfachen Steuerung halber aber meistens nur „durchschaltet" oder „überkreuzt" (siehe auch Bild V.20). Für die Netze auf Zellen-Grundlage gibt es auch die Bezeichnung „Permutationsnetze". Dieser Name weist auf die Eigenschaft hin, daß N Eingänge des Netzes gleichzeitig auf N Ausgänge geschaltet werden können und somit eine „Permutation" der Eingänge erzeugt wird.

In der Literatur werden sehr viele unterschiedliche Formen von Zellen-Netzen vorgeschlagen (eine Auswahl ist in Abschnitt V.3.3 zu finden). Diese Netzformen unterscheiden sich häufig sowohl strukturell als auch von den Eigenschaften her nur sehr wenig. Im folgenden werden zwei Strukturen angegeben, die in Forschungsprojekten untersucht worden sind: Omega- und Banyan-Netze.

Omega-Netze

Das Omega-Netz (Bild 2.2) wurde ursprünglich für SIMD-Rechner entwickelt. Das Netz verbindet $N = 2^i$ Eingänge mit der gleichen Zahl von Ausgängen. Die Schaltfunktionen werden über i Spalten mit jeweils $N/2$ Zweierschaltern ausgeführt, die individuell gesteuert werden können. Die Ein-/Ausgänge der Spalten von Zweierschaltern sind untereinander nach dem Muster der Mischungspermutation („perfect shuffle", Abschnitt V.2.4.1) gekoppelt. Als Durchschaltenetz ist diese Struktur blockierend, d.h. es gibt bestimmte Verbindungen, die den Aufbau weiterer Verbindungen verhindern. Ein Beispiel eines Rechners mit einem Omega-Netz ist der RP3 (Abschnitt R.2.8).

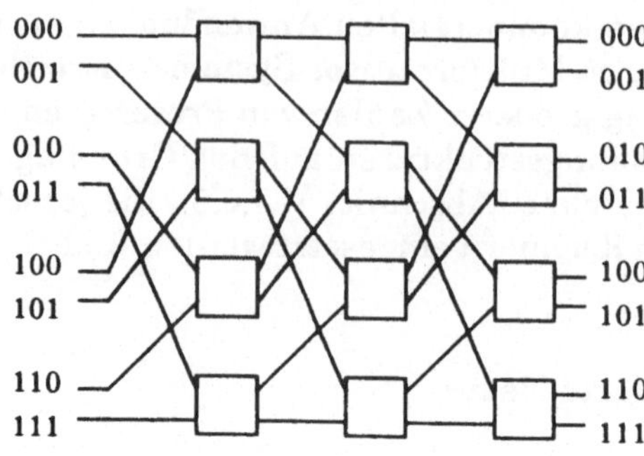

Bild 2.2: Omega-Netz mit acht Ein-/Ausgangen

Banyan-Netze

Banyan-Netze (Bild 2.3) stellen eine große Klasse von Netzen dar, wenn man
der ursprünglichen Definition folgt: jedes Netz, das genau einen Pfad zwischen Paaren von Ein- und Ausgängen zuläßt.

Banyan-Netze werden nicht nur mit Zweierschaltern aufgebaut, es gibt
auch Beispiele mit 2×3 und 4×4-Zellen. Die in der Literatur am häufigsten
erwähnte Variante ist das mit Zweierschaltern arbeitende SW-Banyan-Netz
(switching banyan). Von der Anordnung und der Zahl der eingesetzten
Schaltelemente ähnelt dieses Netz dem Omega-Netz, unterschiedlich sind die
Verknüpfungsmuster zwischen den Schaltstufen. Beim Banyan-Netz sind die
Schaltstufen blockweise nach dem Muster der Kreuzungspermutation (Abschnitt V.3.4.1) gekoppelt.

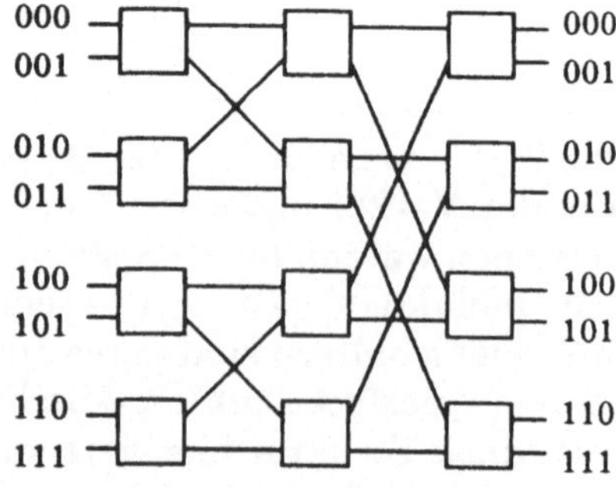

Bild 2.3: Banyan-Netz mit acht Ein-/Ausgängen

Literatur zu Kapitel 2

[Broomell 83]　　Broomell G.; Heath J.R.
Classification Categories and Historical Development of Circuit Switching
Topologies
Computing Surveys, Vol. 15, No. 2 (1983), pp. 95 - 133

[Feng 81]　　Feng T.
A Survey of Interconnection Networks
IEEE Computer, Vol. 14, No. 12 (1981), pp. 12 - 27

[Hwang 85]　　Hwang K.; Briggs F.A.
Computer Architecture and Parallel Processing
McGraw-Hill, New York, 1985

[Mudge 87]　　Mudge T.N.; Hayes J.P.; Winsor D.C.
Multiple Bus Architectures
IEEE Computer, Vol. 20, No. 6 (1987), pp. 42 - 48

[Regenspurg 87]　　Regenspurg G.
Hochleistungsrechner-Architekturen
McGraw-Hill-Texte, McGraw-Hill 1987

Fur ausfuhrliche Literaturangaben siehe auch Anhang V

3 Rechnerbeispiele zu einigen Klassifikationsmerkmalen

In diesem Kapitel werden beispielhaft einige Multiprozessor-Systeme anhand folgender Klassifikationsmerkmale, wie sie in Abschnitt 1.3 beschrieben sind, erläutert:

- Prozessorzahl
- Enge bzw. lose Kopplung
- Verbindungsstruktur

Zu berücksichtigen ist, daß einige Rechner bzgl. der verschiedenen Merkmale mehrfach beschrieben, also mehrmals genannt werden. Hinsichtlich der Charakterisierung eines Rechners stehen die Klassifikationsmerkmale in wechselseitiger Beziehung zueinander, so daß im folgenden diese nicht isoliert, sondern jeweils im Kontext der anderen Merkmale betrachtet werden. Ausführlichere Beschreibungen dieser Multiprozessor-Systeme sind im Anhang R zu finden.

3.1 Prozessorzahl

Die Bandbreite von Multiprozessor-Systemen erstreckt sich von Systemen mit zwei Prozessoren bis zu solchen mit über 65000 Prozessoren. Es gibt natürlich auch „Multi"prozessor-Systeme, die in der Grundversion mit nur einem Prozessor erhältlich sind.

Die Rechner können grob eingeteilt werden in solche mit „geringer", „mittlerer" und „großer" Prozessorzahl. Die Übergänge zwischen den drei Kategorien sind aber durchaus fließend, da ein Rechner mit „großer" Prozessorzahl in unterschiedlichen Ausbaustufen, also auch mit „wenig" Prozessoren, erhältlich sein kann. Wenn im folgenden von Prozessoren die Rede ist, so sind, wenn nicht anders erwähnt, damit Verarbeitungsprozessoren gemeint.

3.1.1 „Geringe" Prozessorzahl (bis zu 30)

Generell haben zwei Typen von Multiprozessor-Systemen eine „geringe" Prozessorzahl. Zum einen sind es die „Supercomputer", die mit wenigen komplexen Hochleistungsprozessoren ausgestattet sind und effiziente Paral-

lelarbeit, besonders auf Pipelineebene, unterstützen. Zum anderen sind es
Systeme mit Busstruktur. Ein Systembus, über den Prozessoren auf einen
gemeinsamen Speicher zugreifen, kann zu einem Engpaß und damit zu
einem leistungsmindernden Einflußfaktor werden. Um dies generell zu verhindern, kann nur eine kleine Anzahl von Prozessoren am Systembus angeschlossen werden.

Cray X-MP

Ein typischer Superrechner ist die Cray X-MP [Hwang 85], ein strukturell
eng gekoppeltes Multiprozessor-System, das mehrere Ebenen der Parallelität, vom Multitasking bis hin zur Vektorverarbeitung auf Pipelineebene,
unterstützt. Bis zu vier identische, speziell entwickelte CPUs haben direkten
Zugriff auf einen Multiport-Speicher.

Jede CPU ist mit über 800 Registern für unterschiedliche Zwecke und 14
Funktionseinheiten ausgestattet, die sich in Adreß-, Vektor-, Skalar- und
Gleitpunkt-Einheiten gliedern. Die Funktionseinheiten arbeiten simultan
und asynchron, wobei innerhalb einer jeden Einheit mit einer mehrstufigen
Pipeline Operationen synchron durchgeführt werden.

Balance

Die Balance 8000 und Balance 21000 von Sequent sind Systeme mit Busstruktur, die als Multi-User-Systeme für allgemeine Anwendungen konzipiert sind. Die 8000-Version ist mit mindestens zwei und maximal zwölf Verarbeitungsprozessoren ausgestattet. Das 21000-System ist in der Grundversion mit vier Prozessoren, in der maximalen Ausbaustufe mit 30 Prozessoren
erhältlich. In beiden Systemen werden Standard-Mikroprozessoren verwendet.

3280-MPS, FX-Serie

Das 3280-MPS-System von Concurrent und die FX-Serie von Alliant sind
sogenannte „Minisuper-Computer". Sie haben wie die Balance Busarchitek-
tur, verwenden jedoch spezielle Verarbeitungsprozessoren.

Das 3280-MPS-System ist in der Grundversion mit einem 3280-Prozessor
zu haben und kann um maximal fünf Prozessoren erweitert werden. Der
3280-Prozessor ist ein 32-Bit-Mikroprozessor und verfügt über eine vier-
stufige Pipeline, einen 64-Bit-Gleitpunktprozessor und ein Kontrollsystem
zur Überwachung aller im System aktiven Bausteine. Der Rechner ist heterogen in dem Sinne, daß die vorhandenen Prozessoren desselben Typs unterschiedliche Funktionen ausführen. Jeder Prozessor kann als I/O-Prozessor,
als Verarbeitungsprozessor oder als Steuerungseinheit verwendet werden.

Die FX-Serie von Alliant verwendet zwei Klassen von Prozessoren. Eine
Klasse bilden die „interactive processors", die als Front-End-Prozessoren sowohl Anwender- und Betriebssystem-Programme als auch I/O-Operationen
ausführen. Bis zu zwölf dieser Prozessoren können in einem FX-Rechner
untergebracht werden. Die andere Klasse besteht aus maximal acht „computational elements", die mit Vektor- und Gleitpunktoperationen die Ausführung rechenintensiver Anwenderprogramme unterstützen.

3.1.2   „Mittlere" Prozessorzahl (bis zu 1000)

Systeme in dieser Größenordnung sind homogene Rechner, die gegenüber
denen mit geringer Prozessorzahl vergleichsweise komplexere Verbindungsstrukturen haben. Auf dem kommerziellen Sektor sind es im wesentlichen
die Rechner mit Hypercubestruktur, die die Bandbreite bis ungefähr tausend
Prozessoren abdecken. Systeme mit zellenbasiertem Netz, von denen die
meisten zur Zeit noch als Prototypen mit geringer Prozessorzahl existieren,
wird man in Zukunft auch in diese Kategorie einordnen. Aufgabenfeld der
Rechner mit „mittlerer" Prozessorzahl ist der technisch-wissenschaftliche
Bereich.

iPSC

Die iPSC-Rechner von Intel sind Rechner mit Hypercubestruktur. Diese
werden in unterschiedlichen Ausführungen angeboten. Die iPSC-VX/D-
Systeme sind in der Grundversion mit 16 Prozessoren ausgestattet und
können auf 64 erweitert werden, wobei jeder Prozessor zusätzlich mit einer
Vektoreinheit gekoppelt ist. Die iPSC/D-Systeme besitzen zwar keine Vek-
torverarbeitungseinheiten, können aber im Vergleich zu den VX/D-Rechnern
von 32 bis maximal 128 Prozessoren ausgebaut werden. Alle iPSC-Versionen
besitzen Standardprozessoren Intel 80286/287. Die Serie iPSC/2, eine Weiterentwicklung der iPSC-Rechner, ist mit Intel 80386/387-Mikroprozessoren
ausgerüstet.

NCube

Ein weiterer Rechner mit Hypercubestruktur ist der NCube von der gleich-
namigen Firma. Dieser zeichnet sich insbesondere durch seine Kompaktbau-
weise aus. Auf einer Prozessorkarte sind bis zu 64 Knoten untergebracht, die
für eine „schnelle" Datenübertragung mit DMA-Kanälen verbunden sind.
Jeder der Knoten besteht aus einem speziell für diesen Rechner entwickelten
Verarbeitungsprozessor und einem 128-KByte-Privatspeicher. Die maximale
Knotenzahl beträgt 1024.

BBN-Butterfly

Der BBN-Butterfly (<u>B</u>olt, <u>B</u>eranek, <u>N</u>ewman), ein Rechner mit Permutationsnetz (Banyan), ist ein „shared memory"-System mit relativ hoher Prozessorzahl - im Vergleich zu Rechnern mit Busstruktur. Bis zu 256 Prozessoren (MC-68020 von Motorola) sind möglich.

3.1.3 „Große" Prozessorzahl (über 1000)

Ein Rechner mit „großer" Prozessorzahl ist meist für spezielle Anwendungsgebiete (z.B. Schaltkreissimulation, Bildverarbeitung) ausgerichtet, in denen
sehr große Datenmengen effizient zu verarbeiten sind. Die gesamte Verarbeitung wird oft von einem Host gesteuert.

MPP

Der MPP (Massively Parallel Processor) von Goodyear ist ein Rechner, der
speziell in der Satellitenbild-Verarbeitung zum Einsatz kommt. Der Kern
des Rechners ist die im SIMD-Betrieb arbeitende Array Unit, in der 16384
spezielle bit-serielle Prozessoren mit 1-Kbit-Privatspeicher in einem Gitter
der Größe 128×128 angeordnet sind.

T-Rechner

Die T-Rechner von Floating Point Systems können maximal 16384 Prozessoren enthalten, sind jedoch in unterschiedlichen Ausbaustufen erhältlich.
Ein solcher T-Rechner gehört im Gegensatz zum MPP zur MIMD-Klasse und
besitzt komplexere Verarbeitungsprozessoren (Transputer), die in Form
eines Hypercubes miteinander verbunden sind.

Connection Machine

Die Connection Machine von Thinking Machines verfügt mit 65536 gleichartigen Verarbeitungseinheiten, die zu einem Hypercube zusammengeschaltet sind, über die zur Zeit höchste Anzahl von Prozessoren. Jede dieser
Einheiten enthält einen 1-Bit-Verarbeitungsprozessor, der synchron zu den
anderen Prozessoren die gleichen Operationen auf unterschiedlichen Daten
durchführt (SIMD).

3.2 Enge bzw. lose Kopplung

In diesem Abschnitt werden Rechner genannt, die eine enge bzw. lose Kopplung von Prozessoren und Speicherelementen haben oder aber eine Mischform aus enger und loser Kopplung besitzen.

3.2.1 Enge Kopplung

Multiprozessor-Systeme, die zwar strukturell, aber nicht funktional eng gekoppelt (siehe auch Kapitel 1) sind, werden für allgemeine Anwendungen im Multi-User-Betrieb verwendet. Andere Systeme wiederum besitzen strukturell und funktional eine enge Kopplung und sind daher für Aufgaben (z.B. numerische Lösung physikalischer Probleme) vorgesehen, die eine Koordinierung der Prozessoren untereinander notwendig machen.

Balance

Zu den strukturell eng gekoppelten Systemen gehört die Balance von Sequent. Die Balance ist ein Multi-User-System mit gemeinsamem Hauptspeicher und 32-Bit-Systembus. Unabhängige Tasks - von verschiedenen Benutzern - werden von den Prozessoren simultan ausgeführt. Kommunikation auf Taskebene findet nicht statt. Insofern ist aus funktionaler Sicht die Balance nicht eng gekoppelt.

BBN-Butterfly

Ein Beispiel für einen Rechner enger Kopplung mit komplexem Netzwerk (Banyan-Netzwerk) ist der BBN-Butterfly. Jeder Prozessor ist mit einem 1-MByte-Speicher gekoppelt, der in einen lokalen Teil und einen shared local-Teil partitioniert werden kann. Das „shared memory" ist zwar verteilt, hat aber einen gemeinsamen physikalischen Adreßraum, und jeder Prozessor hat die Möglichkeit, über das Schaltnetzwerk auf jedes Speicherelement zuzugreifen. Dieses System ist nicht nur strukturell, sondern auch funktional eng gekoppelt, denn der Einsatz des Butterfly, etwa in der Bildverarbeitung, erfordert von den Prozessoren Informationsaustausch, der über Zugriffe auf gemeinsame Datenbereiche durchgeführt wird.

DIRMU

Als ein weiterer Rechner, der strukturell und auch funktional eng gekoppelt ist, gilt der DIRMU (Distributed Reconfigurable Multiprocessor Kit), ein Multiprozessor-System mit Multiport-Speicher. Besonders gut eignet sich der

DIRMU zur Lösung von partiellen Differentialgleichungen im Gitterver-
fahren.

Die Basiskomponente des DIRMU ist ein Mikrorechner-Baustein, bestehend aus einem Prozessormodul, der mit einem Multiportspeicher gekoppelt
ist. Der Prozessormodul und der Multiportspeicher haben jeweils sieben
Ports, über die Verbindungen zu anderen Bausteinen hergestellt werden
können. Auf diese Weise können beliebig viele dieser DIRMU-Bausteine zu
einem speichergekoppelten Multiprozessor-System zusammengeschaltet
werden.

3.2.2   Lose Kopplung

Systeme, die lose gekoppelt sind, zeichnen sich dadurch aus, daß Verarbeitungseinheiten, bestehend aus Verarbeitungsprozesssor und lokalem Speicher, zu einem statischen Netz verbunden sind und Prozessorkommunikation
über Nachrichtenaustausch stattfindet.

iPSC

Typische Vertreter lose gekoppelter Systeme sind solche mit Hypercube-
Struktur wie z.B. die iPSC-Rechner von Intel. In Abschnitt 3.3.1 (Statische
Netze) werden diese Rechner noch näher erörtert.

C1-XP4

Es lassen sich auch eigenständige Rechner z.B. über LAN zu einem lose
gekoppelten Multicomputer-System zusammenschalten. Ein Beispiel hierfür
liefert der C1-XP4 von Convex. Dieses System besteht aus vier autonomen
C1-XP-Rechnern, die über ein fiberoptisches Verbindungssystem zu einem
Ring zusammengeschlossen sind. Der Austausch von Nachrichten wird mit
Hilfe von Hochgeschwindigkeits-Protokollen abgewickelt. Der C1-XP4 kann
„beliebig" erweitert werden, indem man über LAN noch weitere C1-Rechner
an dieses System anhängt.

Computing Surface, Megaframe, T-Rechner

Zur losen Kopplung eignet sich sehr gut der Transputer-Baustein. Für den
Computing Surface von Meiko und den Megaframe von Parsytec werden
Standardkomponenten mit unterschiedlicher Anzahl von Transputern bzw.
unterschiedlicher Speicherkapazität angeboten. Diese Komponenten können
miteinander lose verschaltet werden. Floating Point Systems bietet auf
Transputer-Basis bereits vorgefertigte Rechnerkonfigurationen mit Hypercubestruktur an. Die auf unterschiedlichen Transputern ablaufenden Pro-

zesse kommunizieren über Nachrichtenaustausch, wobei die eigens für diesen Prozessortyp entworfene Sprache Occam geeignete Konstrukte für die Prozeßkommunikation zur Verfügung stellt.

Suprenum

Ein weiterer Vertreter der Kategorie lose gekoppelter Systeme ist der von der Suprenum-GmbH entwickelte Suprenum-Rechner, der im Gegensatz zu den bisher genannten einen hierarchischen Aufbau hat. Grundelement ist der Rechnerknoten, der aus einem 32-Bit-MC68020-Verarbeitungsprozessor, einem Gleitpunkt-Vektorprozessor, einem Lokalspeicher sowie einem Kommunikationsprozessor besteht. Über den Kommunikationsprozessor wird der Nachrichtenverkehr mit den anderen Knoten abgewickelt. Bis zu 16 Knoten, die über einen aus zwei parallelen bidirektionalen Bussen aufgebauten „Clusterbus" lose gekoppelt sind, bilden einen Cluster. In einer 4×4-Torusstruktur sind 16 Cluster über den „Suprenumbus" lose gekoppelt.

3.2.3   Mischformen aus enger und loser Kopplung

Rechner, die sowohl enge als auch lose Kopplungen verwenden, eignen sich zum flexiblen Aufbau modularer Systeme. Häufig sind solche Systeme Multicomputer-Systeme, die aus einem losen Verbund eng gekoppelter Multiprozessor-Systeme bestehen.

M5PS

Ein Beispiel für ein System, das zum Teil „eng" und zum Teil „lose" gekoppelt ist, ist der M5PS der TH Aachen. Grundlage bildet eine Verarbeitungseinheit, die einen Z80-Mikroprozessor und einen Lokalspeicher enthält. Bis zu acht solcher Einheiten haben über einen Bus Zugriff auf einen gemeinsamen Speicher und stellen somit zumindest strukturell ein eng gekoppeltes Teilsystem dar. Am Bus sind Kopplungsmodule angeschlossen, über die weitere Teilsysteme lose verbunden werden können.

Flex/32

Ein weiteres System dieser Kategorie ist das Multicomputer-System Flex/32 von Flexible. In diesem Rechner sind bis zu 20 Verarbeitungsprozessoren NS32032 oder MC68020 enthalten, die über einen gemeinsamen Bus auf einen gemeinsamen Speicher Zugriff haben. Über entsprechende Schnittstellen können die Verarbeitungsprozessoren mehrerer Flex-Rechner lose gekoppelt werden.

3.3 Verbindungsstruktur

Ein Netzwerk in einem Multiprozessor-System stellt eine Verflechtung von Kommunikationswegen dar, die Prozessoren untereinander bzw. Prozessoren und Speicherelemente miteinander verbinden. Man unterscheidet Netzwerke mit statischer Struktur und solche mit dynamischer Struktur (Kapitel 2).

3.3.1   Statische Netze

Rechner mit statischem Netzwerk sind im allgemeinen lose gekoppelt. Grundsätzlich kann man diese Rechner in zwei Gruppen einteilen. Zu der einen gehören Rechner mit vorgegebener Konfiguration (z.B. Cosmic Cube, iPSC, iSGR, T-Rechner, Connection Machine, DADO). Das bedeutet, daß die Verarbeitungselemente in einer Hardware-Verbindungsstruktur fest verdrahtet sind. Die andere Gruppe enthält Rechner mit variabler Konfiguration (z.B. Computing Surface, Megaframe, DIRMU). Diese Rechner bestehen aus autonomen Komponenten, die zu einer beliebigen Konfiguration zusammensetzbar sind.

Cosmic Cube, iPSC, iSGR

Neben dem Systembus ist die Hypercubestruktur wegen der hohen Fehlertoleranz bzgl. der Pfadauswahl eine Verbindungsstruktur, die sehr häufig in kommerziellen Rechnern zu finden ist. Diese Struktur, die am California Institute of Technology untersucht wurde, war Grundlage bei der Entwicklung des „Cosmic Cube". In einer 1983 aufgebauten Version enthielt dieser Rechner 64 Verarbeitungselemente, die zu einem sechsdimensionalen Cube zusammengeschaltet wurden.

Basierend auf dem Cosmic Cube entwickelte Intel die iPSC-Serie (<u>i</u>ntel <u>P</u>ersonal <u>S</u>uper<u>c</u>omputer). Es gibt diese Rechner mit mindestens 16 und maximal 128 Verarbeitungsprozessoren Intel-80286/287, wobei es für unterschiedliche Anwendungsgebiete entsprechende Ausführungen gibt. Von den iPSC-Systemen sind die iSGR-Rechner (<u>i</u>ntel <u>S</u>ugar<u>C</u>ube) abgeleitet, welche mit vier (zweidimensionaler Cube) bzw. mit acht (dreidimensionaler Cube) Prozessoren angeboten werden.

T-Rechner, Connection Machine

Weitaus komplexere Netzstrukturen weisen die T-Rechner (Floating Point Systems) und die Connection Machine (Thinking Machines) auf. Der T-Rechner verwendet den T414-Transputer als Grundelement. Die vier bidirektionalen Standardanschlüsse des T414 sind über Multiplexkomponenten auf 16 Ports erweitert. Davon sind 14 für Anschlüsse zu anderen Transputern vorgesehen, so daß in der höchsten Ausbaustufe 16384 ($= 2^{14}$) Transputer in einem 14-dimensionalen Netz möglich sind. Die Connection Machine hat dagegen eine zwölfdimensionale Hypercubestruktur, in der 4096 Chips verbunden sind, wobei auf jedem Chip 16 1-Bit-Verarbeitungsprozessoren untergebracht sind.

DADO

Ein Rechner mit Binärbaumstruktur ist der DADO, der an der Columbia-Universität (New York) seit Ende der 70er Jahre entwickelt wird. Dieser ist für spezielle Anwendungsgebiete (Suchoperationen, Pattern-Matching) konzipiert. Eine seit 1985 existierende Version DADO 2 hat 1023 Verarbeitungselemente (Intel-8751) und ist aus Chips nach dem Leiserson-Prinzip (Anhang V.2.2.3) aufgebaut, das im Vergleich zu den Hypercubesystemen eine „einfache" Erweiterung des Systems erlaubt. Von Nachteil jedoch ist die geringe Fehlertoleranz bei Ausfall eines Verarbeitungselementes.

Die Firma Fifth Generation Computer hat die Absicht, den DADO kommerziell zu vertreiben. Im Unterschied zum DADO-Projekt der Columbia-Universität werden in diesem Rechner Motorola-68020-Mikroprozessoren verwendet.

Computing Surface, Megaframe

Die Rechner Computing Surface von Meiko und Megaframe von Parsytec sind auf Transputer-Basis aufgebaut und lassen sich zu beliebigen Rechnerkonfigurationen in loser Kopplung erweitern. Mit den vier bidirektionalen Anschlüssen des Transputer-Bausteins ist es möglich, Konfigurationen wie Gitter, Hypercubes, Ringe, Bäume und andere, insbesondere asymmetrische Strukturen aufzubauen.

DIRMU

Grundbausteine des DIRMU sind die Mikrorechner-Bausteine (siehe auch Abschnitt 3.2.1), mit denen beliebige System-Konfigurationen herstellbar sind, so daß die Rechnerstruktur an die Problemstruktur der Anwendersoftware angepaßt werden kann. Zur Zeit existiert das System DIRMU 25 (Bild R.24) mit 25 Mikrorechner-Bausteinen, die derart vermascht sind, daß Konfigurationen wie Cubes, Ringe, Felder oder Bäume in diesem Netz enthalten sind. Das DIRMU-System hat eine statische Struktur, ist aber im Gegensatz zu allen anderen erwähnten Rechnern, die dieses Merkmal aufweisen, eng gekoppelt (shared local), da die Kommunikation der Prozessoren über die gekoppelten Multiport-Speicher durchgeführt wird.

3.3.2 Dynamische Netze

Typische dynamische Netze sind der Systembus (Balance, FX, Suprenum) und zellenbasierte Netze. Es gibt eine große Anzahl zellenbasierter Netze (z.B. mehrstufige Permutationsnetze), aber nur eine geringe Auswahl davon findet in heutigen Multiprozessor-Systemen Verwendung, z.B. das Banyan-Netz im Butterfly bzw. das Banyan- und Omega-Netz im RP3.

Balance, FX-Serie

Multiprozessor-Systeme mit dynamischen Netzwerken sind oft eng gekoppelt. Das am häufigsten verwendete und einfachste dynamische Netz ist der Systembus (siehe auch Abschnitt 2.3.1). Die meisten kommerziellen Multiprozessor-Systeme haben Systembusstruktur. Typische Vertreter dieser Kategorie sind die Balance von Sequent und die Rechner der FX-Serie von Alliant. Charakteristisch für diese Rechner ist, daß eine geringe Anzahl von Prozessoren Zugriff auf einen gemeinsamen Hauptspeicher (shared central) haben.

Suprenum

Ein anderes Konzept wird beim Suprenum verfolgt. Innerhalb eines Suprenumclusters sind bis zu 16 Verarbeitungseinheiten über ein Zweibussystem (Abschnitt 2.3.1), dem Clusterbus, miteinander verbunden. Solch ein Zweibussystem hat den Vorteil, daß die Datentransferrate gesteigert wird und Engpässe reduziert werden. Zusätzlich wird die Fehlertoleranz erhöht.

Im Gegensatz zur Balance oder FX gibt es keinen gemeinsamen Hauptspeicher, sondern in jeder Verarbeitungseinheit ist der Verarbeitungsprozessor mit seinem Lokalspeicher verbunden, so daß die Prozessorkommunikation durch Austausch von Nachrichten über den Bus stattfindet.

RP3

Der RP3, der am IBM Watson Research Center entwickelt wird, ist ein Rechner auf der Basis mehrstufiger Permutationsnetze. Der RP3 kann maximal 512 Verarbeitungselemente enthalten. Ein Verarbeitungselement hat einen IBM-801 ähnlichen Mikroprozessor, einen Lokalspeicher, der lokal und „shared local" genutzt werden kann, und Schnittstellen für I/O und das Schaltnetzwerk.

Das Schaltnetzwerk selbst besteht aus zwei separaten Netzen, einem sogenannten *Low Latency Network* und einem *Combining Network*. Das Low Latency Network ist ein 4-stufiges Banyan-Netzwerk mit 4×4-Schaltelementen (Abschnitt 2.3.2), das für effiziente Zugriffe der Verarbeitungsprozessoren auf den gemeinsamen Speicher (shared local) vorgesehen ist. Das Combining Network, das zur Prozessor- bzw. Prozeßsynchronisation (siehe auch Abschnitt 4.3) dient, ist ein aus 2×2-Schaltelementen aufgebautes sechsstufiges Omega-Netzwerk (Abschnitt 2.3.2), das mehrere in einem Schaltelement gleichzeitig eintreffende Nachrichten mit gleicher Speicheradresse zu einer kombiniert und zur Zieladresse weiterleitet.

BBN-Butterfly

Ein typisches Beipiel für einen kommerziellen Rechner mit mehrstufigem Permutationsnetz ist der BBN-Butterfly, ein homogenes System mit maximal 256 Verarbeitungselementen. Jedes Verarbeitungselement enthält neben einem Verarbeitungsprozessor auch einen Lokalspeicher. Über ein Banyan-Netzwerk haben die Verarbeitungsprozessoren paketvermittelt Zugriff auf jedes Lokalspeichermodul im System (shared local). Grundlage der Banyan-Topologie ist hier ein Schaltelement, das aus einem 4×4-Crossbar-Netz (Abschnitt 2.3.2) aufgebaut ist und je vier Ein- und Ausgänge besitzt, so daß mit einem vierstufigen Banyan-Netz der Aufbau eines „shared local"-Systems gewährleistet wird.

Literatur zu Kapitel 3

[Hwang 85]   Hwang K.; Briggs F.A.
                    Computer Architecture and Parallel Processing
                    McGraw-Hill, New York, 1985

[Klein 87]   Klein A.; Eckhardt H.; Istavrinos P.
                    Parallelrechner-Architekturen - Eine Studie zum Stand der Technik
                    Siemens, 1987

Weitere Literaturhinweise für die in diesem Kapitel erwähnten Rechner sind im Anhang R zu finden.

4 Funktionale Aspekte

Bei der Entwicklung von Multiprozessor-Systemen müssen funktionale
Aspekte wie z.B. Prozeßkoordinierung, Kooperation der Hardware-Komponenten oder auch die gegenseitige Wechselbeziehung von Hardware- und
Software-Komponenten berücksichtigt werden.

Ein wesentlicher Software-Aspekt bei Multiprozessor-Systemen ist, geeignete Programmierkonzepte bereitzustellen, die auf die Rechnerarchitektur
zugeschnitten sind und mit denen die unterschiedlichen Ebenen der Parallelverarbeitung ausgeschöpft werden können. Ziel ist sowohl eine möglichst
„gleichmäßige" Rechnerauslastung als auch eine optimale Ausführungszeit
der ablauffähigen Prozesse. Optimal bedeutet in diesem Sinne, Prozesse so zu
steuern, daß keine unnötigen Wartezeiten im System auftreten. Dabei ergeben sich zwei Problemstellungen:

- Wie sind ablauffähige Prozesse („räumlich" und / oder „zeitlich") auf die
  Ressourcen - besonders auf die Verarbeitungseinheiten - zu verteilen?
- Wie ist die Koordinierung und Synchronisierung paralleler Prozesse korrekt durchzuführen?

So wie auf *logischer Ebene* die Prozesse - die in einem Multiprozessor-System
auf unterschiedlichen Prozessoren ablaufen - kooperieren und kommunizieren, so müssen auch auf *physikalischer Ebene* die Verarbeitungsprozessoren
ihre Arbeit abstimmen. Zum Beispiel kann es zu Konflikten kommen, wenn
Prozessoren auf einen gemeinsamen Speicher zugreifen. Im Abschnitt 4.3
wird diese Problematik am Beispiel des hot spot erläutert, einer Blockadesituation, die für Rechner mit Banyan-Struktur (RP3, Ultracomputer, Butterfly) untersucht wurde.

4.1 Prozeßverteilung

Die Zuordnung ausführbarer Prozesse zu den Ressourcen (besonders den Verarbeitungseinheiten) spielt bei Multiprozessor-Systemen eine wichtige Rolle,
weil sie sich letztendlich auf den Systemdurchsatz und die Performance auswirkt (Kapitel 5). In den folgenden beiden Abschnitten wird auf die Problematik und die Strategien der „räumlichen" und „zeitlichen" Prozeßzuordnung eingegangen.

4.1.1   Load balancing

In einem Multiprozessor-System können mehrere Prozesse (Last), die sich um unterschiedliche Ressourcen wie Verarbeitungsprozessoren, Speicher oder I/O bewerben, gleichzeitig bearbeitet werden. Um einen hohen Systemdurchsatz zu gewährleisten, wird versucht, die Last derart den Ressourcen zuzuordnen, daß diese gleichmäßig ausgelastet sind (*load balancing*). Dafür gibt es zwei Möglichkeiten.

Eine besteht darin, zur Übersetzungszeit festzulegen, wie die Last den Prozessoren zuzuordnen ist. Dies kann entweder durch den Compiler oder aber durch den Softwareentwickler selbst erfolgen. Das Hauptproblem dieser Vorgehensweise ist die Berücksichtigung der Prozeßabhängigkeiten, die durch die Kommunikation verursacht und somit erst zur Laufzeit wirksam werden. Prozesse, die eine hohe Kommunikationsrate verursachen, belasten mitunter das Rechnersystem sehr stark, falls sie über das Gesamtsystem gleichmäßig den Prozessoren zugeordnet sind. In einem „shared memory"-System, in dem die Kommunikation über Operationen auf gemeinsamen Datenbereichen durchgeführt wird, kann diese Belastung zu Speicherzugriffskonflikten führen. In einem lose gekoppelten System, in dem die Prozeßkommunikation per Nachrichtenaustausch erfolgt, kann das Verbindungsnetz zu einem Engpaß werden. Laufen diese Prozesse aber im Extremfall auf einem Prozessor ab, um Speicherzugriffskonflikte zu reduzieren bzw. ein Verbindungsnetz zu entlasten, so kann wegen des möglichen „load imbalancing" der Systemdurchsatz sinken.

Die andere Möglichkeit ist, die Ausgewogenheit der Last zur Laufzeit anzustreben (*dynamic load balancing*), da sich die Anzahl der aktiven Prozesse mit ihren Anforderungen an die Betriebsmittel ständig ändern kann. Um diese Forderung zu erfüllen, muß eine Scheduling-Komponente vorhanden sein, die die Prozeß-Prozessor-Zuteilung dynamisch steuert (Abschnitt 4.1.2). Eine solche Komponente sollte einen möglichst geringen Overhead verursachen, d.h. sie hat anhand der Prozeßinformationen eine „schnelle" Entscheidung bzgl. der Prozessorvergabe zu treffen.

An dieser Stelle sei erwähnt, daß der Begriff „load balancing" in der Literatur häufig im Zusammenhang mit lose gekoppelten Rechnern (Multicomputer-Systeme, verteilte Systeme) genannt wird. Welche Strategien es gibt, um das „load balancing" in einem verteilten System anzustreben, und welchen Einfluß sie auf die Performance haben, ist ein Problem, zu dem es eine Reihe von Untersuchungen gibt ([Ferrari 86], [Thomasian 87], [Zhou 87]).

4.1.2   Scheduling

Das Betriebssystem koordiniert die um Betriebsmittel konkurrierenden Prozesse. Dazu werden Verteilungsstrategien (*scheduling*) benötigt, die festlegen, welche Prozesse zu welchen Zeitpunkten den Betriebsmitteln zuzuordnen sind, wobei - mit Blick auf das „load balancing" - der Prozeß-Prozessor-

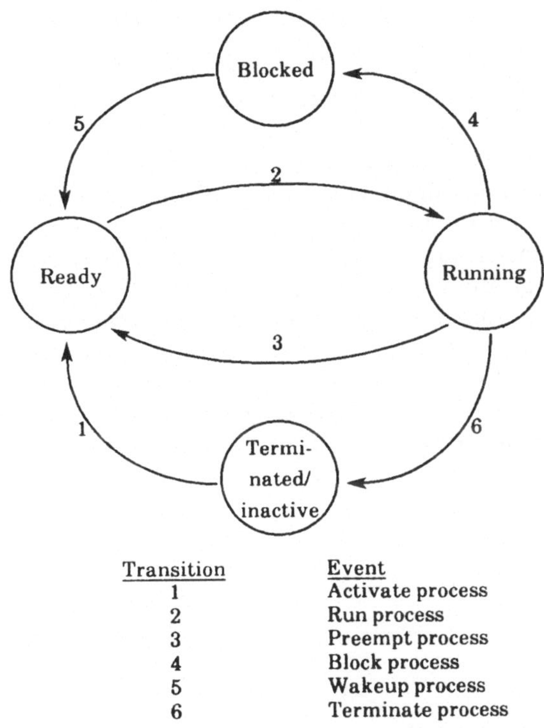

Transition	Event
1	Activate process
2	Run process
3	Preempt process
4	Block process
5	Wakeup process
6	Terminate process

Bild 4.1: Prozeß-Zustande und Zustandsübergänge [Hwang 85]

Zuordnung in einem Multiprozessor-System besondere Bedeutung zukommt.
Diejenige Komponente, die diese Zuordnung leistet und auch Einfluß auf die
Änderung eines Prozeßzustandes nimmt, ist der Scheduler, ein Bestandteil
des Betriebssystemkerns. Ein Scheduler wird immer dann aktiviert, wenn
ein Betriebsmittel angefordert oder freigegeben, ein Prozeß gestartet oder
beendet wird.

Je nach Art der Zustandsänderung eines Prozesses sind zwei Scheduler zu
unterscheiden, die jedoch verzahnt zusammenarbeiten: Der eine wird als
„short-term process scheduler" oder „dispatcher", der andere als „long-term
load scheduler" bezeichnet [Hwang 85]. Das Bild 4.1 illustriert, welche
Zustände ein Prozeß während seines „Lebenszyklus" annehmen kann:

- Im Zustand *Running* hat ein Prozeß für seine Bearbeitung einen Verarbeitungsprozessor zugeteilt bekommen.
- *Blocked* bedeutet, daß der Prozeß sich in einem Wartezustand befindet
  (z.B. Warten auf I/O).
- Mit *Ready* wird angezeigt, daß ein Prozeß ablauffähig ist und auf Zuteilung eines Prozessors wartet.

● *Terminated / Inactive* bedeutet, daß ein Prozeß beendet oder inaktiv ist.

Der „dispatcher" wird tätig, sobald ein aktueller Prozeß (Zustand „Running")
den ihm zugeteilten Prozessor nicht nutzen kann (z.B. Warten auf I/O) bzw.
ihm dieser aus anderen Gründen (z.B. Ablauf einer Zeitscheibe) entzogen
wird. Die Aufgabe des dispatchers ist, einen Prozeßwechsel mit den dafür
notwendigen Vorkehrungen vorzunehmen. Beispiele sind das Sichern des
Prozeßzustandes im Prozeß-Kontrollblock und das Laden des Programmzäh-
lers des nächsten auszuführenden Prozesses. Der nächste ablauffähige Prozeß wird aus einer Menge von Prozessen ausgewählt, die im Zustand „Ready"
in Warteschlangen nach bestimmten Kriterien angeordnet sind, und in den
Zustand „Running" versetzt. Der „long-term load scheduler" entscheidet, zu
welchem Zeitpunkt ein Prozeß aktiviert, d.h. in den Hauptspeicher geladen
(*swap in*) und in eine „Ready"-Warteschlange aufgenommen werden kann,
um den Anspruch auf Prozessorzuteilung geltend zu machen.

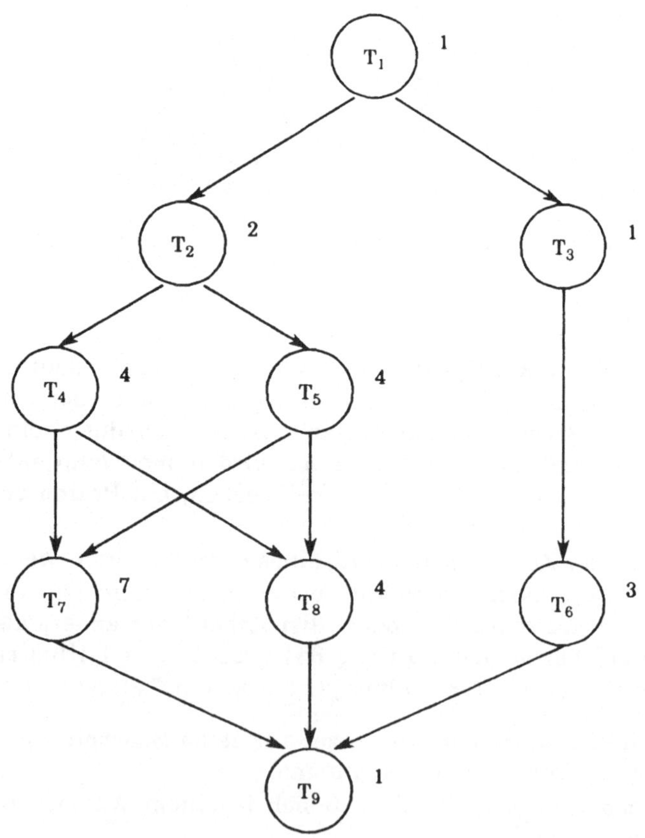

Bild 4.2: Darstellung von Prozessen (hier: Tasks T_i) in einem Prozeß-Graph. Die
Zahlen neben den Knoten bedeuten Ausführungszeiten der T_i [Hwang 85]

Die Strategien, die erforderlich sind, um Prozesse in „Ready"-Warteschlangen einzureihen bzw. aus den Warteschlangen auszutragen, können unterschiedlich klassifiziert werden. Beispiele sind: Vergabe von Prioritäten an die Prozesse oder Verdrängungsalternativen (*preemption*), d.h. ob ein Prozeß im Zustand „Running" grundsätzlich verdrängt werden kann oder nicht. Eine andere Einteilung wird durch die Art des Scheduling bestimmt. Man unterscheidet zwischen dem *deterministischen* und dem *stochastischen Scheduling*. Sind Prozeß-Ausführungszeiten und Abhängigkeiten der Prozesse untereinander bekannt, so kann ein gewünschtes Systemverhalten mit einem deterministischen Scheduling erreicht werden, in dem die Abarbeitungsfolge der Prozesse in Abhängigkeit des Systemzustandes vor der Ausführung genau festgelegt ist (statisches Scheduling). Der Systemzustand ist gekennzeichnet durch die Zahl der aktiven Prozesse, deren Beziehungen untereinander und deren Verteilung auf die Betriebsmittel.

Graphisch sind die Abhängigkeitsbeziehungen von Prozessen mit einem Prozeß-Graphen darstellbar (Bild 4.2), und das entsprechende Scheduling kann in Form eines Ganttdiagramms beschrieben werden (Bilder 4.3 und 4.4). Da die Ausführungszeiten der Prozesse bekannt sind, wird man ein „optimales" Scheduling (Bild 4.4) erreichen wollen, um die Gesamtausführungszeit zu reduzieren bzw. die „idle times" der Prozessoren so gering wie möglich zu halten. Beispiele für deterministische Scheduling-Algorithmen [Hwang 85] sind der *Coffman and Graham algorithm* und *Hu's optimal algorithm*.

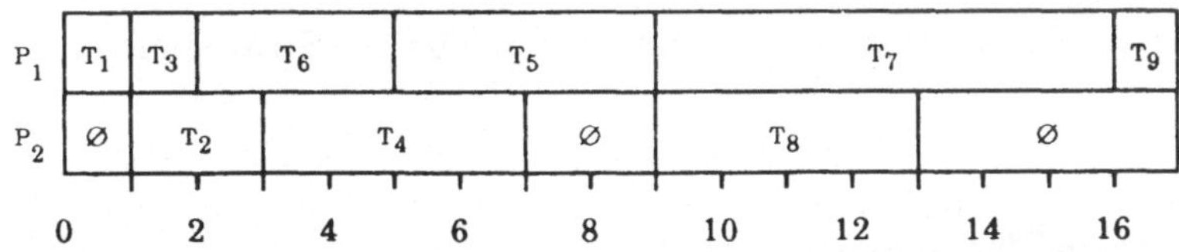

Bild 4.3: 2-Prozessor-Scheduling, bei dem die Prozessoren aktiv werden, sobald dies möglich ist [Hwang 85]

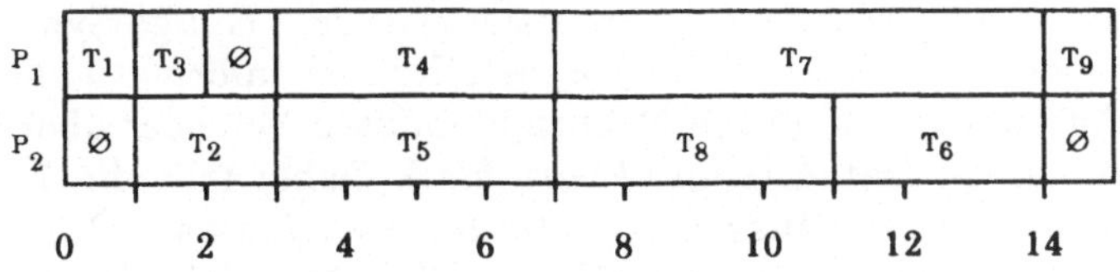

Bild 4.4: Optimales 2-Prozessor-Scheduling [Hwang 85]

Stochastische Scheduling-Verfahren werden verwendet, wenn die Prozeß-Ausführungszeiten vor der Ausführung nicht bekannt sind, was sehr oft der Fall ist. Es werden Erwartungswerte bzw. Wahrscheinlichkeitsverteilungen für die Bearbeitungszeiten und Ankunftszeiten der Prozesse verwendet, um zur Laufzeit entscheiden zu können, wie die Prozeß-Prozessor-Zuordnung erfolgen soll (dynamisches Scheduling). Zur genaueren Kenntnis der System-eigenschaften wird ein Warteschlangen-Modell entworfen, in dem unter-schiedliche Warteschlangen-Strategien in Verbindung mit den Verzwei-gungswahrscheinlichkeiten zu den Ressourcen zu untersuchen sind. Bei-spiele solcher Strategien sind FIFO (First In First Out), SJF (Shortest Job First), SRT (Shortest-Remaining Time), Deadline-Scheduling, RR (Round Robin), HRN (Highest Response Ratio Next) ([Janson 85], [Weck 82]). Aus der Literatur ([Ni 81], [Hwang 85]) sind bzgl. dieser Strategien viele Unter-suchungen bekannt, die mit Warteschlangen-Modellen durchgeführt werden. Nach [Ni 81] haben Chow und Koehler z.B. mit Warteschlangen-Modellen heterogene Systeme (unterschiedliche Prozessortypen) analysiert, bei denen die Prozeß-Prozessor-Zuordnung von der Verarbeitungsgeschwindigkeit der Prozessoren abhängig war. Es galt, die Warteschlangenlänge der Bedienein-heiten (Prozessoren) zu minimieren.

In Rechnern mit mehr als drei Prozessoren werden deterministische Scheduling-Verfahren laut [Ni 81] seltener verwendet als stochastische, weil sie sehr genaue Kenntnisse des Systems und der Systemabläufe voraussetzen und der Aufwand, geeignete Scheduling-Algorithmen zu entwickeln, mit-unter sehr hoch sein kann. Stochastische Scheduling-Algorithmen dagegen sind mit weniger Aufwand herzustellen und sind außerdem sehr flexibel in einem System verwendbar. Beispielsweise kann die Anzahl der Prozessoren in einem Rechner erhöht werden, ohne daß die Strategie geändert werden muß. In der Praxis treten auch Mischformen beider Strategien auf.

4.2 Prozeßkommunikation

Neben dem Scheduling ist die Prozeßkommunikation in der Prozeßsteuerung von zentraler Bedeutung. Parallele, asynchron ablaufende Prozesse, die gemeinsam eine Aufgabe bearbeiten, müssen häufig miteinander „kommuni-zieren". Kommunikation bedeutet in diesem Fall, daß ein Prozeß Informa-tionen zur Verfügung stellt, die ein anderer Prozeß weiterverarbeiten kann. Dafür müssen die Prozesse synchronisiert werden. Einige Synchronisations-methoden werden anschließend vorgestellt. Der Informationsaustausch ist auf zwei Arten möglich: durch Nachrichtenaustausch oder über Operationen auf gemeinsamen Daten (*shared variables*). Dabei tritt die Forderung des „gegenseitigen Ausschlusses" auf (*mutual exclusion*). Das Problem der Systemverklemmung (*deadlock*) [Weck 82], das nicht immer vermieden werden kann, wird in diesem Kapitel nicht erörtert.

4.2.1   Gegenseitiger Ausschluß

In einem Multiprozessor-System mit „shared memory" besteht die Möglichkeit, daß mehrere Prozesse gleichzeitig auf „shared variables" zugreifen wollen. So kann es vorkommen, daß bei der Ausführung eines Programmstücks - bzgl. der Operationen auf gemeinsamen Daten - unvorhersehbare „Ergebnisse" auftreten. Solch ein Programmstück eines Prozesses wird als „kritischer Abschnitt" (*critical section*) bezeichnet. Auch in Monoprozessor-Systemen treten kritische Abschnitte auf. Ein Prozeß A, der auf gemeinsamen Daten operiert, kann durch einen Interrupt mit anschließendem Prozeßwechsel unterbrochen werden, und ein anderer Prozeß B hat die Möglichkeit, Daten von A mit Schreibzugriffen zu verändern.

Zugriffskonflikte können vermieden werden, wenn ausgeschlossen ist, daß mehrere kritische Abschnitte bzgl. der gleichen gemeinsamen Daten gleichzeitig ausgeführt werden. Aus der Literatur (z.B. [Hwang 85]) sind viele, z.T. sehr ähnliche Synchronisationsverfahren bekannt, die den gegenseitigen Ausschluß garantieren und sowohl in Mono- als auch in Multiprozessor-Systemen verwendet werden. Einige Verfahren werden nachfolgend kurz umrissen.

Bei der Realisierung von Synchronisationsmitteln muß auch der Prozeßzustand berücksichtigt werden. Sobald ein Prozeß ein Synchronisationsmittel anfordert, kann dieser Prozeß - im Zustand „Running" - in einer Endlos-Schleife immer wieder versuchen, eine Anforderung zu stellen. Dabei wird der entsprechende Prozessor während des „aktiven Wartens" eines Prozesses (*busy wait* oder *spin lock*) belegt und somit ein Prozeßwechsel verhindert. Eine andere Möglichkeit ist, daß ein Prozeß in einen Wartezustand (*block*) übergeht, sobald ein Synchronisationsmittel angefordert, aber noch nicht freigegeben ist. Ist dieses freigegeben, so wird der wartende Prozeß wieder aktiviert (*wake up*).

Nachfolgend werden drei bekannte Verfahren vorgestellt, mit denen gegenseitiger Ausschluß erreicht wird: Lock, Semaphor und Monitor.

Lock

Mit einem Lock-Befehl setzt ein Prozeß eine Sperrvariable und kann somit einen kritischen Abschnitt als unteilbare Aktion ausführen, ohne daß andere Prozesse diesen stören können. Mit einem Unlock-Befehl wird der Zugriff auf eine gemeinsame Variable wieder freigegeben. Der Lock, der aus zwei unterschiedlichen Operationen (Prüfen und Setzen einer Sperrvariable) besteht, kann wiederum einen kritischen Abschnitt darstellen. Also muß die Ausführung eines Locks selbst eine ununterbrechbare Aktion sein. Beim IBM S/370 ist diese unteilbare Aktion als *Test and Set*-Befehl [Hwang 85] bekannt. Der Lock-Befehl wird z.B. in Systemprogrammen (*supervisor mode*) verwendet.

Semaphor

Ein weiterer Mechanismus zur Synchronisation paralleler Prozesse ist das *Semaphor* (aus dem Griech.: Signalgeber) [Dijkstra 65]. Ein Semaphor ist eine Variable, auf der zwei Operationen P und V ausgeführt werden können (P steht für das niederländische *Passeren*, deutsch: passieren; V für das niederländische *Verlaten*, deutsch: verlassen [Richter 85]). Man unterscheidet zwischen binären und Zähl-Semaphoren. Bei einem binären Semaphor setzt ein Prozeß mit der P-Operation das Semaphor, das mit dem Wert 1 vorbelegt ist, auf 0 zurück, führt dann einen kritischen Abschnitt aus, und erhöht mit der V-Operation das Semaphor wieder auf 1. Ein Zähl-Semaphor (auch als allgemeines oder mehrwertiges Semaphor bezeichnet) nimmt dagegen nicht nur die Werte 0 und 1, sondern ganzzahlige Werte an, so daß „Produzent-Verbraucher"-Mechanismen sehr gut nachgebildet werden können.

Monitor

Das Monitor-Konzept [Hoare 74], das in höheren Programmiersprachen wie etwa Concurrent Pascal oder CHILL realisiert ist, basiert auf einem „abstrakten Datentyp", dem Monitor, der Operationen auf gemeinsamen Daten zuläßt. Ein Prozeß ruft über eine Zugriffsfunktion den Monitor auf und belegt ihn solange, bis er ihn wieder freigibt. Ist der Monitor belegt, warten Prozesse, die diesen aufrufen, bis zur Freigabe. Mit dem Monitor-Konzept hat der Benutzer komfortable Sprachmittel zur Verfügung. So kann man relativ einfach das Semaphor nachbilden, ohne sich mit Implementierungsdetails bzgl. der Prozeßkoordinierung zu beschäftigen.

4.2.2   Nachrichtenaustausch

Das Problem des gegenseitigen Ausschlusses ist nicht gegeben, wenn Prozesse - mit SEND- und RECEIVE-Konstrukten wie z.B. in CHILL - Nachrichten austauschen. Mit einer SEND-Operation schickt ein Prozeß an einen Empfänger-Prozeß eine Nachricht, welche mit einer RECEIVE-Operation aufgenommen und weiterverarbeitet werden kann. Je nach Anforderung kann der Nachrichtenaustausch asynchron oder synchron ausgeführt werden. Bei der asynchronen Ausführung wird die Nachricht in einem Nachrichtenpuffer (*mailbox*) hinterlegt, und ein Empfänger holt die Nachricht ab, wenn er sie für seine Bearbeitungszwecke benötigt. Der Empfang einer Nachricht ist nicht an zeitliche Bedingungen des Senders geknüpft. Es ist möglich, daß der Sende-Prozeß den Empfänger nicht zu kennen braucht und umgekehrt. Im synchronen Fall (z.B. in Ada) schickt der Sender eine Nachricht und wartet auf eine Empfangsbestätigung. Falls der Sende-Prozeß noch keine Nachricht geschickt hat, der Empfänger aber eine erwartet, so wartet dieser, bis eine Nachricht eintrifft. Auch in diesem Fall braucht der Sender den Empfänger - und umgekehrt - nicht zu kennen.

Ein Nachrichtenpuffer kann je nach Rechnertyp unterschiedlich realisiert werden, z.B. als gemeinsamer Datenbereich in einem Rechner mit „shared memory" oder als verteiltes Nachrichtenpuffer-System in lose gekoppelten Rechnern, die ausschließlich Lokalspeicher besitzen (z.B. Hypercube-Systeme). Bei den letztgenannten Rechnern treten zwar keine Zugriffskonflikte auf wie bei solchen mit „shared memory" (Abschnitt 4.3), aber bei sehr intensiver Prozeßkommunikation kann das Nachrichten-Routing einen großen Overhead verursachen. Mit Koprozessoren in den Verarbeitungseinheiten wie z.B. bei den iPSC-Rechnern von Intel, welche die Nachrichtenvermittlung zu den Nachbarknoten unterstützen, kann dieser Overhead vermindert werden.

Eine Nachricht kann je nach Nachrichtenleitungs-Typ wie folgt transferiert werden:

- in einer Richtung (simplex),
- in beiden Richtungen gleichzeitig (duplex),
- in beiden Richtungen, aber zu einem Zeitpunkt nur in einer Richtung (halbduplex).

Desweiteren ist die Nachrichtenübertragung zwischen den Verarbeitungseinheiten seriell oder parallel entweder im *circuit-switch-* oder im *packet-switch*-Verfahren (siehe auch Abschnitt 2.1.1) durchführbar. Die physikalische Verständigung der Verarbeitungseinheiten untereinander kann unter der Aufsicht einer zentralen oder verteilten Kontrolle über lineare Verkettung (*daisy-chain*), Abfragesysteme (*polling*) oder unabhängige Anforderungen (*independent requests*) erbracht werden.

4.3 Speicherzugriffe, hot spot

In Multiprozessor-Systemen (mit mehr als 10 Prozessoren) mit „shared memory" und dynamischem Netzwerk, in denen Prozesse auf gemeinsamen Daten operieren, können Speicherzugriffskonflikte auftreten und zu System-Engpässen führen. Die Konflikte können um so häufiger auftreten, je höher die Prozessoranzahl ist. In Multiprozessor-Systemen mit Busstruktur sind die Zugriffskonflikte durch einen Buscontroler (zentrale Kontrolle) oder durch die Prozessoren selbst auflösbar, falls diese zur Koordinierung der Hauptspeicher-Zugriffe direkt untereinander verbunden sind (verteilte Kontrolle). Zusätzlich können mit Caches die Zugriffe auf einen globalen Speicher reduziert werden, und mit einem „schnellen" Bus ist ein möglicher Engpaß vermeidbar.

Ein Speicherzugriffsproblem besonderer Art ist in Systemen mit Permutationsnetzen zu beobachten. Spezielle Engpaß-Untersuchungen sind an Rech-

nermodellen mit mehrstufigen Permutationsnetzen (RP3 [Pfister 85], Ultracomputer [Gottlieb 83] und BBN-Butterfly [Thomas 86]) durchgeführt worden, um den sogenannten *hot spot* zu studieren. Ein hot spot stellt einen
gemeinsamen Datenbereich dar, auf den mehrere Prozesse, die parallel auf
unterschiedlichen Prozessoren ablaufen, über das Netzwerk ständig (z.B. in
einer Schleife) zugreifen wollen, so daß zwangsläufig Zugriffskonflikte auftreten. Ein Zugriff auf einen hot spot in einem Permutationsnetzwerk mit
2×2-Schaltelementen (Abschnitt 2.3.2) blockiert die beiden Eingänge des-
jenigen Schaltelementes, das direkt zu dem „heißen" Speicherbereich führt.
Die Blockierung kann sich auf Schaltelemente der vorhergehenden Stufe
auswirken und somit einen „baumartigen" Rückstau im Netzwerk verursachen (*tree saturation*) und selbst Schaltelemente, die keine Zugriffe auf hot
spots haben, störend beeinflussen. Im Extremfall kann, wenn alle Prozessoren auf eine gemeinsame Speicherzelle zugreifen wollen, der rückstauende
Baum sich über alle Schaltstufen ausbreiten, so daß letztlich jeder Prozessor
betroffen ist, d.h. ein Blatt in diesem Baum darstellt (Bild 4.5).

Das Rechnernetz wird stark belastet. Die Speicherzugriffs-Zeiten erhöhen
sich, und die gesamte Übertragungsbreite wird reduziert, so daß letztendlich

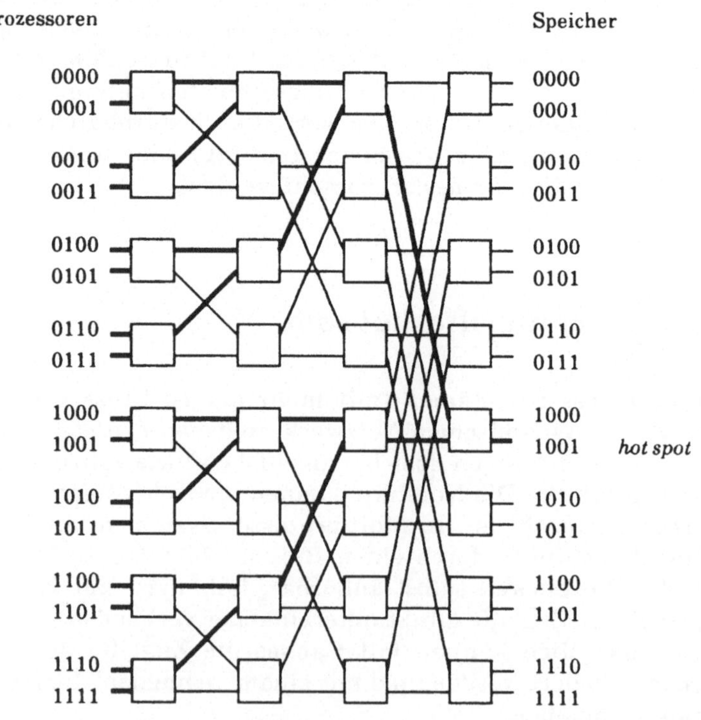

Bild 4.5: *tree saturation* in einem SW-Banyan-Netz mit
16 Ein-/Ausgängen

die Gesamt-Performance sinkt. Damit das Netz entlastet wird, muß die Zahl
der Zugriffskonflikte reduziert werden. Die Reduzierung kann erreicht werden, indem die in einem Schaltelement gleichzeitig eintreffenden paketver-
mittelten Zugriffe auf die gleiche Speicherzelle zu einem Zugriff kombiniert
werden (message combining) und dieser an die Speicher-Zieladresse weitergeleitet wird. Vorgesehen ist die Realisierung des „message combining" mit
einem *Fetch & Add*-Befehl (Bild 4.6) [Gottlieb 83] im Ultracomputer und
RP3. Die Idee des Fetch & Add-Primitivums ist die gleichzeitige Ausführung
mehrerer Prozessor-Operationen mit der Wirkung, daß die Operationen aus
der Sicht der Prozessoren seriell durchgeführt werden (siehe nächster Ab-
satz). Der möglichen Entlastung des Permutationsnetzes durch das „message
combining" steht jedoch ein Mehraufwand bei der Implementierung des
Fetch & Add-Befehls in den Schaltelementen gegenüber.

Der Fetch & Add-Befehl - kurz F&A(X,e) - hat folgende Wirkung: Angenommen, ein Prozessor greift auf eine „shared variable" X zu, um einen
F&A(X,e)-Befehl auszuführen. Dann wird in einer ununterbrechbaren Aktion ein Wert e zum Inhalt von X addiert und X zugewiesen. Der alte Wert
von X wird dem anfordernden Prozessor zurückgegeben. Zum Verständnis
wird die im Schaltelement (Bild 4.6) implementierte Form an einem Beispiel
erläutert: Angenommen zwei Prozessoren P_1 und P_2 (Priorität: 1 > 2) führen

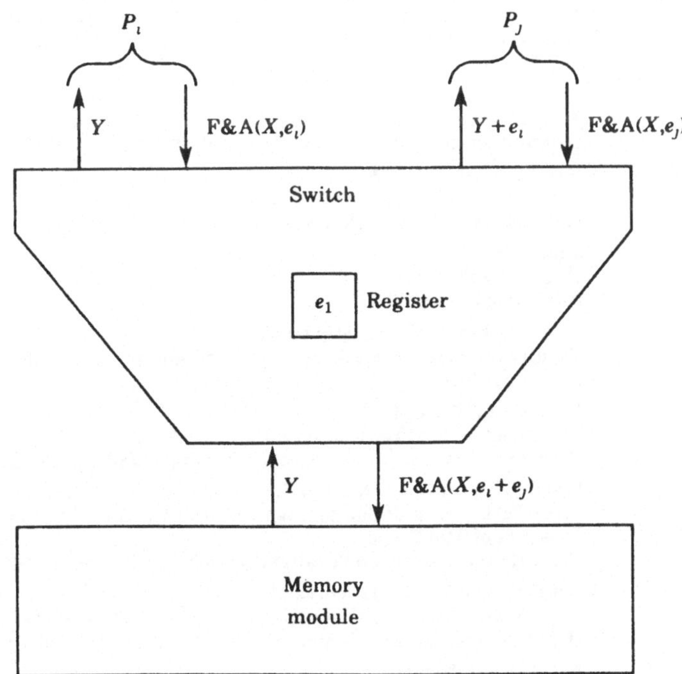

Bild 4.6: Implementierung des Fetch & Add-Primitivums [Hwang 85]

gleichzeitig den Befehl F&A(X,1) aus, wobei X den Wert $Y = 0$ hat. So wird im Schaltelement die Operation $e_1 + e_2 = 2$ und anschließend F&A(X,2) im Speicher ausgeführt, $e_1 = 1$ ist in dem Schaltelement-Register zwischengespeichert. X bekommt den Wert 2, P_1 den Wert 0 und P_2 den Wert $(0 + e_1 =) 1$ zurück. Mit dieser Information kann zu Synchronisierungszwecken z.B. die Position der Prozessoren in einer Anforderungswarteschlange ermittelt werden.

Literatur zu Kapitel 4

[Brantley 85]   Brantley W.C.; Pfister G.F.; George D.A.; Harvey S.L.;
Kleinfelder W.J.; McAuliffe K.P.; Melton E.A.; Norton V.A.; Weiss J.
The IBM Research Parallel Processor Prototype (RP3): Introduction and
Architecture
Proc. 1985 Int. Conf. on Parallel Processing, 1985, pp. 764 - 771

[Dijkstra 65]   Dijkstra E.W.
Solution of a Problem in Concurrent Programming Control
Communications of the ACM 8, Nr. 9, 1965, p. 569

[Ferrari 86]   Ferrari D.; Zhou S.
A Load Index for Dynamic Load Balancing
1986 Proc. Fall Joint Computer Conf., 1986, pp. 684 - 690

[Gottlieb 83]   Gottlieb A.; Grishman R.; Kruskal C.P.; McAuliffe K.P.; Rudolph L.; Snir M.
The NYU Ultracomputer - Designing a MIMD Shared Memory Parallel
Computer
IEEE Transactions on Computers, Vol. C-32, No. 2, (1983), pp. 175 - 189

[Hoare 74]   Hoare C.A.R.
Monitors: An Operating System Structuring Concept
Communications of the ACM 17, No. 10, (1974), pp. 549 - 557

[Hwang 85]   Hwang K.; Briggs F.A.
Computer Architecure and Parallel Processing
McGraw-Hill, New York, 1985

[Janson 85]   Janson P.A.
Operating Systems
Academic Press, 1985

[Klein 87]   Klein A.; Eckhardt H.; Istavrinos P.
Parallelrechner-Architekturen - Eine Studie zum Stand der Technik
Siemens, 1987

[Kumar 86]   Kumar M.; Pfister G.E.
The Onset of Hot Spot Contention
Proc. 1986 Int. Conf. on Parallel Processing, 1986, pp. 28 - 34

[Lee 86]   Lee G.; Kruskal C.P.; Kuck D.J.
The Effectiveness of Combining in Shared Memory Parallel Computers in the
Presence of 'Hot Spots'
Proc. 1986 Int. Conf. on Parallel Processing, 1986, pp. 35 - 41

[Ma 82]   Ma P.R.; Lee E.Y.S.; Tsuchiya M.
A Task Allocation Model for Distributed Computing Systems
IEEE Transactions on Computers, Vol. C-31, No. 1, (1982), pp. 41 - 47

[Nehmer 81]   Nehmer J. (Hrsg.)
Implementierungssprachen für nichtsequentielle Programmsysteme
Teubner, 1981

[Ni 81]   Ni L.M.; Hwang K.
                   Optimal Load Balancing Strategies for a Multiple Processor System
                   Proc. 1981 Int. Conf. on Parallel Processing, 1981, pp. 352 - 357

[Ni 85]   Ni L.M.; Wu C.E.
                   Design Trade-Offs for Process Scheduling in Tightly Coupled Multiprocessor
                   Systems
                   Proc. 1985 Int. Conf. on Parallel Processing, 1985, pp. 63 - 70

[Pfister 85]   Pfister G.F.; Norton V.A.
                   'Hot Spot' Contention and Combining in Multistage Interconnection
                   Networks
                   Proc. 1985 Int. Conf. on Parallel Processing, 1985, pp. 790 - 797

[Richter 85]   Richter L.
                   Betriebssysteme
                   Teubner, 1985

[Thomas 86]   Thomas R.H.
                   Behavior of the Butterfly Parallel Processor in the Presence of Memory Hot
                   Spots
                   Proc. 1986 Int. Conf. on Parallel Processing, 1986, pp. 46 - 50

[Thomasian 87]   Thomasian A.
                   A Performance Study of Dynamic Load Balancing in Distributed Systems
                   The 7th Int. Conf. on Distributed Systems, 1987, pp. 178 - 184

[Weck 82]   Weck G.
                   Prinzipien und Realisierung von Betriebssystemen
                   Teubner, 1982

[Zhou 87]   Zhou S.; Ferrari D.
                   A Measurement Study of Load Balancing Performance
                   The 7th Int. Conf. on Distributed Systems, 1987, pp. 490 - 497

5 Leistungsaspekte

> „The lack of a unified theory characterizing the properties of distributed computation and guiding design has not prevented many real distributed systems from being built. This fact has a twofold implication since it provides strong motivations for progress in understanding these systems, and in some cases leads to the construction of systems that do not reach their initial performance goals." [Ajmone 87]

Die allgemeine - wenngleich nicht immer ganz berechtigte - Erwartung, daß Multiprozessor-Systeme eine „höhere" Leistung erbringen als die meisten konventionellen Rechner, bildet den Hintergrund für dieses Kapitel. Nach einigen Anmerkungen über die verschiedenen Aspekte der Leistungsbetrachtung und über die Einflußfaktoren auf die Leistung werden zunächst theoretische Leistungsgrenzen angegeben. Anschließend werden verschiedene Ansätze zur Definition von Leistungskriterien vorgestellt. Verfahren zur Leistungsmessung und aktuelle Vergleiche von Multiprozessor-Systemen schließen das Thema ab.

5.1 Begriff und Einflüsse

Leistungsangaben von Rechnersystemen müssen mit Skepsis gesehen werden, wenn nicht bekannt ist, unter welchen Bedingungen und mit welcher spezifischen Last diese „Leistung" erreicht worden ist. Dies gilt besonders für Multiprozessor-Systeme, deren Leistung nicht immer nur unter dem Verhältnis „Anzahl von Operationen pro Zeiteinheit" betrachtet werden kann. Es ist vielmehr zu fragen, ob nicht auch ganz andere Kriterien denkbar sind und von Bedeutung sein können. Einige theoretische Abschätzungen für die Leistungssteigerung von Multiprozessor-Systemen gegenüber Rechnersystemen mit nur einer Prozessorkomponente bestärken zwar die Erwartungen über „höhere" Leistungen, aber in der Realität treten oft unvorhergesehene Probleme auf, da aufgrund technischer und funktionaler Besonderheiten die Leistung gerade dieser Rechnersysteme vielfältigen Einflüssen ausgesetzt ist.

5.1.1   Leistungsmindernde Einflüsse

Technisch-wissenschaftliche Bereiche stellen immer höhere Anforderungen
an Rechnerleistungen. Beispielsweise werden für die Simulation atmosphäri-
scher Phänomene zur Wettervorhersage, für Mustererkennung und Bildverarbeitung oder für Probleme der „künstlichen" Intelligenz immer schnellere Rechner benötigt. Gerade in Multiprozessor-Systeme mit „massiver"
Parallelität werden hohe Erwartungen gesetzt. Leider sind diese Erwartungen nicht immer ganz berechtigt, da die genannten Leistungssteigerungen vornehmlich auf der Ebene des „computings", also des reinen Rech-
nens, erzielt werden. Demgegenüber stehen eindeutig leistungsmindernde
Faktoren, die oft übersehen oder nicht genügend berücksichtigt werden.
Außerdem gibt es einflußnehmende Aspekte, die im folgenden erläutert
werden, die man unbedingt kennen sollte, um „euphorische" Leistungsangaben beurteilen und relativieren zu können. Ferner muß beachtet werden,
ob die Leistungsangaben von einem realen System stammen oder durch
Hochrechnungen aus einem theoretischen Konzept gewonnen wurden
(„paper tiger phase" [Dongarra 87]).

Architektur-Aspekte

Im Lauf der Entwicklung eines Rechnersystems kann sich herausstellen, daß
mit dem vorgesehenen Architekturkonzept die geplanten Leistungswerte
nicht erreicht werden können und dieses somit abgeändert werden muß, um
die gesteckten Ziele zu erreichen (z.B. Suprenum-Rechner). Es gibt zwar Verfahren, mit denen Leistungsaussagen schon in einem sehr frühen Stadium
des Entwurfs möglich sind, z.B. Simulation, analytische Methoden oder
spezielle Petri-Netz-Methoden (Kapitel 6). Der Schwerpunkt der Untersuchungen zur Designbewertung liegt aber wegen der geringen Detaillierungs-
tiefe in dieser Entwurfsphase meistens auf der Ebene abstrakter Systemeinheiten und Architekturkonzepte, während wichtige Faktoren, z.B.
Betriebssystem und typische Anwenderprogramme, zu diesem Zeitpunkt
noch nicht ausreichend berücksichtigt werden können. Entsprechend vor-
sichtig müssen also hochgerechnete Leistungsdaten betrachtet werden.

Ein ganz wichtiger Aspekt, der vielfach vernachlässigt wird, ist die Ein-/
Ausgabe von Daten. Die absolute Steigerung der Verarbeitungsleistung von
Multiprozessor- gegenüber Monoprozessor-Systemen wird deutlich relativiert, wenn die Versorgung der Prozessoren mit den erforderlichen Daten
einen erheblichen Anteil oder sogar ein Mehrfaches der reinen Rechenzeit
benötigt. Ferner unterstützen Multiprozessor-Systeme von der Architektur
her oft nur ganz spezielle Anwendungsbereiche. Wenn ein System für
schnelle Fourier-Transformationen konzipiert ist, kann nicht erwartet werden, daß es auch für Datenbank-Operationen gut geeignet ist. Die Leistung
würde sich also hier entsprechend verringern.

Hardware-Aspekte

Bei der Hardware sind es vor allem Implementierungsprobleme, die eine
beim Entwurf des Rechners erwartete Leistung mindern können. So werden
etwa Prozessoren nicht genügend ausgelastet, weil ihre Anzahl und/oder
Kommunikationsrate für den verwendeten Bus zu hoch ist. Auch kann die
Speichergröße für die Informationsmenge spezieller Anwendungsfälle zu
gering sein. Außerdem stellen bei einem System mit einigen tausend Prozessoren die Stromversorgung und der erhöhte Kühlaufwand erhebliche techni-
sche Probleme dar, die sich negativ auf die erbrachte Leistung auswirken
können. Bei der Clock-Rate eines heterogenen Systems müssen die Zyklus-
zeiten unterschiedlicher Prozessoren berücksichtigt werden. Wenn der Takt
deshalb kleiner als geplant gewählt werden muß, um das gewünschte
Gesamtverhalten zu erreichen, führt auch dies zu einer Leistungsminderung
[Malek 87].

Software-Aspekte

Multiprozessor-Systeme benötigen, damit ihre Fähigkeit zur Parallelverarbeitung optimal ausgenutzt wird, eine andere Software als herkömmliche
Rechner (Abschnitt 1.4). Auch die Frage, ob rechnerspezifische oder kompatible Programme eingesetzt werden, ist von Bedeutung. Mit Software, die für
einen bestimmten Rechner und dessen Architektur ausgelegt ist, kann auf
anderen Rechnern möglicherweise nicht die gleiche „hohe" Leistung erreicht
werden. Deshalb können und dürfen Leistungen, die mit rechnerspezifischer
Software erzielt wurden, nicht verallgemeinert werden.

Parallel-Software erfordert vermehrte Synchronisationsmaßnahmen und
deshalb zusätzliche Rechneroperationen, die sich negativ auf die Leistung
auswirken. Nicht zuletzt aufgrund dieses „overhead" kann die Leistungssteigerung niemals linear bzgl. der Prozessorzahl sein. Es gibt aber auch Probleme, die sich nicht parallelisieren lassen, woraus folgt, daß entweder ein
serieller Hochleistungsrechner - gemessen am Aufwand - besser für diese
Aufgabe geeignet sein kann, eine andere Ebene der Parallelität gewählt
werden muß (Abschnitt 1.3.6) oder schlicht Leistungseinbußen gegenüber
den theoretisch möglichen Werten in Kauf genommen werden müssen.

5.1.2   „Was ist Leistung ?"

Es gibt nicht nur Schwierigkeiten mit den Angaben über erzielbare Leistungen, sondern auch gerade beim Verständnis des Begriffs „Leistung". Obwohl dies für jede Art von Rechnersystemen gilt, treten bei Multiprozessor-
Systemen neue Probleme auf, weshalb zwei wesentliche Fragen untersucht
werden sollen:

- Wie definiert und mißt man „Leistung"?
- Welche Eigenschaften beeinflussen die Leistung?

Hochleistungsrechner mit einem Prozessor werden normalerweise durch die Anzahl von flops („floating-point operations per second") charakterisiert, die sich heutzutage im Mega-Bereich bewegen. Eine hohe Leistung wird durch eine extreme Auslastung des Prozessors erreicht, d.h. es wird ständig gerechnet (*number crunching*). Bei Multiprozessor-Systemen ist es i.a. schwieriger, für alle Prozessoren eine gleichmäßig hohe Auslastung zu erreichen, da eine „ständige" Parallelität der Aufgabe nur in Ausnahmefällen, z.B. häufige Vektoroperationen (SIMD-Modus), gegeben ist. Die Angabe von „Operationen pro Sekunde" muß also mindestens durch die Zahl der beteiligten Prozessoren und deren Auslastung ergänzt werden (Abschnitt 5.2).

Ebenso ist die Art der Instruktionen zu berücksichtigen, also etwa die Frage, ob eine Paralleloperation auf einem Vektor der Länge n als eine „einfache" oder „komplexe" Operation zu werten ist oder aus n „einfachen" Operationen besteht. Verschiedene Arten der Parallelverarbeitung müssen in ihrem Verhältnis zueinander betrachtet werden (Abschnitt 5.2.4). Ganz entscheidend kommt bei Multiprozessor-Systemen ein vermehrter Aufwand für die Kommunikation und Synchronisation der Prozessoren hinzu, ein Problem, das bei Einzelprozessoren nicht vorhanden ist. Diese bei der Parallelverarbeitung zwar notwendigen, aber für die reine Rechenleistung nicht relevanten Operationen gehen als nicht nutzbarer Anteil in die Leistungsangabe mit ein (Abschnitte 5.2.2 u. 5.2.5).

Aus diesen Überlegungen läßt sich bereits ersehen, daß es schwierig ist, einen einheitlichen Leistungsbegriff zu definieren. Es ist also notwendig, die Leistungsangaben von Multiprozessor-Systemen mit zusätzlicher Information über die Rechnerarchitektur, das Anwendungsgebiet und die Granularität der Parallelverarbeitung zu versehen, um die Angaben realistisch beurteilen zu können. Das heißt aber auch, daß die Bedingungen, unter denen die Leistung erreicht wurde, und die Faktoren, die die Leistung beeinflussen können, bekannt sein müssen (Abschnitt 5.1.1).

Neben rein technischen Kriterien, die relevant für die Leistung sind, gibt es eher qualitative Kriterien, die nicht immer in absoluten Zahlen angegeben werden können. Beispielsweise müssen demnach auch Begriffe wie Fehlertoleranz, Verfügbarkeit, Zuverlässigkeit und Kompatibilität unbedingt der Leistung zugeordnet werden, denn zumindest durch den dafür notwendigen Aufwand ist ein Einfluß auf die Leistung vorhersehbar [Kuck 78]. Aufgrund solcher Bedingungen wird auch klar, daß die Leistungsbewertung ebenso qualitativer wie quantitativer Art sein muß und ein Rechnersystem während des ganzen Lebenszyklus begleitet, mit unterschiedlichen Schwerpunkten in verschiedenen Phasen. Beispiele sind die Bewertung des Architekturkonzepts im Entwurf oder die Programmoptimierung im täglichen Einsatz.

Insgesamt ist zu sagen, daß die zu Anfang gestellten Fragen noch einer Präzisierung bedürfen und auf neue, bei Monoprozessor-Systemen nicht existierende Probleme erweitert werden müssen, was in Abschnitt 5.2 versucht wird. Inwieweit diese Fragen jedoch schlüssig oder gar verbindlich

beantwortet werden können - denn derzeit gibt es keine zufriedenstellende
Definition für Leistung - wird nicht zuletzt davon abhängig sein, wie groß das
Interesse von Hersteller- und Anwenderseite an differenzierteren Leistungs-
angaben ist (Abschnitt 5.2.3).

5.1.3   Theoretische Schätzungen

Ein Multiprozessor-System mit n Prozessoren ist im Idealfall n-mal schneller
als ein Monoprozessor-System, d.h. der *Speedup* ist linear mit Faktor 1. In
der Realität wird dieser Fall allerdings nie eintreten, da neben der reinen
Parallelverarbeitung ein zusätzlicher Aufwand für die Organisation der n
Prozessoren zu bewältigen ist. Hinzu kommt, daß nicht alle Prozessoren
ständig arbeiten werden, Synchronisation erforderlich ist, Konflikte bei
Datenzugriffen auftreten können oder unzureichende Parallelalgorithmen
eingesetzt werden. Es ist deshalb das Ziel, realistischere Abschätzungen und
Grenzen für die mögliche Leistungssteigerung von Multiprozessor- gegen-
über Monoprozessor-Systemen anzugeben.

Eine recht pessimistische untere Grenze ist $\log_2 n$, auch bekannt als
Minsky's Vermutung (Bild 5.2 u. [Hwang 85]). Bei rund tausend Prozessoren
hat die Steigerungsrate lediglich den Wert zehn. Die Formel stammt allerdings aus einer Zeit, als die Möglichkeiten der Parallelverarbeitung insgesamt ungünstiger eingeschätzt wurden als heutzutage. Das andere Extrem
bildet das sogenannte *Wilkes'sche Paradoxon* [Händler 86], welches für
bestimmte Fälle eine überlineare Leistungssteigerung postuliert, wenn nämlich einerseits die Betriebssystem-Software einbezogen wird (Abschnitt 5.3.3)
und andererseits aufgrund „günstiger" Parallelisierung Synchronisationsmaßnahmen eingespart werden können. Dies ist etwa dann der Fall, wenn
Algorithmen verwendet werden, die eine Parallelverarbeitung begünstigen,
auf einem seriellen Rechner dagegen nur „sehr langsam" ablaufen. Ein
derartiger Vergleich widerspricht dann aber dem Prinzip der Vergleichbarkeit (Abschnitt 5.2.2). Daß die Abschätzung von Wilkes nicht allgemein an-
erkannt wird, ist schon an der leicht ironischen Namensgebung erkennbar.

Im folgenden werden drei Abschätzungen hergeleitet, die für unterschiedliche Voraussetzungen den möglichen „speedup" angeben ([Hwang 85] u.
Bild 5.2). Diese recht einfachen Formeln über das Leistungsverhalten von
Multiprozessor-Systemen gehen von folgenden Voraussetzungen aus: Es sei
eine unspezifizierte Aufgabe (Programm, Algorithmus etc.) gegeben, für
deren Bearbeitung ein Monoprozessor-System $T(1) = 1$ und ein Multiprozessor-System mit N Prozessoren $T(N)$ Zeiteinheiten benötigt. Die Leistungssteigerung bzw. der „speedup" $S(1)$ wird definiert als das Verhältnis von $T(1)$
zu $T(N)$. Zur Bestimmung von $T(N)$ gelte folgende Annahme: Da zu verschiedenen Zeitpunkten unterschiedlich viele Prozessoren tätig sein können, gilt
$d_i = 1/i$ (wobei i die Anzahl der gerade tätigen Prozessoren ist, Bild 5.1) die
durchschnittliche anteilige Last für jeden tätigen Prozessor. Die Lastanteile

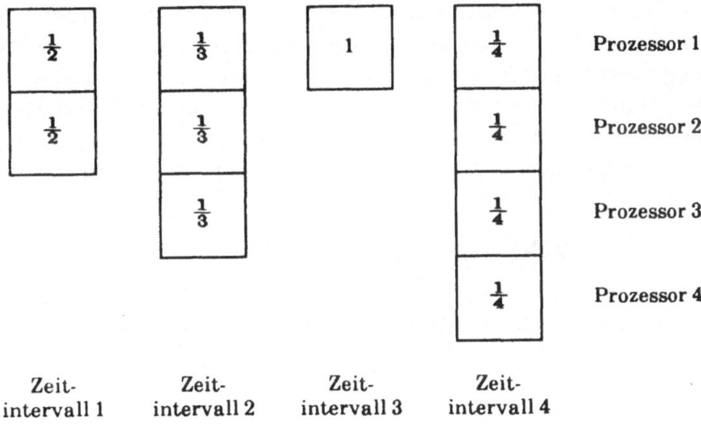

Bild 5.1: Lastanteile der tätigen Prozessoren während der Bearbeitung

werden mit den Faktoren f_i gewichtet, für die unterschiedliche Werte möglich sind.

Ansatz 1:

$$f_i = \frac{1}{N} \qquad (i = 1 \dots N)$$

Jeder Operationsmodus, d.h. zu irgendeinem Zeitpunkt sind gerade i Prozessoren tätig, wird mit derselben Wahrscheinlichkeit belegt. Die durchschnittliche Bearbeitungszeit $T(N)$ ergibt sich dann durch Summation der Lasten in den einzelnen Operationsmodi:

$$T(N) = \sum_{i=1}^{N} \left(f_i d_i \right) = \left(\frac{1}{N} \right) \sum_{i=1}^{N} \left(\frac{1}{i} \right) \quad \Rightarrow \quad S(N) = \frac{T(1)}{T(N)} = \frac{N}{\displaystyle\sum_{i=1}^{N} \left(\frac{1}{i} \right)}$$

Der Wert $S(N)$ kann für große N durch den Ausdruck $N/\ln(N)$ abgeschätzt werden.

Ansatz 2:

$$f_i = \frac{i}{\displaystyle\sum_{j=1}^{N} (j)} = \frac{2i}{N(N+1)} \qquad (i = 1 \dots N)$$

Die Operationsmodi werden jetzt unterschiedlich gewichtet, die Wahrscheinlichkeit, daß gerade i Prozessoren tätig sind, soll linear mit i wachsen. Dieser
Ansatz begünstigt große Prozessorzahlen unter der Voraussetzung hoher
Parallelisierbarkeit. Der Ausdruck im Nenner ist ein Normalisierungsfaktor, um den Voraussetzungen diskreter Maßfunktionen zu genügen, daß also
die Summe der f_i gleich 1 ist. Nach entsprechender Umformung ergibt sich:

$$T(N) = \frac{2}{\left(N+1\right)} \quad \Rightarrow \quad S(N) = \frac{\left(N+1\right)}{2}$$

$S(N)$ ist demnach in diesem etwas unrealistischen Fall linear mit dem Faktor
1/2.

Ansatz 3:

$$f_i = \frac{\left(N - i + 1\right)}{\displaystyle\sum_{j=1}^{N} \left(j\right)} = \frac{2}{N} - \frac{2i}{N\left(N+1\right)} \quad (i = 1 \dots N)$$

Der Ansatz ist komplementär zu Ansatz 2, es gilt die eher pessimistische
Annahme, daß die Wahrscheinlichkeit einer gleichzeitigen Tätigkeit von i
Prozessoren mit wachsendem i linear sinkt. In diesem Fall werden eher
kleine N begünstigt, d.h. eine Leistungssteigerung kann mit zunehmender
Prozessoranzahl nicht mehr innerhalb einer vernünftigen Preis-Leistungs-
Relation erreicht werden. Die Summation ergibt:

$$T(N) = \frac{2}{N} \sum_{j=1}^{N} \left(\frac{1}{j}\right) - \frac{2}{N+1} \quad \Rightarrow \quad S(N) = \frac{\left(N^2 + N\right)}{\left(2N+2\right) \displaystyle\sum_{j=1}^{N} \left(\frac{1}{j}\right) - 2N}$$

Diese Abschätzungen sind theoretischer Natur und können, da sie auf groben
Voraussetzungen beruhen, nur Tendenzen, aber keine konkreten Aussagen
wiedergeben. Die Wirkung verschiedener Annahmen für die Gewichtungsfaktoren soll durch Bild 5.2 verdeutlicht werden. Es sind auch beliebig viele
andere, nicht-lineare Ansätze für die Gewichtung der Operationsmodi denkbar, etwa quadratische oder exponentielle. Aber normalerweise sind die
Einflüsse auf die möglichen Operationsmodi durch die Software gegeben und
derart komplex, daß sie nicht durch wenige einfache Formeln, die lediglich
Mittelwerte nachbilden, darstellbar sind (Abschnitte 5.2.1 u. 5.2.4).
    Interessant ist in diesem Zusammenhang aber, die theoretische Leistungssteigerung $S(N)$ zu relativieren, indem man durch die Prozessoranzahl
N teilt, also gewissermaßen die Systemleistung mit dem dazu notwendigen
Aufwand in Beziehung setzt. Dieser neue Wert $E(N)$ wird Effizienz genannt
(Abschnitte 5.2.1, 5.2.2 u. [Lee 80]).

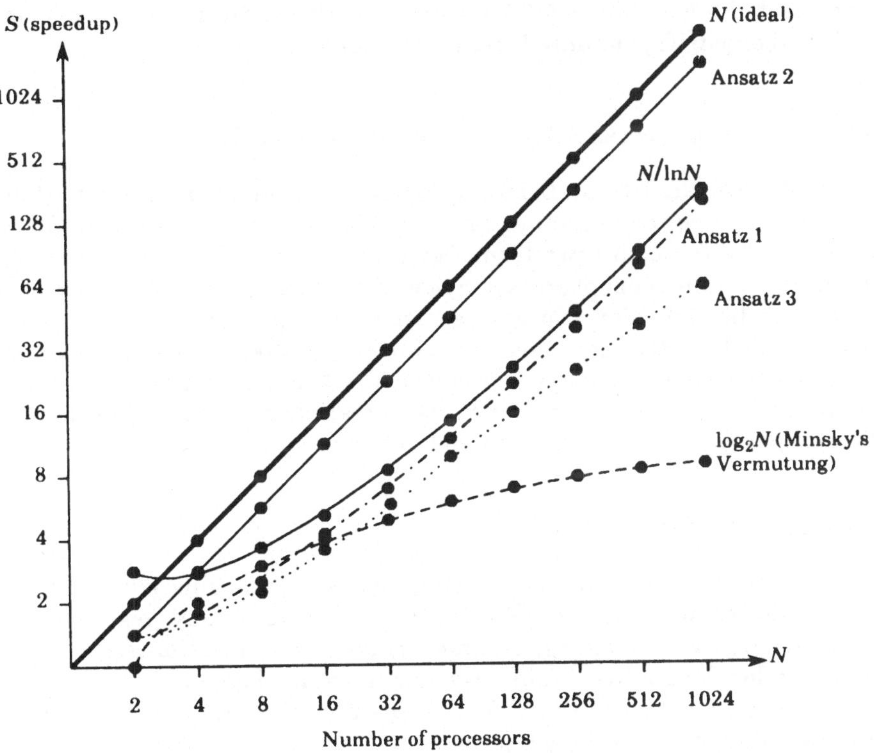

Bild 5.2: Speedup-Kurven [Hwang 85]

5.2 Leistungskriterien und Einflußfaktoren

> „Computing power is now crucial in many areas of research and
> engineering, from theoretical mathematics to circuit design to bio-
> engineering. But measuring that power is an imprecise art at best. The
> performance of a computer is a function of many interrelated considerations,
> including the application at hand, the size of the problem, the algorithm to
> solve it, the level of human effort to optimize the program, the compiler's
> ability to optimize, the age of the compiler, the operating system, and the
> architecture of the computer, to name only a few. No single approach to
> evaluation addresses the requirements of everyone who needs to measure
> performance. *There is no universal metric of value.*" [Dongarra 87]

Da es einerseits keine einheitliche Definition für die Leistung von Multiprozessor-Systemen gibt, andererseits das Spektrum der Eigenschaften
solcher Systeme sehr weit und mithin die Einflüsse auf die potentielle
Leistungsfähigkeit komplex und nur schwer zu bestimmen sind, gibt es
zwangsläufig verschiedene Ansätze, um Kriterien zur Leistungsbestimmung
zu definieren. In den folgenden Abschnitten werden einige davon vorgestellt,

wobei sich die Abschnitte 5.2.2 bis 5.2.6 inhaltlich direkt auf die dort jeweils in der Überschrift genannte Literatur beziehen.

5.2.1 Monoprozessor-Systeme und Parallelrechner

Ein erster Ansatz ist, die Leistungskriterien für Monoprozessor-Systeme als Grundlage zu nehmen und in Abhängigkeit von der Prozessorzahl für Multiprozessor-Systeme zu erweitern. Der Einwände sind mindestens zwei: auch die Kriterien für Monoprozessor-Systeme sind weder eindeutig noch verbindlich, und die Zahl der Prozessoren ist weder der einzige Unterschied zu herkömmlichen Rechnern noch das einzige signifikante Merkmal von Multiprozessoren (Abschnitte 1.3 und 5.1.2). Deshalb werden zunächst eine weitere Hochrechnung bzgl. der Prozessorzahl N präsentiert und dann einige Leistungskriterien von verwandten Parallelrechnern untersucht.

Gesetz von Amdahl

Die bereits 1967 formulierte Berechnung besagt, daß eine sehr große Prozessorzahl keine wesentliche effektive Leistungssteigerung gegenüber einem sequentiellen Hochleistungsrechner bringt, wenn die Prozessoren aufgrund mangelnder Parallelität nicht ausgelastet werden können.

Sei N die Prozessorzahl, $T(K)$ die Ausführungszeit eines Programms mit Parallelitätsgrad K (K Prozessoren können parallel arbeiten) und f der Anteil des Programms, der nicht mit Parallelitätsgrad K ausgeführt werden kann. Mit der vereinfachenden Annahme, daß für f gerade $K = 1$ gelte, folgt dann ([Männer 87], [Riganati 84]):

Execution time:

$$T(N) = f\,T(1) + \frac{\left(1 - f\right)T(1)}{N}$$

Speedup:

$$S(N) = \frac{T(1)}{T(N)} = \frac{N}{1 + f\left(N - 1\right)}$$

Efficiency:

$$E(N) = \frac{S(N)}{N} = \frac{1}{1 + f\left(N - 1\right)}$$

Für $f = 1/(N - 1)$ ergibt sich somit nur eine Effizienz von 50%, d.h. ein kleiner Anteil nicht-parallelisierbaren Codes kann einen großen Effekt auf die Effizienz haben. Entsprechend wichtig ist also auch bei einem Multiprozessor-System die Fähigkeit, sequentielle Verarbeitung mit hoher Leistung durchführen zu können.

Parallelrechner

Ein wichtiges Leistungskriterium für Monoprozessor-Systeme ist trotz aller Schwächen der Durchsatz, also in diesem Fall die Anzahl der Operationen pro Sekunde, die ausgeführt werden können. Da bei Multiprozessor-Systemen verschiedenartige Operationstypen auftreten können, sind eine genaue Charakterisierung der Operationen und das Wissen um ihren jeweiligen Anteil an einer Programmausführung nötig, um eine derartige Leistungsangabe rechtfertigen zu können. Zu unterscheiden sind sequentielle Operationen wie Addition und Multiplikation für Integer- und Real-Formate und parallele Operationen.

Die Leistungskriterien für Parallelrechner unterscheiden sich je nach Verarbeitungstyp. Für *Pipeline-Rechner* [Hwang 85], bei denen verschiedene Befehlssegmente parallel verarbeitet werden, ist die Anzahl der Pipeline-Stufen k ein wichtiges Kriterium, um den Speedup, die Effizienz und das Preis-Leistungs-Verhältnis zu bestimmen. Wenn n die Anzahl der Instruktionen in einem Programm ist und N_i die Länge des Vektoroperanden in der i-ten Instruktion (für $i = 1$ bis n), dann gilt für den Speedup gegenüber einem seriellen Rechner ohne Pipeline folgende Formel:

$$S_k = k \frac{\sum_{i=1}^{n} N_i}{n\left(k-1\right) + \sum_{i=1}^{n} N_i}$$

und für die Effizienz entsprechend:

$$E_k = \frac{S_k}{k}$$

Es ist sogar möglich, für das Preis-Leistungs-Verhältnis als Funktion von k eine optimale Pipeline-Stufen-Anzahl k_0 anzugeben. Seien C_i (für $i = 1$ bis k) die Kosten für die i-te Pipeline-Stufe und

$$C = \sum_{i=1}^{k} C_i$$

T_s sei die Ausführungszeit des Programms, das für den Vergleich herangezogen wird, und zwar auf einem seriellen Rechner ohne Pipeline. L_d sei der durchschnittliche *latch delay* in der Pipeline und d die durchschnittlichen latch-Kosten. (Latches sind schnelle Register zwischen den Pipeline-Stufen, in denen Zwischenergebnisse gespeichert werden [Hwang 85]). Dann gilt (für eine ausführliche Herleitung des Ausdrucks siehe [Hwang 85]):

$$k_0 = \left(\frac{CT_s}{dL_d}\right)^{1/2}$$

Für *Array-Rechner* (SIMD-Modus) können entsprechende Formeln angegeben werden. Sei n die Anzahl der Instruktionen eines Programms, N_i (für $i=1$ bis n) die Vektorlänge der i-ten Instruktion und m die Anzahl der Prozeßeinheiten des Rechners. Dann ist der Speedup durch folgendes Verhältnis bestimmt:

$$ S_m = \frac{\displaystyle\sum_{i=1}^{n} N_i}{\displaystyle\sum_{i=1}^{n} \left\lfloor \frac{N_i}{m} \right\rfloor} \qquad (\lfloor \; \rfloor : \text{entier} - \text{Funktion}) $$

und die Effizienz ergibt sich entsprechend:

$$ E_m = \frac{S_m}{m} $$

Fazit

Jegliche Leistungsbewertung von Multiprozessor-Systemen basiert letztlich auf einem Vergleich mit Monoprozessor-Systemen mit oder ohne Pipeline. Charakteristisches Merkmal dafür ist der Speedup. Notwendig für den Vergleich ist mindestens ein Programm, das auf den beiden zu vergleichenden Systemen ablaufen kann. Und da ein einziger Vergleich bzw. ein einziges Programm bestenfalls zu irreführenden Ergebnissen führen kann, werden ganze Programmpakete (*benchmarks*) verwendet (Abschnitt 5.3.2).

Da Multiprozessor-Systeme in verschiedenen Operationsmodi arbeiten können - einige Systeme verwenden Pipeline-Prozessoren mit hoher Leistung (z.B. Cray X-MP), andere verhalten sich wie Array-Rechner (z.B. Connection-Machine) - müßten alle bisherigen Überlegungen einbezogen werden, wenn es darum geht, Leistungskriterien für Multiprozessor-Systeme zu definieren.

Dies ist jedoch in der Praxis nicht der Fall, sei es aus Gründen zu hoher Komplexität, gewünschter Abstraktion, fehlender Differenzierungsmöglichkeiten oder unrealistischer Vorgaben. Auch die in den folgenden Abschnitten vorgestellten Ansätze sind relativ einfach und berücksichtigen immer nur einen geringen Teil aller möglichen Einflüsse und Wechselwirkungen.

5.2.2   „Qualitativer" Speedup [Lee 80]

Die folgenden Kriterien und alle sich daraus ergebenden Beziehungen basieren auf den Werten $P(N)$ und $T(N)$, d.h die Prozessoranzahl N ist der einzige Parameter. $P(N)$ gibt die Anzahl der „einfachen" Operationen an, die das Multiprozessor-System für die Parallelverarbeitung eines Programms benötigt, und $T(N)$ die entsprechend benötigte Ausführungszeit (in Schritten). Als Bezugsgröße werden die entsprechenden Werte $P(1)$ und $T(1)$ für die serielle Verarbeitung des gleichen Programms auf einem Monoprozessor-System genommen. Es gilt $P(1) = T(1)$, da in jedem Schritt genau eine Operation ausgeführt wird. Eine weitere berechtigte Annahme ist die Ungleichung $T(N) \leq P(N)$, da man davon ausgehen kann, daß N Prozessoren insgesamt mehr als eine Operation pro Schritt ausführen. Mit diesen Werten können jetzt Kriterien definiert werden, die parallele und serielle Verarbeitung zueinander in Beziehung setzen und mit denen die Leistung auch qualitativ bewertet werden kann.

Beschleunigung („speedup"):

$$S(N) = \frac{T(1)}{T(N)}$$

gibt die absolute Verbesserung in der Verarbeitungsgeschwindigkeit an (Abschnitt 5.1.3), wobei sich der Wert natürlich nur auf das jeweils bearbeitete Programm beziehen bzw. als Mittelwert für eine Reihe von Programmen angesehen werden kann.

Es gilt das *Lee'sche Prinzip*:

$$1 \leq S(N) \leq N$$

Diese Ungleichung kann als Voraussetzung für alle weiteren Überlegungen gesehen werden, denn prinzipiell sollten die Programme sowohl für die serielle als auch für die parallele Verarbeitung geeignet sein. Ein $S(N)$-Wert kleiner als 1 würde bedeuten, daß das Programm für parallele Verarbeitung denkbar ungeeignet ist bzw. sogar einen Leistungsabfall verursacht, entsprechendes gilt für den anderen Fall. Realistisch ist demnach, daß im „schlechtesten" Fall das Multiprozessor-System gerade so schnell wie das System mit nur einem Prozessor und im „besten" Fall die Beschleunigung linear zur Anzahl der eingesetzten Prozessoren ist.

Effizienz:

$$E(N) = \frac{T(1)}{N\,T(N)} = \frac{S(N)}{N} \qquad (\tfrac{1}{N} \leq E(N) \leq 1)$$

entspricht einer relativen Verbesserung, da die Beschleunigung mit der Prozessoranzahl N normiert wird. Mit Hilfe dieses Wertes können die Leistungsabschätzungen in Abschnitt 5.1.3 relativiert werden.

Redundanz:

$$R(N) = \frac{P(N)}{P(1)}$$

beschreibt den bei einem Multiprozessor-System erforderlichen Mehraufwand für die Organisation, Synchronisation und Kommunikation der Prozessoren.

Parallel-Index:

$$I(N) = \frac{P(N)}{T(N)}$$

gibt den mittleren Grad an Parallelität bzw. die Anzahl der parallelen Operationen pro Zeiteinheit an.

Auslastung:

$$U(N) = \frac{I(N)}{N} = R(N)E(N) = \frac{P(N)}{N\,T(N)}$$

entspricht dem normierten Parallel-Index und gibt an, wieviele Operationen jeder Prozessor im Durchschnitt pro Zeiteinheit ausgeführt hat.

Qualität:

$$Q(N) = S(N)\frac{E(N)}{R(N)} = \frac{T^3(1)}{N\,T^2(N)\,P(N)}$$

gibt die qualitativ erzielte Leistungssteigerung an, indem die absolute Beschleunigung mit der Effizienz und der erforderlichen Redundanz gewichtet wird.

Folgerungen:

- Alle definierten Ausdrücke haben im regulären Fall für $N = 1$ den Wert 1.
- Qualität und Parallel-Index sind untere bzw. obere Schranken für die Leistungssteigerung:

$$1 \leq Q(N) \leq S(N) \leq I(N) \leq N$$

- Die Auslastung ist eine obere Schranke für die Effizienz:

$$\frac{1}{N} \leq E(N) \leq U(N) \leq 1$$

Beispiel:

Die Bedeutung der Definitionen soll mit einem Zahlenbeispiel verdeutlicht werden. Seien $P(1) = T(1) = 1000$, $P(N) = 1200$ und $T(N) = 400$ für $N = 4$. Dann folgt:

$$S(4) = 2.5 \quad \text{und} \quad E(4) = 0.625$$

Die Leistungssteigerung verteilt sich also zu 62.5 % auf jeden Prozessor.

$$I(4) = 3 \quad \text{und} \quad U(4) = 0.75$$

Es sind im Mittel 3 Prozessoren gleichzeitig tätig, d.h. jeder Prozessor ist nur 75% der Zeit aktiv.

$$R(4) = 1.2 \quad \text{und} \quad \frac{E(4)}{R(4)} = 0.52 \quad \text{und} \quad Q(4) = 1.3$$

Es sind 20% mehr Operationen notwendig, die qualitative Leistungssteigerung beträgt 30%.

Bei diesen Berechnungen muß man sich darüber im klaren sein, daß die Ergebnisse lediglich Mittelwerte darstellen bezüglich der Tasks, für die Messungen durchgeführt worden sind. Eine weitere Möglichkeit besteht darin, Benchmarks zu verwenden (Abschnitt 5.3.2), eine andere, Algorithmen formal nach Operationstypen zu differenzieren (Abschnitt 5.2.4), wie etwa in der Komplexitätstheorie, und diese abstrakt einem Multiprozessor-System zuzuordnen. Um Tendenz-Aussagen für ein bestimmtes System zu erhalten, müssen das ganze Anwendungsgebiet abgedeckt und entsprechend viele Algorithmen ausgewertet werden.

5.2.3 „Asymptotische" Leistung [Hockney 87]

Aufgrund der Erkenntnis, daß die übliche Angabe von MFlops (Megaflops) der Leistung von Vektorrechnern nicht angemessen ist, weil dabei die Vektor-Startup-Zeit unberücksichtigt bleibt, werden Kriterien definiert, die im wesentlichen auf der Bewertung von Vektoroperationen (SIMD-Modus) basieren und von zwei Parametern abhängig sind: r_∞ und n_{half}, der asymptotischen (maximalen) Leistung in Megaflops und der notwendigen Vektorlänge, um gerade die halbe asymptotische Leistung zu erreichen.

Die Ausführungszeit T für eine Vektoroperation beinhaltet eine Startup-Zeit T_{start} und die Zeit T_e für ein Vektorelement, die mit der Vektorlänge n multipliziert wird:

$$T = T_{start} + n T_e$$

Die durchschnittliche Zeit pro Element beträgt also:

$$\frac{T}{n} = T_e + \frac{T_{start}}{n}$$

und die durchschnittliche Leistung:

$$r = \frac{1}{\left(\dfrac{T}{n}\right)} = \frac{1}{T_e + \dfrac{T_{start}}{n}}$$

Mit

$$r_\infty = \frac{1}{T_e} \quad \text{und} \quad n_{half} = \frac{T_{start}}{T_e}$$

folgt:

$$t = \frac{n + n_{half}}{r_{\infty}} \quad \text{und} \quad r = \frac{r_{\infty}}{1 + \frac{n_{half}}{n}}$$

Mit einer Erhöhung der Vektorlänge n steigt im Prinzip auch die Leistung, d.h. für n gegen unendlich geht r gegen r_{∞}.

Beispiel:

Es sei $T_{start} = 10$, $T_e = 1$ und $n = 100$, dann folgt $r = 0.909$, $r_{\infty} = 1$ und $n_{half} = 10$.

Speziell für Multiprozessor-Systeme (MIMD-Modus) kann ein dritter Parameter definiert werden, der den bei asynchroner Parallelverarbeitung notwendigen Synchronisationsaufwand beschreibt: s_{half} gibt die Zahl der Mega floating-point operations an, die in dieser Synchronisationszeit hätten verarbeitet werden können. Im zugrundeliegenden Modell wird ein Programm als eine Sequenz von seriellen oder parallelen *work segments* gesehen, die auf einem oder mehreren Prozessoren ablaufen. Wenn s die Anzahl der Mega floating-point operations für ein paralleles Segment und s_{half} den Synchronisationsaufwand angibt, beträgt die Ausführungszeit für ein solches Segment:

$$T = \frac{s + s_{half}}{r_{\infty}}$$

Um die Ausführungszeit eines vollständigen Programms zu bestimmen, müssen dann auch die seriellen Segmente einbezogen werden.

5.2.4   Unterschiedliche Operationsmodi [Bucher 83]

Eine wesentliche Eigenschaft vieler Multiprozessor-Systeme gegenüber anderen Parallelrechnertypen ist ihre Fähigkeit, in verschiedenen Operationsmodi arbeiten zu können: sequentiell, synchron parallel und asynchron parallel. Für eine Leistungsbewertung müssen deshalb die verschiedenen Modi-Anteile bei der Bearbeitung einer Last berücksichtigt werden. Mit der folgenden Gleichung, die eine Erweiterung von Amdahl's Gesetz (Abschnitt 5.2.1) darstellt, kann die lastabhängige, effektive Geschwindigkeit S_{eff} eines Systems berechnet werden:

$$\frac{1}{S_{eff}} = \frac{F_{seq}}{S_{seq}} + \frac{F_{syn}}{S_{syn}} + \frac{F_{asyn}}{S_{asyn}} = T$$

Die Verarbeitungsgeschwindigkeiten S_{seq}, S_{syn}, S_{asyn} des Systems im jeweiligen Operationsmodus sowie die Lastanteile (*fractions*) F_{seq}, F_{syn}, F_{asyn} für den entsprechenden Modus müssen empirisch ermittelt werden. Als Maßeinheit werden Megaflops verwendet.

Die effektive Geschwindigkeit ist also abhängig von der „workload" (Abschnitt 5.3.2) und wird am stärksten von der langsamsten der drei Geschwindigkeiten beeinflußt, falls deren Anteil nicht zu gering ist. Deshalb sollte versucht werden, diese Geschwindigkeit zu erhöhen oder ihren Anteil zu verringern. Die höchste Geschwindigkeit dagegen noch weiter zu erhöhen, lohnt sich nur, wenn deren Anteil nahe bei 100% liegt.

synchron parallel: Die Zeit, um Vektoren der Länge n zu verarbeiten, ergibt sich aus der Formel

$$T = T_{start} + n\,T_{el}$$

Dabei ist T_{start} die Startzeit der Vektoroperation und T_{el} die Verarbeitungszeit für ein Vektorelement. Der Ausdruck ist äquivalent zur Formel von Hockney (Abschnitt 5.2.3):

$$T = \left(n_{half} + n\right)T_{el} \quad \text{mit} \quad n_{half} = \frac{T_{start}}{T_{el}}$$

Für die Geschwindigkeit einer Vektoroperation gilt:

$$S_{syn} = \frac{n}{T} = \frac{1}{T_{el} + \dfrac{T_{start}}{n}}$$

Der Wert S_{syn} kann rechnerspezifisch nach der unterschiedlichen Speicherbelegung durch die Vektorelemente, d.h. der Operanden und Resultate, differenziert werden Dabei sind die drei Möglichkeiten vorgesehen, daß die Elemente in benachbarten Speicherzellen, in Zellen mit festen oder in Zellen mit zufälligen Adreßabständen lokalisiert sind. Zusätzlich müssen dann die Lastanteile für die verschiedenen Geschwindigkeiten bestimmt werden.

sequentiell: Die Geschwindigkeit sequentieller Operationen ist einfach zu messen, wobei allerdings die Vektorisierungs- und Pipeline-Techniken des Rechners auch für skalare Operationen ausgenutzt werden sollten.

asynchron parallel: In diesem Fall muß der Synchronisations- und Kommunikationsaufwand einbezogen werden. Sei also F_{asyn} der Anteil des Codes, der parallel auf P Prozessoren ausgeführt werden kann, F_{seq} der sequentielle Anteil und T_{comm} der zeitliche Overhead, dann ist die Ausführungszeit T:

$$T = \frac{1}{S_{eff}} = \frac{F_{asyn}}{PS_{seq}} + \frac{F_{seq}}{S_{seq}} + PT_{comm}$$

Der synchron-parallele Anteil F_{syn} wird im Anteil F_{asyn} mit entsprechenden T_{comm}-Werten berücksichtigt. Man erkennt an der Gleichung, daß die Ausführungszeit genau dann proportional zu $1/P$ ist, wenn der Kommunikationsaufwand T_{comm} vernachlässigbar gering ist. Voraussetzung ist jedoch ein hoher Anteil parallelisierbarer Operationen.

5.2.5   Kommunikations- „Overhead" [Stone 87]

Die Leistung eines Multiprozessor-Systems ist im wesentlichen abhängig vom Grad der Parallelität und dem für die Parallelverarbeitung notwendigen Kommunikations-Overhead zwischen den Prozessoren. Dieser zusätzliche Aufwand ist um so größer, je feinkörniger der Parallelitätsgrad ist, d.h. um eine maximale Leistung zu erreichen, müssen Parallelität und Kommunikationsaufwand in einem ausgewogenen Verhältnis zueinander stehen. Diese Abschätzung muß zwangsläufig für jedes System einzeln durchgeführt werden, da mit unterschiedlichen Architekturen und Anwendungsbereichen auch die Art der Parallelverarbeitung sehr stark variiert (z.B Cray X-MP gegenüber Connection-Machine).

Eine durchgängige Größe in solchen Abschätzungen ist das Verhältnis R/C als ein Maß für die Granularität eines Tasks. Dabei bezeichnet R die (Netto-) Verarbeitungszeit einer Aufgabe und C den dazu notwendigen Kommunikations-Overhead. Parallelverarbeitung ist also evtl. nicht mehr vertretbar, wenn R/C recht klein ist.

Für ein Bewertungsmodell sollen folgende Voraussetzungen gelten: Ein Anwendungsprogramm, das aus M Tasks besteht, soll auf einem Multiprozessor-System mit N Prozessoren möglichst schnell ablaufen. Für die Bearbeitung eines Tasks werden R Zeiteinheiten benötigt, jeder Task kommuniziert mit den Tasks, die auf anderen Prozessoren ablaufen, mit einem Aufwand von C Zeiteinheiten. Die Verteilung der Tasks auf die Prozessoren kann extrem einseitig erfolgen: wenn etwa ein einziger Prozessor alle Tasks verarbeitet, ist zwar der Kommunikationsaufwand gleich Null, aber diese Zuordnung widerspräche dem Vorhaben, die Parallelität auszunutzen. Also ist jede andere Zuordnung „sinnvoller".

Zur Vereinfachung sei in diesem Modell der Kommunikationsaufwand „nicht-überlappend", d.h. ein Prozessor kann nicht gleichzeitig rechnen und kommunizieren. Die Gesamtausführungszeit des Programms ergibt sich damit als Summe aus Rechenzeit und der Zeit, die für Kommunikation benötigt wird. Der i-te Prozessor bekommt k_i Tasks zugewiesen, also entspricht die Rechenzeit dem Maximum über alle k_i (für $i = 1$ bis N). Angenommen jeder Task eines Prozessors kommuniziert mit $(M - k_i)$ anderen Tasks, so folgt insgesamt:

$$Execution\ time = R\,max\Big\{k_i\Big\} + \frac{C}{2}\sum_{i=1}^{N} k_i\Big(M-k_i\Big) =$$

$$= R\,max\Big\{k_i\Big\} + \frac{C}{2}\Big(M^2 - \sum_{i=1}^{N}(k_i)^2\Big)$$

Man kann aus den Grafiken (Bild 5.3) schließen, daß die Ausführungszeit minimal ist, wenn $k_1 = M$, d.h. nur ein Prozessor arbeitet, oder $k_i = M/N$ (für $i = 1,...,N$), d.h. die Tasks werden „gleichmäßig" auf alle Prozessoren verteilt.

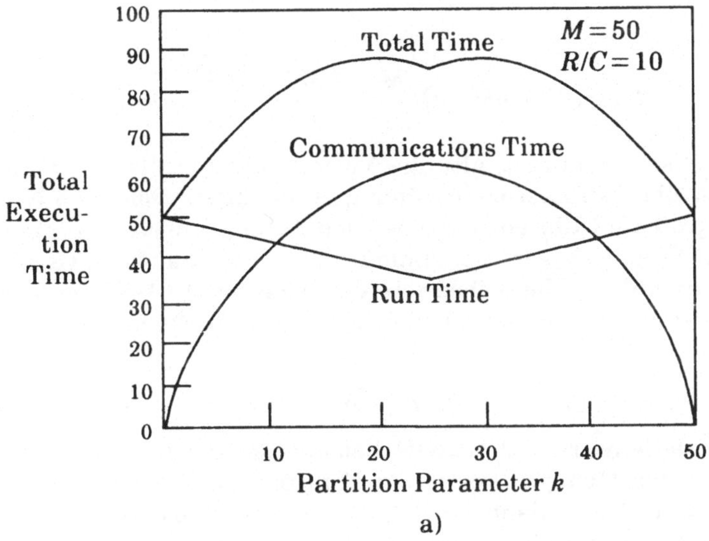

a)

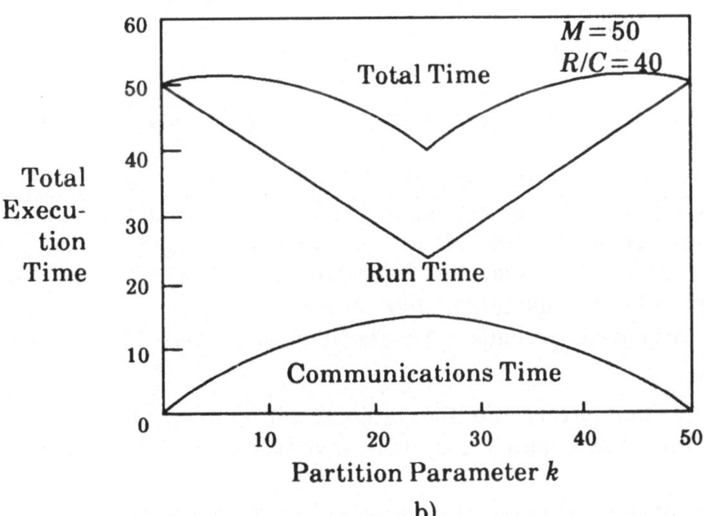

b)

Parallel execution time for two different R/C ratios:
a) Optimum partition parameter $k = 0$, $k = 50$ resp.
b) Optimum partition parameter $k = M/2$

Bild 5.3: Ausführungszeiten für ein System mit $N = 2$ Prozessoren [Stone 87]

Dabei ist es sinnvoll, die kleinste ganze Zahl größer gleich M/N („ceiling") zu verwenden und diese Anzahl von Tasks den Prozessoren sukzessive zuzuweisen, bis keine mehr zu vergeben sind (z.B. 19 Tasks und 6 Prozessoren, dann erhält der 5. Prozessor noch drei und der 6. Prozessor gar keinen Task mehr).

$$Time\,difference = R\,\frac{M}{N} - \frac{CM^2}{2} + \frac{CM^2}{2N} - RM$$

Wenn R/C sehr klein ist, also die Vorteile der Parallelität nicht durchschlagen, ist die 1-Prozessor-Zuordnung zu erwägen. Dabei stellt sich die Frage, wie groß die Differenz zwischen den Ausführungszeiten „gleichmäßiger" gegenüber „einseitiger" Verteilung ist. Um die Analyse zu vereinfachen, sei M ein ganzzahliges Vielfaches von N, der Faktor $(1 - 1/N)$ werde vernachlässigt und der gesamte Ausdruck gleich Null gesetzt. Dann folgt:

$$\frac{R}{C} = \frac{M}{2}$$

d.h. der Schwellenwert $M/2$ ist entscheidend dafür, ob es sich überhaupt lohnt, statt eines Monoprozessors ein Multiprozessor-System einzusetzen. Wenn $R/C < M/2$ gilt, dann ist der Kommunikations-Overhead für eine Parallelverarbeitung zu groß. Der Speedup (Abschnitt 5.1.3) wird als das Verhältnis der beiden Ausführungszeiten berechnet:

$$Speedup = \frac{R}{\dfrac{R}{N} + \dfrac{CM\left(1-\dfrac{1}{N}\right)}{2}} = \frac{\dfrac{RN}{C}}{\dfrac{R}{C} + \dfrac{M\left(N-1\right)}{2}}$$

Wenn M und N sehr klein gegenüber R/C sind, ist der Speedup annähernd linear zu N. Wenn N dagegen sehr groß ist gegenüber R, dann ist der Speedup proportional zu $R/(CM)$ und damit unabhängig von N, d.h. durch eine Erhöhung der Prozessorzahl N entstehen lediglich Kosten, aber keine nennenswerten Leistungssteigerungen mehr.

Mit dem hier beschriebenen Ansatz können weitere Modelle untersucht werden, z.B.:

- die Tasks haben unterschiedlich lange Ausführungszeiten,
- der Kommunikationsaufwand ist proportional zur Anzahl der Prozessoren,
- die Kommunikation kann „überlappend" ausgeführt werden,
- es existieren mehrere Kommunikations-Verbindungen.

In allen Fällen ergibt sich das gleiche Problem, daß nämlich die Leistung eines Multiprozessor-Systems nicht einfach durch Erhöhung der Prozessorzahl erreicht werden kann, sondern grundsätzlich eine Abwägung vorgenommen werden muß zwischen dem Parallelitätsgrad und dem daraus folgenden

Aufwand für die Kommunikation. Letztlich ist das Anwendungsgebiet entscheidend für die günstigste Rechnerkonfiguration.

5.2.6 Kriterien der Warteschlangentheorie [Ajmone 86]

Der Ansatz von Ajmone et al. sei stellvertretend genannt für die vielfältigen Bemühungen, in den frühen Phasen des Rechnerentwurfs mit analytischen Methoden die voraussichtliche Leistung von Multiprozessor-Systemen zu bewerten. Die Leistungskriterien unterscheiden sich aufgrund der verwendeten Verfahren und der Annahmen über die Systemlast erheblich von denen, die in den vorigen Abschnitten beschrieben wurden und sich im wesentlichen aus Benchmark-Messungen ergeben.

Leistungsbewertung kann auf unterschiedlichen Abstraktionsebenen vorgenommen werden, von der Schaltkreis- bis zur Systemebene. Da analytische Methoden mit einer Systemmodellierung auf der Basis von Warteschlangen-Netzwerken korrespondieren (Abschnitt 6.1), wird in diesem Fall die Bewertung auf der funktionalen Ebene (Abschnitt 6.4.2) vorgenommen, d.h. ein Multiprozessor-System wird aus den Basiselementen Prozessor, Speicher und Verbindungsnetz gebildet, die als funktionale Einheiten ohne Berücksichtigung interner Details betrachtet werden. Prozessoren führen Speicherzugriffe aus, wobei es Konflikte und Wartezeiten geben kann. Alle sich hieraus ergebenden Kriterien, z.B. mittlere *Warteschlangenlänge*, durchschnittliche *Wartezeit* oder *Bedienzeit*, sind Bestandteil der Untersuchungen.

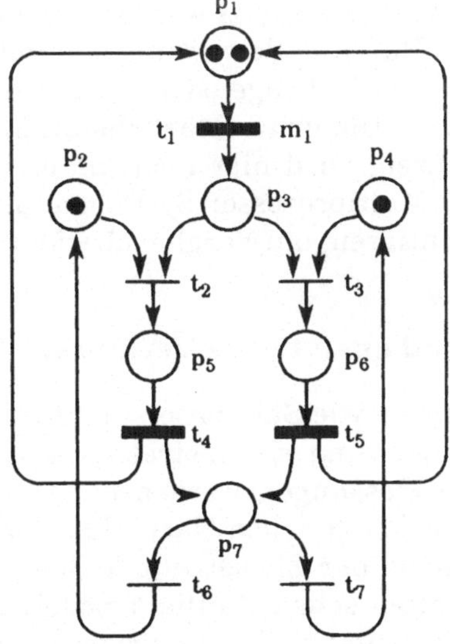

Bild 5.4: Beispiel eines „general stochastic Petri net"

Die Systemlast wird aus Prozessorsicht als eine Folge von Zugriffen auf
gemeinsame oder lokale Speicher beschrieben, so daß jeder Prozessor sich
entweder im Zustand „aktiv", „zugreifend" oder „wartend" befindet. Eine
deterministische Lastbeschreibung ist in diesem Entwurfsstadium meistens
nicht möglich, da nicht genügend Informationen vorliegen, und wenn, dann
ist die Auswertung auf einen zu kleinen Anwendungsbereich beschränkt. Es
werden deshalb hauptsächlich stochastische Lastbeschreibungen mit Hilfe
von Zufallsvariablen und Verteilungsfunktionen verwendet.

Wichtigstes Leistungskriterium ist die durchschnittliche Anzahl von
„aktiven" Prozessoren, die sogenannte *processing power P*. Aus diesem Wert
lassen sich die meisten der oben genannten Meßgrößen mit Hilfe von *Little's
Gesetz* (Abschnitt 6.1.2) ableiten. Für die Modellierung werden *general
stochastic petri-nets* verwendet (Bild 5.4 u. Abschnitt 6.3.4), die eine äquiva-
lente Darstellung in diskrete oder kontinuierliche Markov-Prozesse besitzen
und damit innerhalb gewisser Grenzen für eine analytische Auswertung, z.B.
Mittelwert-Analyse, zugänglich sind.

5.3 Leistungsmessung und -vergleich

Die Leistungsmerkmale eines Rechnersystems müssen zunächst gemessen,
dann beurteilt und mit den Werten anderer Systeme verglichen werden. Je
präziser die Leistungskriterien definiert, je vollständiger das Anwendungsgebiet des Rechners und je besser die Einflußfaktoren auf die Leistung
bekannt sind, um so erfolgversprechender können die verschiedenen Meß-
und Bewertungsmethoden eingesetzt werden und um so vertrauenswürdiger
sind die Ergebnisse. Für die Bewertung kommen entweder abstrakte,
mathematische Verfahren in Frage oder Messungen am realen System mit
Hilfe von „benchmarks". Die dritte Möglichkeit, Messungen mit Hardware-
Monitoren durchzuführen, wird hier nicht untersucht. Ein anschließender
Vergleich speziell von Multiprozessor-Systemen sollte sich an einer Klassifikation (Kapitel 1) orientieren, um Vergleichbarkeit zu gewährleisten.

5.3.1   Simulation und analytische Verfahren

Mathematische Verfahren wie Simulation und Analyse sind abstrakt in dem
Sinne, daß für die Bewertung ein abstraktes Modell des Rechners erstellt
werden muß, d.h. die Messungen werden nicht am realen System selbst,
sondern an einer möglichst genauen Nachbildung vorgenommen (Abschnitte
6.1 u. 6.2). Entsprechend der Zielsetzung können relevante Systemkomponenten und -eigenschaften sehr detailliert modelliert und untersucht, weniger wichtige oder unbedeutende Teile dagegen vernachlässigt werden. Voraussetzung dafür ist allerdings, daß erstens genügend Informationen über
das System vorliegen um ein adäquates Modell aufzubauen, und zweitens das

Modell in seinem Verhalten dem System entspricht, d.h. eine Validierung des Modells vorgenommen worden ist.

Wenn der zu bewertende Rechner noch nicht oder nur unvollständig existiert, sind natürlich auch über die zukünftige Last nur unzureichende Informationen vorhanden. Sie muß geschätzt bzw. es müssen stochastische Lastbeschreibungen verwendet werden (Abschnitt 5.2.6), und die Ergebnisse können deshalb nur innerhalb gewisser Grenzen vertrauenswürdig sein.

Ein fließender Übergang zum folgenden Abschnitt über „benchmarks" wird durch einen Spezialfall der Simulation möglich. Bei mathematischen Verfahren müssen System und Last modelliert werden, wobei die analytischen Verfahren eine wesentlich abstraktere Darstellungsweise verlangen als die Simulation. Ein Simulationsmodell kann im Prinzip so detailliert und vollständig sein, daß es sich nur noch durch das Medium (Software) vom realen System unterscheidet. Eine positive Folge ist, daß auf dieser „Eins-zu-Eins"-Nachbildung des Systems reale Programme als Last ablaufen können. Diese Art von Simulation bietet die Möglichkeit, schon beim Entwurf eines Rechnersystems die zukünftige Software, falls vorhanden, zu berücksichtigen und auf den Entwurf Einfluß nehmen zu lassen. Eher problematisch ist allerdings der Aufwand zu bewerten. Einschränkend kommt noch hinzu, daß der Detaillierungsgrad der Rechnerspezifikation in vielen Fällen für eine derart genaue Nachbildung nicht ausreichend ist.

5.3.2 Benchmark-Technik

Eine häufig verwendete Technik, um die Leistung von Rechnersystemen zu messen, ist *benchmarking*. Sie besteht darin, eine bestimmte Menge von wohldefinierten Programmen, den „benchmarks", auf einem Rechner ablaufen zu lassen, um daraus Erkenntnisse über die Leistung zu gewinnen und mit den Ergebnissen anderer Rechner zu vergleichen. Da Superrechner, Parallelrechner und speziell Multiprozessor-Systeme ihre Leistung durch ein kompliziertes Zusammenwirken verschiedenster Systemkomponenten erreichen, deren Eigenschaften stark voneinander abhängen, müssen die Anwendungsprogramme wohlabgestimmt sein, um eine optimale Leistung zu erzielen.

Um also effektive Leistungsvorhersagen mit Benchmarks machen zu können, müssen das Anwendungsgebiet und die speziellen Eigenschaften des Systems bekannt sein und berücksichtigt werden, da andernfalls die Ergebnisse irreführend sein können. Wegen der vielfältigen Einflüsse ist der Leistungsbereich solcher Rechner sehr weitgespannt, kann also das System mit gut oder schlecht angepaßten Programmen optimal genutzt oder unter Wert betrieben werden. Es ist deshalb notwendig, möglichst vielfältige Anwendungsfälle auszuwerten, und dazu gibt es eine ganze Reihe von kontextabhängigen Benchmarks (z.B. Linpack, Eispack, Livermore) mit unterschiedlichen Ausprägungen.

Die Zielsetzung des Benchmarking [Dongarra 87] ist nicht, am Ende irgendeine Zahl von Megaflops als definitive Leistung des Rechners anzugeben, sondern qualitative Beziehungen zwischen einzelnen Systemkomponenten (z.B. Compiler, Betriebssystem und Speicherorganisation), deren Eigenschaften, verschiedenen Anwendungen und Parallelisierungstechni-

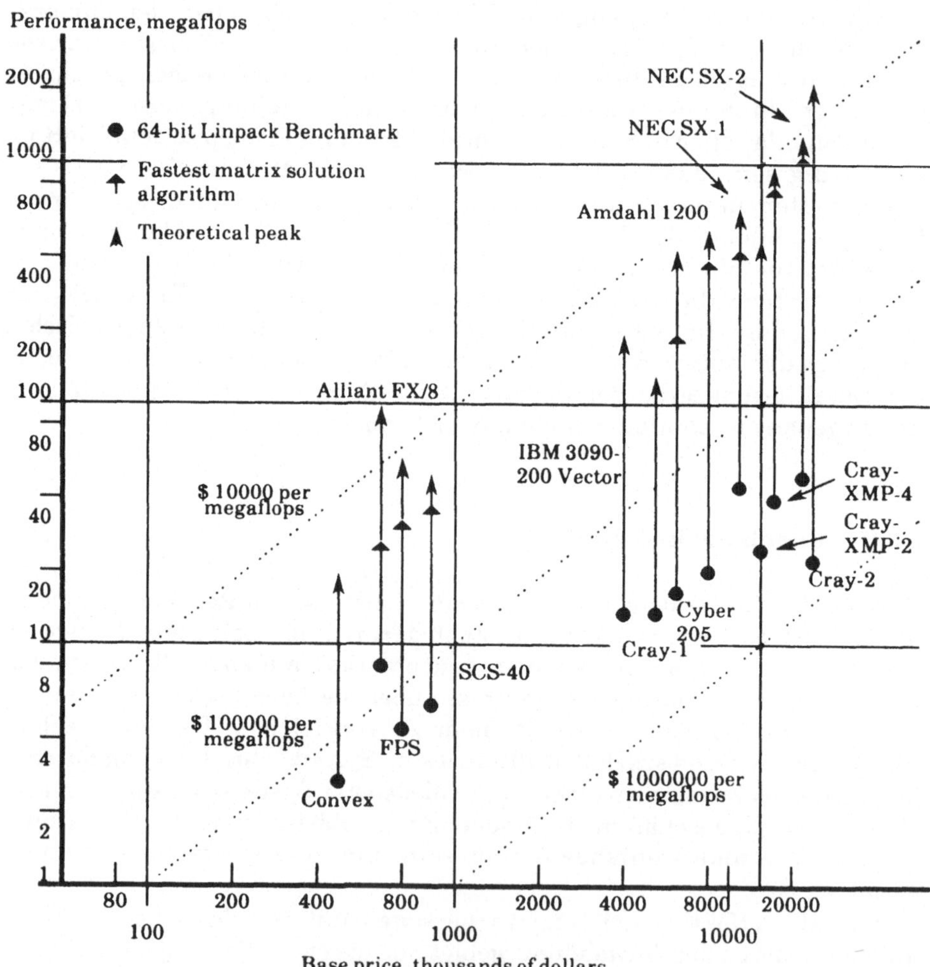

*Computers typically fall far short of their peak performance when
executing real programs, such as the Linpack benchmark. However,
they usually perform better if a program is hand-coded to take maximum advantage of machine resources. Here, hand-coded programs for
solving a system of linear equations - the problem tackled by Linpack -
can run more than 10 times as fast as straightforward compiled code.*

Bild 5.5: Preis-Leistungsverhältnis einiger Hochleistungsrechner [Dongarra 87]

ken zu erkennen und diese gegenseitigen Einflüsse quantitativ zu bewerten.
Es sollen die „starken Seiten" des Rechners ebenso wie seine Schwachstellen
herausgefunden werden, um später Anwendungsprogramme optimieren zu
können. Häufig dienen Benchmarks auch zum direkten Vergleich zweier
Rechner. Bild 5.5 zeigt einen Leistungsvergleich verschiedener Rechner bzgl.
ihrer Maximalleistungen und ihrer Leistungen bei der Bearbeitung des
Linpack Benchmarks.

Probleme

Bei der Anwendung des Benchmarking, d.h. Auswahl der Benchmarks und
Bewertung bzw. Interpretation der Ergebnisse, können viele Fehler gemacht
werden. Der häufigste Fehler ist, die *workload*, also die zu erwartende
Systemlast, nicht genau und sorgfältig genug zu charakterisieren, so daß
u.U. eine hohe Leistung überbewertet wird, obwohl sie unter unrealistischen
Bedingungen zustande gekommen ist. Wenn man etwa einen Vektorrechner
ausschließlich Operationen mit Vektoren einer günstigen Länge ausführen
läßt, sind natürlich optimale Ergebnisse zu erreichen, aber diese Ergebnisse
dürfen nicht verallgemeinert werden.

Eine schwieriges Problem bei der Auswahl von Benchmarks resultiert aus
der Erkenntnis, daß mit rechnerspezifischen Programmen normalerweise
eine höhere Leistung erzielt werden kann als mit kompatiblen, d.h. auf
verschiedenen Rechnern ablauffähigen und damit also weniger gut angepaßten Programmen. Da Benchmarks auf verschiedenen Rechnern eingesetzt
werden, stellt sich die Frage, ob sie auch jeweils den rechnerspezifischen
Eigenschaften angepaßt werden sollten oder nicht. In Abhängigkeit davon
würde sich der Leistungsbereich nach oben oder unten erweitern.

Oft interessiert weniger die absolute Leistung des Gesamtsystems als
vielmehr, wie diese Leistung zustandekommt, um daraus Hinweise für Anwender und Entwickler abzuleiten. Es ist deshalb wichtig, die jeweiligen
Systemkomponenten identifizieren zu können, die vom aktuellen Benchmark
besonders betroffen sind, z.B. Speicher, CPU oder Ein-/Ausgabe. Aus solchen
Einzelergebnissen lassen sich dann genauere Wirkungs- und Abhängigkeitsbeziehungen herleiten.

Scheinbar banal sind Fehler, die bei der Analyse von Benchmark-Ergeb-
nissen auftreten können, z.B. ist bei Anwendungen mit unterschiedlichen
Operationsmodi (Abschnitt 5.2.4) zu unterscheiden zwischen der Frequenz
und dem Zeitverbrauch von Operationen, da sich der prozentuale Anteil
dabei anders verhält.

Hierarchische Durchführung

Benchmarking sollte in mehreren Stufen durchgeführt werden, in denen von
einfachen Programmteilen ausgehend immer umfangreichere und kom-

plexere Programme auf dem Rechner ablaufen und ausgewertet werden. Ein fundiertes Wissen und Verständnis der zukünftigen workload ist dabei die wichtigste Voraussetzung.

basic operations wie skalare Addition und Multiplikation oder einfache Vektoroperationen werden getestet, um z.B. Leistungsmerkmale wie n_{half} und r_∞ (Abschnitt 5.2.3) zu ermitteln. Insbesondere können bereits Aussagen über Spitzenleistungen in einem sehr eingeschränkten Anwendungsbereich gemacht werden, was aber nicht zu einer Überbewertung dieser Ergebnisse führen darf.

program kernels sind Auszüge aus Anwendungsprogrammen, mit denen im wesentlichen die CPU-Leistung ermittelt wird, d.h. sie darf nur in Ausnahmefällen als Leistung des Gesamtsystems gewertet werden.

basic routines aus dem Anwendungsspektrum, die möglichst alle Systemkomponenten berücksichtigen, sind als häufig verwendete Programme stark compiler-abhängig und sollten möglichst optimiert werden.

stripped-down programs sind möglichst kompatible Programmeinheiten, die nicht alle rechnerspezifischen Eigenschaften ausnutzen und die im wesentlichen die Interaktion von basic routines beinhalten.

full-scale programs geben Aufschluß über die Leistung des Gesamtsystems für bestimmte Anwendungsgebiete, was allerdings voraussetzt, daß die vorherigen Stufen durchgeführt und verstanden worden sind, sowie die Rechnerumgebung, d.h. die Peripherie, ausreichend definiert ist.

new algorithmic techniques werden unter Vernachlässigung der Kompatibilität in rechnerspezifischen Programmen angewendet und getestet, da erst mit solchen Techniken eine substantielle Leistungssteigerung zu erwarten ist.

Schlußbemerkung

Benchmarkergebnisse können immer nur relativ bzgl. eines Anwendungsgebietes gesehen werden. Sie erfordern eine genaue Definition der verwendeten Metrik (was ist eine „Instruktion"?), auch ist es notwendig, eine genaue Kenntnis über die Beziehungen zwischen den Benchmarks und den zu bewertenden Systemeigenschaften zu haben. Schlußendlich kann mit Benchmarks auch nicht alles gemessen werden. Zu den Ergebnissen bzw. der Gültigkeit von Aussagen aufgrund von Benchmarkmessungen sei eine Bemerkung von R. Gabriel zitiert: „Benchmarking is a black art at best." (vergl. [Böckle 87]).

5.3.3 Vergleich von Multiprozessor-Systemen

> „A message-based multiprocessor can yield linear or better performance
> when CPUs are added to it. (...) This is quite a surprising result."
> [Sanguinetti 86]

Multiprozessor-Systeme sollten - wie andere Systeme auch - unter regulären
Bedingungen miteinander verglichen werden. Dazu gehört, daß die Systeme
„ähnlich" oder mindestens vergleichbar sind und daß die zum Vergleich her-
angezogenen Programme identisch sind. Letzteres kann dadurch gewährleistet werden, daß Benchmarks verwendet werden. Das Kriterium Ähnlichkeit
ist schwieriger zu handhaben, denn niemals sind zwei Multiprozesor-
Systeme „gleich". Im Gegenteil können sie sich praktisch in jedem einzelnen
Merkmal, wie es z.B. in einer Klassifikation nach Abschnitt 1.3 beschrieben
ist, unterscheiden. Entsprechend groß ist die Spannbreite von Systemen. Der
Aussagewert von Leistungsvergleichen ist dann abhängig vom Grad der
„Ähnlichkeit" zweier Systeme. Je unterschiedlicher die Rechner sind, um so
schwieriger ist die Begründung für Leistungsdifferenzen, je ähnlicher sie
sind, um so leichter fällt es, den Grund für unterschiedliche Leistungen zu
lokalisieren.

Bei Durchsicht der Literatur fällt auf, daß sich ein großer Teil mit der
Leistungsuntersuchung von einzelnen Multiprozessor-Systemen bzw. unterschiedlichen Konfigurationen (bzgl. Prozessorzahl) eines Systems befaßt.
Vergleiche mehrerer Multiprozessor-Systeme untereinander sind selten zu
finden, häufiger dagegen Vergleiche von Vektorprozessoren. Dabei wird
meistens wird eine Cray X-MP als Bezugssystem verwendet.

Im folgenden werden zwei charakteristische Beispiele aus der Literatur
vorgestellt. Eine Erkenntnis sei schon jetzt genannt: Als wesentliche Ein-
flußgrößen gehen in die Untersuchung meistens nur das jeweilige Anwendungsgebiet, die Prozessorzahl und die Granularität der Parallelverarbeitung ein. Alle übrigen, vom Verbindungsnetz über Betriebssystem bis zur
Speicheraufteilung haben eher marginalen Charakter. Das soll natürlich
nicht heißen, daß sie keinen Einfluß auf die Leistung haben (meistens ist
eher das Gegenteil der Fall), sondern daß sie oft einer eigenständigen Untersuchung nicht für wert befunden werden. Das liegt zum einen daran, daß die
zuerst genannten Merkmale leicht variiert werden können, die Granularität
z.B. über die Komplexität der verwendeten Prozessoren, während letztere
Merkmale im realen System fest vorgegeben sind und oft gar nicht verändert
werden können. Zum anderen sind Leistungsuntersuchungen insgesamt
nicht einfach, sie erfordern Zeit und genaues Wissen über die Zusammenhänge und Wirkungen innerhalb des Gesamtsystems, die Freiheitsgrade der
möglichen Änderungen sind sehr groß. Und schließlich können Leistungsangaben leichter anderen verständlich gemacht werden, wenn sie von einer
einfachen Bezugsgröße, z.B. Prozessorzahl, abhängen .

Überlineare Leistungssteigerung

Untersuchungsobjekt ist das Elxsi-6400-System [Sanguinetti 86] mit 1 bis 10 Zentraleinheiten. Das mit einem sehr schnellen Bus (über 1 Gigabit/s) ausgestattete Multiprozessor-System wurde mit verschiedenen CPU-Konfigurationen und CPU-intensiven workloads getestet. Das überraschende Ergebnis einer überlinearen Leistungssteigerung bei linearer Erhöhung der Prozessorzahl läßt sich teilweise erklären. Während die Zeit für die workload-Prozesse in den jeweiligen Konfigurationen konstant blieb, verringerte sich die Prozeßzeit für den Betriebssystem-Kern. Aufgrund günstiger Prozeßverteilung lag die Hit-Rate der CPU-Caches bei fast 100%, entsprechend war der schnelle Bus im Mittel nur zu 10% ausgelastet. Eine geringe Interprozeßkommunikation und seltenes „context-switching" ließen die Betriebssystem-Aufrufe absolut konstant bleiben, was bei einer Erhöhung der Prozessorzahl insgesamt zu einer relativen Verringerung der Aufrufe führte.

Einwände gegen diese Untersuchung: Die workload ist zu speziell gewählt, bei vermehrter Ein-/Ausgabe sank die Kurve der Leistungssteigerung, wie zu erwarten, unter die Linearitätsgerade. Das Speedup-Verhältnis wurde anhand der Ergebnisse desselben Systems berechnet, Bezugsgröße war die Ein-Prozessor-Konfiguration des Elxsi-6400 und nicht irgendeine andere. Die Ergebnisse beziehen sich auf den Durchsatz der CPU und nicht auf den des Gesamtsystems. So interessant einige Beziehungen zwischen Cache-Hit-Rate, Betriebssystem-Kern und Message-Based-Kommunikation auch zweifellos sind, so sollten doch die Ergebnisse nicht überbewertet werden, da sie zu sehr auf einen speziellen Fall ausgerichtet sind.

Cray X-MP als Vergleichssystem

Das Multiprozessor-System Cray X-MP mit zwei CPUs wird häufig als Bezugssystem für Leistungsvergleiche gegenüber anderen Vektorrechnern oder anderen Multiprozessoren eingesetzt. Einige Ergebnisse [Hockney 83]: Im Vergleich zum Vektorprozessor-System Cray-1 hat es einen dreimal größeren asymptotischen r_∞-Wert, allerdings nur für größere Vektorlängen, d.h. der Wert n_{half} (Abschnitt 5.2.3) steigt ebenfalls an. Vergleiche mit der CYBER 205 und dem Denelcor HEP1 zeigen, daß jeder Wert für sich nicht aussagekräftig genug ist. Es sollte stattdessen eine zwei-parametrige Leistungsabschätzung vorgenommen werden. Ähnliche Ergebnisse finden sich in [Bucher 83]. In [Larson 84] wird der Einfluß spezieller Programmiertechniken (multi-tasking) auf die Leistung von Multiprozessor-Systemen untersucht, in [Jordan 87] werden konventionelle Großrechner mit Parallelrechnern verglichen.

Literatur zu Kapitel 5

[Agrawal 86]   Agrawal D.P.; Janakiram V.K.; Pathak G.C.
Evaluating the Performance of Multicomputer Configurations
Computer, May 1986, pp. 23-37

[Ajmone 86]   Ajmone Marsan M.; Balbo G.; Conte G.
Performance Models of Multiprocessor Systems
MIT Press, Cambridge MS, 1986

[Böckle 87]   Böckle G.
Performance-Vergleich von COLIBRI und P7 bzgl. LISP
Siemens, 1987

[Bucher 83]   Bucher I.Y.
The Computational Speed of Supercomputers
Proc. ACM/SIGMETRICS Conf. Measurement and Modelling of Computer
Systems, 1983, pp. 151-165

[Dongarra 87]   Dongarra J.; Martin J.L.; Worlton J.
Computer benchmarking: paths and pitfalls
IEEE Spectrum, July 1987, pp. 38-43

[Flatt 84]   Flatt H.P.
A simple model for parallel processing
IEEE Computer, November 1984, p. 95

[Handler 86]   Händler W.
Multiprozessoren: Effizienz und Fehlertoleranz
NTG-GI Fachtagung „Architektur und Betrieb von Rechenanlagen",
Stuttgart 1986

[Hockney 85]   Hockney R.W.
$(r_\infty, n_{half}, s_{half})$ measurements on the 2-CPU Cray X-MP
Parallel Computing 2 (1985), pp. 1-14

[Hockney 87]   Hockney R.W.
Parametrization of computer performance
Parallel Computing 5 (1987), pp. 97-103

[Hwang 85]   Hwang K.; Briggs F.A.
Computer Architecture and Parallel Processing
McGraw-Hill, New York, 1985

[Jordan 87]   Jordan K.E.
Performance Comparison of Large-Scale Scientific Computers
IEEE Computer, March 1987, pp. 10-23

[Krings 81]   Krings L.; Milde J.; Ameling W.
An Approach to Performance Measuring in Multiprocessor Systems with
Time-shared Busses
7. EUROMICRO Symp. Microproc., Paris, September 1981, pp. 411-419

[Kuck 78]   Kuck D.J.
The Structure of Computers and Computations
Vol. I, John Wiley & Sons, New York, 1978

[Larson 84]   Larson J.L.
Multitasking on the Cray X-MP-2 Multiprocessor
IEEE Computer, July 1984, pp. 62-69

[Lee 80]   Lee R.B.
Empirical Results on the Speed, Efficiency, Redundancy and Quality of
Parallel Computations
Proc. Int. Conf. Parallel Processing, Aug. 1980, pp. 91-96

[Malek 87]   Malek M.
Multiprocessor-Systems: State-of-the-Art
Vortrag 3.7.1987, Siemens AG, München

[Männer 87]   Männer R.
                   Entwurf und Realisierung eines Multiprozessors
                   Springer-Verlag, Informatik-Fachberichte 138, 1987

[Parberry 87]   Parberry I.
                   Some practical simulations of impractical parallel computers
                   Parallel Computing 4 (1987), pp. 93-101

[Riganati 84]   Riganati J.P.; Schneck P.B.
                   Supercomputing
                   IEEE Computer, October 1984, pp. 97-113

[Sanguinetti 86]   Sanguinetti J.
                   Performance of a Message-Based Multiprocessor
                   IEEE Computer, September 1986, pp. 47-55

[Schmid 82]   Schmid H.; Naro R.; Gupta A.
                   Multi-Mikroprozessor-Systeme: Leistungsmerkmale
                   Elektronik, Sonderheft Nr. 54, 1982, S. 20-26

[Siewiorek 82]   Siewiorek D.P.; Bell C.G.; Newell A.
                   Computer Structures: Principles and Examples
                   McGraw-Hill, New York, 1982

[Stone 87]   Stone H.S.
                   High-performance computer architecture
                   Addison-Wesley, 1987

[Weicker 84]   Weicker R.P.
                   Dhrystone: A synthetic systems programming benchmark
                   Communications of the ACM, Vol. 27, No. 10 (1984), pp 1013 - 1030

[Wong 88]   Wong W.S.; Morris R.J.T.
                   Benchmark Synthesis Using the LRU Cache Hit Function
                   IEEE Transactions on Computers, Vol. 37, No. 6 (1988), pp. 637 - 645

6 Methoden zur Modellbildung und Analyse von Rechnersystemen

Die Ermittlung und Untersuchung von Systemeigenschaften ist ein Arbeitsgebiet, das im gesamten Lebenszyklus einer Rechenanlage Bedeutung hat. Anlässe für Untersuchungen sind beispielsweise der Nachweis der technischen Realisierbarkeit eines Rechners mit geforderten Eigenschaften, die Ermittlung von Optimierungsmöglichkeiten für vorhandene Systeme oder die Gewinnung von Leistungsaussagen. Für die Analyse interessierender Systemeigenschaften kommen grundsätzlich zwei Methoden (häufig auch in Kombination) in Frage: *Messung*, d.h. Analyse bereits existierender Systeme im laufenden Betrieb, und *Analyse von Modellen* des zu untersuchenden Systems. In vielen Fällen ist die Modell-Analyse der einzig gangbare Weg, z.B. für Rechner im Entwurfsstadium oder wenn die Durchführung von Messungen zu aufwendig oder zu teuer ist. Der Aufbau von Modellen bringt neben den spezifischen Ergebnissen der betreffenden Untersuchungen darüberhinaus einen vertieften Einblick in das Verhalten des untersuchten Systems.

Dieses Kapitel gibt einen Überblick über die verschiedenen Methoden und Möglichkeiten der Modellierung von Rechnersystemen, die z.Z. Verwendung finden (Abschnitte 6.1 - 6.3). Der spezielle Einsatz dieser Methoden im Hinblick auf Multiprozessor-Systeme wird in Abschnitt 6.4 näher erläutert.

Modelle von Rechnersystemen sind Abstraktionen des betreffenden realen Systems, wobei jeweils nur bestimmte, interessierende Teile des Systems nachgebildet werden; unwesentliche Teile werden weggelassen. Daher ist ein Modell auch wesentlich einfacher „herzustellen" als das entsprechende Originalsystem. Je weniger Details des realen Systems in ein Modell einfließen, je stärker das System „abstrahiert" wird, desto „höher" ist die Abstraktionsebene des Modells. Eine Abstraktionsebene zu finden, die einer interessierenden Fragestellung adäquat ist, ist eine der wesentlichen Aufgaben des Modellierers und entscheidet häufig über Erfolg oder Mißerfolg einer Modelluntersuchung.

Rechnermodelle werden im Hinblick auf einzelne System-Aspekte entwickelt. Die hauptsächlichen Fragestellungen, die durch Modelluntersuchungen beantwortet werden sollen, sind Fragen hinsichtlich der *Funktionalität* und der *Leistung* (*performance*) des Systems. Probleme wie Ergonomie, Verfügbarkeit, Zuverlässigkeit, Wartbarkeit, Sicherheit usw. sind nicht Gegenstand dieser Untersuchung.

Leistung ist einer der zentralen Gesichtspunkte, die bei Entwurf, Entwicklung, Konfigurierung und Optimierung von Rechnersystemen in Betracht zu ziehen sind. Damit ist die quantitative Bestimmung der Leistungsfähigkeit (*performance evaluation*) im ganzen Lebenszyklus eines Rechnersystems von Bedeutung. Es wird darauf hingewiesen, daß trotz der breiten Beachtung, die das Thema Leistungsbewertung findet, keine genaue begriffliche Bestimmung von „Leistung eines Rechnersystems" existiert. Die Zahl der theoretisch möglichen Mega- oder gar Giga-Flops einer Anlage mit der Systemleistung gleichzusetzen ist beispielsweise wenig hilfreich und hat sehr wenig Aussagekraft bezüglich der Eigenschaften eines Rechners im praktischen Betrieb, vor allem für Multiprozessoren. Zum Verständnis des Leistungsbegriffs für Rechner-Anlagen siehe Kapitel 5.

6.1 Analytische Verfahren

Die Ermittlung von Leistungscharakteristika eines Rechnersystems mit analytischen (mathematischen) Verfahren setzt eine spezielle Sichtweise auf das zu untersuchende System und damit der Modellbildung voraus. Ein Rechnersystem wird hier als eine Menge von Hardware- und Software-*Ressourcen* auf der einen, und einer Menge von *Auftragen* (*Tasks, Jobs, Prozessen*) auf der anderen Seite betrachtet. Die Aufträge stehen im Wettbewerb um die Ressourcen. Beispiele für Hardwareressourcen sind Prozessorelemente, Plattenspeicher, Terminals usw. Ein Beispiel für eine Software-Ressource ist eine exklusiv ausgeführte Betriebssystem-Operation. Da i.a. eine Vielzahl von Aufträgen im Wettbewerb um eine begrenzte Zahl von Ressourcen steht, bilden sich vor diesen Warteschlangen, deren Abarbeitung Zeitverzögerungen für die Tasks mit sich bringt.

Wenn ein Rechnersystem auf diese Weise betrachtet wird, ist es naheliegend, dieses System als ein Netz untereinander verbundener Warteschlangen und Ressourcen darzustellen (zu modellieren). Die Leistungsmerkmale des zu untersuchenden Systems werden dann durch Schätzung der Belegung der einzelnen Ressourcen, der Länge der entstehenden Warteschlangen und der damit verbundenen Wartezeiten ermittelt.

Insgesamt ergibt sich: Modelle für die analytische Leistungsuntersuchung von Rechnersystemen sind Warteschlangennetze, bei denen die gesuchten Leistungsgrößen mit mathematischen Verfahren (was in diesem Zusammenhang gleichbedeutend mit „analytischen" verwendet wird) berechnet werden. Analytische Leistungsbewertung hat eine enge Beziehung zur Theorie der Warteschlangen. Einerseits wurde die Entwicklung der analytischen Leistungsbewertung von der Warteschlangentheorie inspiriert und beeinflußt, andererseits waren die in den letzten ca. 15 Jahren erzielten Fortschritte in der analytischen Leistungsbewertung gleichzeitig auch Fortschritte in der Warteschlangentheorie. Deren weitere Entwicklung wird mittlerweile fast vollständig durch die Entwicklung der analytischen Leistungsbewertung gelenkt.

6.1.1   Allgemeine Eigenschaften

Die analytischen Verfahren sind eine weitgehend anerkannte und in der Literatur ausführlich behandelte Methode zur Leistungsbewertung von Rechnersystemen. Der Einsatz der Verfahren gilt als „kostengünstig", da die analytischen Modelle meist „einfach" zu erstellen und, verglichen mit dem Aufwand bei simulativen Untersuchungen, mit geringem Rechenzeitaufwand auszuwerten sind. Der geringere Rechenzeitaufwand liegt in der Art der Modellanalyse: mathematisch formulierte Gleichungssysteme, für deren Lösung effiziente Lösungsalgorithmen bereitstehen. Um die aus analytischen Modellen resultierenden Gleichungssysteme lösen zu können, sind jedoch vereinfachende Annahmen hinsichtlich Modellstruktur und -verhalten zu machen. Das bedeutet, daß analytisch auswertbare Modelle bei weitem nicht den Detaillierungsgrad aufweisen können, der bei Simulationsmodellen möglich ist. Dadurch sind die mit analytischen Modellen ermittelbaren Werte für die gesuchten Leistungsgrößen gegenüber Ergebnissen von Simulationsmodellen im Einzelfall auch weniger aussagekräftig.

Wie genau die Ergebnisse von analytischen Untersuchungen sein können, hängt vom jeweiligen Modell und Untersuchungsgegenstand ab. In der Literatur werden Abweichungen vom wirklichen Wert für die errechneten Durchsätze und Auslastungen von im Mittel 10 Prozent und für die errechneten Antwortzeiten von ca. 30 Prozent als erreichbar angegeben, vorausgesetzt, daß das entsprechende Modell sorgfältig geplant wurde [Lazowska 84].

Mit diesem Grad an erreichbarer Genauigkeit haben sich drei Einsatzfelder herausgebildet, auf denen analytische Verfahren verstärkt Anwendung finden:

- Vorfeld-Untersuchungen,
- Modellierung von E/A-(Teil-)Systemen,
- Kapazitätsplanung.

Vorfeld-Untersuchungen

In der Literatur gibt es zahlreiche Beispiele für den erfolgreichen Einsatz von Warteschlangenmodellen in den frühen Entwicklungsphasen neuer Rechnersysteme, wo diese Methoden helfen können, Einsicht in die Schlüsselfaktoren zu gewinnen, die die Leistungsfähigkeit eines neuen Rechnersystems bestimmen. Für System-Parameter, die diese Leistungsgrößen beeinflussen, kann der mögliche Spielraum geschätzt werden. Aus Vorfeld-Untersuchungen mit analytischen Modellen kann abgeleitet werden, für welche Systemteile tiefergehende Untersuchungen mittels Simulation erforderlich sind. Für die

Auswertungsläufe mit solchen Simulationsmodellen kann das analytische
Modell Aussagen bezüglich der Bandbreite der abzudeckenden Modell-Para-
meter liefern. Ein Beispiel für den Einsatz von analytischen Methoden für
Vorfeld-Untersuchungen gibt [Goyal 84].

Modellierung von E/A-(Teil-)Systemen

Eine der Schlüsselkomponenten, die die Leistungsfähigkeit von Rechnersystemen beeinflussen, ist das jeweilige E/A-System, das die Zugriffe auf
externe Speicher wie Plattenlaufwerke zu verarbeiten hat. Der Grund dafür
sind die starken Unterschiede in den Zugriffszeiten auf den Hauptspeicher
und die externen Speicher. Dieser Unterschied dürfte in Zukunft noch größer
werden, da die technologische Entwicklung immer schnellere Speicherkomponenten liefert, demgegenüber die mechanisch arbeitenden Externspei-
cher kaum noch Geschwindigkeitssteigerungen zulassen. Um E/A-Systeme
zu modellieren, werden häufig analytische Modelle verwendet. Auch für
dieses Einsatzgebiet gibt es zahlreiche Veröffentlichungen, z.B. [Brandwajn
83], [Lazowska 84], [Lavenberg 83], [Smith 86].

Kapazitätsplanung

Die Kapazitätsplanung ist eines der Haupteinsatzfelder der analytischen
Leistungsbewertung. Unter Kapazitätsplanung wird der Prozeß verstanden,
in dem zukünftige Anforderungen an Rechnersysteme ermittelt und Maßnahmen zu deren Befriedigung untersucht werden. Da in der Regel im
Modell zahlreiche Parameter zu berücksichtigen sind, die in der Realität die
Leistungsfähigkeit des untersuchten Systems mitbestimmen, sind sehr viele
Auswertungsläufe mit dem Modell notwendig, bis die „optimale Konfiguration" des zu untersuchenden Systems gefunden ist. Die günstigen Auswer-
tungszeiten von analytischen Modellen sind hier von Vorteil. Die mit Warteschlangenmodellen erzielbare Genauigkeit ist ausreichend, da auch die Vor-
aussagen bezüglich künftiger Anforderungsprofile mit Unsicherheiten be-
haftet sind. Für nähere Hinweise siehe [Buzen 86].

6.1.2   Modellierung mit Warteschlangenmodellen, berechenbare Leistungsgrößen

Die Entwicklung der Warteschlangentheorie begann bereits Anfang dieses
Jahrhunderts mit den Arbeiten von Erlang. Die Fortschritte der letzten fünf-
zehn Jahre auf diesem Gebiet machten den Einsatz der Methoden auch für
die Leistungsuntersuchung von Rechenanlagen möglich. Die praktische Einsetzbarkeit wurde durch drei wesentliche Ergebnisse ermöglicht:

- Beschreibung einer breiten Klasse von Warteschlangenmodellen, die eine mathematisch berechenbare Lösung besitzen, den *Warteschlangennetzen mit Produktformlösung*.
- Entwicklung effizienter und numerisch stabiler Algorithmen zur Analyse von Warteschlangennetzen mit Produktformlösung.
- Entwicklung effizienter Algorithmen für die approximative Lösung großer *Warteschlangennetze ohne Produktformlösung*.

In den folgenden Abschnitten werden die Eigenschaften von Warteschlangenmodellen mit und ohne Produktformlösung vorgestellt und einige bekannte Algorithmen und Verfahren angegeben. Zum besseren Verständnis der Technik wird die Art der Modellbildung detailliert betrachtet und die mit den Methoden erzielbaren Ergebnisse im einzelnen besprochen.

Modellbildung mit Warteschlangennetzen

Ein Warteschlangenmodell einer Rechenanlage besteht aus untereinander verbundenen *Wartesystemen* oder *Stationen*. Ein Wartesystem umfaßt eine *Warteschlange* und eine oder mehrere (identische) nebeneinander arbeitende *Bedieneinheiten*, die die an der Station ankommenden *Aufträge* „bearbeiten" (Bild 6.1). Stationen modellieren die erwähnten Ressourcen wie CPUs oder Terminals.
Die Eigenschaften einer Station werden durch eine Reihe charakteristischer Größen bestimmt:

- *Warteschlangendisziplin* (-strategie): Sie bestimmt den jeweils nächsten Job, der aus der Warteschlange zur Bedienung ausgewählt wird. Beispiele sind FCFS (First Come First Served) und PS (Processor Sharing).
- *Bedienzeit*: Sie gibt an, wieviel Zeit für die Bedienung eines einzelnen Auftrags aufgewendet wird. Die Bedienzeit wird als Zufallsgröße angesehen und durch eine Verteilungsfunktion ausgedrückt. Eine häufig verwendete Funktion ist die Exponentialverteilung.
- *Zwischenankunftszeit*: Sie bestimmt den Zeitabstand, in dem neue Aufträge an der Station eintreffen. Wie die Bedienzeit wird die Zwischen-

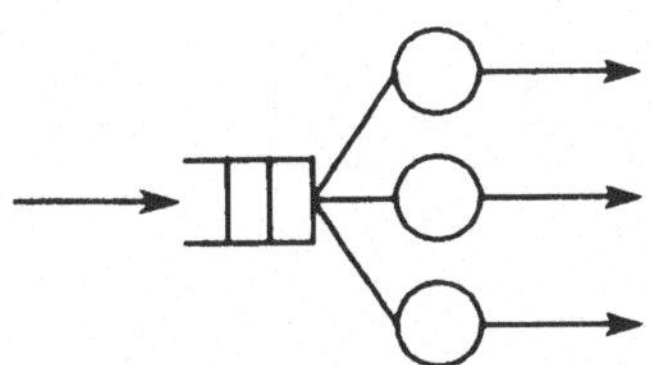

Bild 6.1: Station mit Warteschlange und
drei Bedieneinheiten

ankunftszeit als Zufallsgröße betrachtet und durch eine Verteilungsfunktion ausgedrückt.

Mit diesen charakteristischen Werten werden Stationen durch einen Ausdruck der Form A/B/m beschrieben. Dabei gibt A die Verteilungsfunktion der Zwischenankunftszeiten, B die Verteilungsfunktion der Bedienzeiten und m die Anzahl der parallel arbeitenden Bedieneinheiten an. Ein sehr häufig anzutreffendes Beispiel ist das M/G/1-System (M wie Markov, G wie general). Die Angabe „Markov" bedeutet, daß die Zwischenankunftszeiten exponentiell verteilt sind. Die Bedienzeiten können einer beliebigen Verteilungsfunktion entsprechen, es ist eine Bedieneinheit vorhanden .

Warteschlangenmodelle sind Netze aus einzelnen Stationen, die durch *Übergänge* miteinander verbunden sind. Dabei werden die Übergänge durch *Übergangswahrscheinlichkeiten* spezifiziert. Das bedeutet, daß auch der Weg der Aufträge im Modell als Zufallsgröße betrachtet und durch die Wahrscheinlichkeiten ausgedrückt wird, mit der sie nach Bearbeitung durch eine Station auf die einzelnen anderen Stationen überwechseln. Dabei sind beliebige Übergänge möglich, auch die direkte Rückkopplung einzelner Stationen. Zwei Typen von Warteschlangenmodellen werden unterschieden: *offene* und *geschlossene Warteschlangennetze.*

Ein offenes Netz liegt vor, wenn einerseits von außen neue Aufträge in das Netz eintreten und andererseits Aufträge das Netz verlassen können. In solchen Netzen gibt es zu den üblichen Stationen dann noch *Quellen* und *Senken* (Quellen „erzeugen" in spezifizierten Abständen neue Aufträge und führen sie in das Netz ein, Senken „vernichten" ankommende Jobs). Geschlossene Netze liegen vor, wenn die Zahl der im Modell zirkulierenden Jobs konstant bleibt und keine Zu- oder Abgänge von oder nach außen möglich sind. Geschlossene Modelle erscheinen auf den ersten Blick wenig realitätskonform, modellieren den zu untersuchenden Sachverhalt aber oftmals sehr gut. Ein Beispiel ist das Modell einer Rechneranlage zur Bearbeitung von Batch-Jobs. In der Realität wird jeweils nach Abschluß eines Auftrags ein neuer angenommen, d.h. die Zahl der insgesamt bearbeiteten Auf-

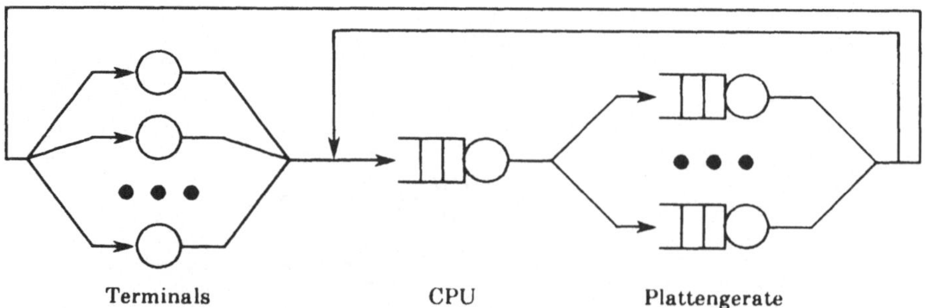

Bild 6.2: Geschlossenes Warteschlangenmodell: „Central-Server-Modell"

träge bleibt gleich und damit auch das Anforderungsprofil an die Anlage.
Diese Situation wird durch ein geschlossenes Warteschlangennetz befriedigend modelliert.

Bild 6.2 zeigt ein Beispiel eines geschlossenen Warteschlangenmodells,
das in der Literatur mit leichten Abwandlungen immer wieder angesprochen
wird, ein sogenanntes „Central-Server-Modell".

Leistungsgrößen, die mit analytischen Verfahren berechnet werden können

Die Leistungsmerkmale, die mit analytischen Verfahren für Warteschlangenmodelle berechnet werden können, ergeben sich aus den Merkmalen, die
für die einzelnen Stationen bestimmt werden können. Die wesentlichen
Angaben sind:

- Die *Zustandswahrscheinlichkeiten* einer Station sind deren wichtigstes
  Merkmal, aus denen auch alle im folgenden angegebenen Größen abgeleitet werden können. Die Zustandswahrscheinlichkeiten drücken (pro
  Auftragszahl) aus, mit welcher Wahrscheinlichkeit eine bestimmte Zahl
  von Jobs im Knoten vorhanden ist. Alle analytischen Verfahren sind
  letztendlich Methoden zur Berechnung der Zustandswahrscheinlichkeiten, obwohl einige Algorithmen auf deren explizite Bestimmung ver-
  zichten können.
- Die *Auslastung* (*utilization*, Belegungsfaktor, Ausnutzung) gibt an, welchen Bruchteil der Gesamtzeit eine Station durch Jobs belegt wird, d.h.
  wann mindestens ein Auftrag in der Station vorhanden ist.
- Der *Durchsatz* (*throughput*) drückt aus, wie viele Aufträge im Mittel pro
  Zeiteinheit abgefertigt werden. Bei einem System im Gleichgewicht muß
  dieser Wert folglich gleich groß sein wie die Ankunftsrate der Aufträge.
- Die *Wartezeit* drückt aus, wie lange Aufträge im Mittel in der Warteschlange eingereiht bleiben müssen, bis sie bedient werden können.
- *Die Auftragszahl* (*population*) gibt an, wie viele Aufträge im Mittel in
  einer Station (Warteschlange und Bedienung) vorhanden sind.

Die Größen mittlere Wartezeit, Auftragszahl, Durchsatz und mittlere Warteschlangenlänge stehen nach dem sogenannten *Gesetz von Little* (Auftragszahl = Durchsatz × Verweilzeit [Little 61]), das für die Warteschlangentheorie von zentraler Bedeutung ist, miteinander in Beziehung.

6.1.3   Warteschlangenmodelle mit Produktformlösung

Für eine beschränkte Klasse von Modellen, den *Warteschlangennetzen mit
Produktformlösung*, ist es möglich, die oben angegebenen Leistungsgrößen
exakt zu berechnen. Die Existenz einer Produktformlösung bedeutet, daß die
im Gleichgewichtszustand eines Warteschlangennetzes gültigen Zustandswahrscheinlichkeiten des Gesamtsystems als Produkt der Zustandswahr-

scheinlichkeiten der einzelnen Stationen ausgedrückt werden können. Diese
Eigenschaft bringt den Vorteil, den Zustand des Gesamtsystems durch Analyse der einzelnen Stationen berechnen zu können. Die Existenz von Netzen
mit Produktformlösung wurde 1963 von Jackson [Jackson 63] nachgewiesen.
In einem grundlegenden Artikel wurde 1975 die bis dahin vorliegende
Theorie von Baskett et al. auf Netze mit Stationen nichtexponentieller
Bedienzeitverteilungen, verschiedenen Warteschlangenstrategien und un-
terschiedlichen Auftragsklassen wesentlich erweitert [Baskett 75]. In Anleh-
nung an die Namen der Autoren wird die Klasse der dort beschriebenen
Netze seither als vom *BCMP-Typ* bezeichnet. Die Klasse von Netzen, für die
Produktformlösungen bekannt sind, konnte seither nicht mehr wesentlich
erweitert werden. Die wichtigsten Eigenschaften von BCMP-Netzen sind:

- Unterschiedliche Klassen von Aufträgen mit verschiedenen Bedienanfor-
  derungen an die Stationen sind zugelassen. Aufträge können die Klasse
  wechseln.
- Es können offene, geschlossene und gemischte Netze (Abschnitt 6.1.2) bearbeitet werden. Im gemischten Fall sind offene und geschlossene Ketten
  von Aufträgen vorhanden.
- Als Bedien-Strategien sind FCFS, PS, LCFS, LCFSPR und IS zugelassen.
  (Die Bedeutung der Abkürzungen ist dem Abkürzungsverzeichnis im Anhang zu entnehmen)
- Für die Strategien IS, PS und LCFSPR sind beliebige Bedienzeitvertei-
  lungsfunktionen möglich. Für FCFS-Stationen muß die Bedienzeit exponentiell verteilt sein, und alle Aufträge müssen die gleiche mittlere
  Bedienanforderung haben.

Für die Berechnung exakter Leistungskenngrößen für Netze mit Produktformlösung sind zahlreiche Algorithmen bekannt, wobei die meisten auf
einem der folgenden Grundtypen aufbauen:

- Convolution-Algorithmus (Faltungs-Algorithmus),
- Mittelwertanalyse (mean value analysis),
- LBANC-Algorithmus (local balance algorithm for normalizing constants),
- CCNC-Algorithmus (coalesce computation of normalizing constants).

Convolution-Algorithmus

Der 1971 von Buzen vorgeschlagene und 1978 von Reiser verfeinerte
Convolution-Algorithmus ist der einzige der hier angegebenen Algorithmen,
der auf die volle Klasse der Produktformnetze angewendet werden kann
[Buzen 73], [Reiser 78]. Bei den Berechnungen sind Iterationen über die
Anzahl der Stationen und die Anzahl der in jeder Station vorhandenen Aufträge notwendig. Wenn die in größerem Umfang anfallenden Zwischenergebnisse gespeichert und nicht in jedem Schritt neu berechnet werden
sollen, so sind die Speicheranforderungen dieser Methode hoch. Für Netze

mit allgemeinen, lastabhängigen Bedienraten und mehreren Auftragsklassen sind die Speicheranforderungen jedoch die günstigsten aller vier Algorithmen. Für feste Bedienraten weist dieser Algorithmus relativ schlechte numerische Stabilität auf. Für lastabhängige Bedienraten ist die numerische Stabilität jedoch besser als bei den anderen Methoden. Der Implementierungsaufwand ist im Vergleich zu den anderen Algorithmen am höchsten.

Tabelle 6.1: Exakte Lösungsalgorithmen für Warteschlangennetze mit Produktformlösung

Algorithmus	Anwendungsmoglichkeiten	Rechenzeitaufwand	Speicherplatzanforderungen	numerische Stabilität	Implementierungsaufwand
Convolution Algorithmus	volle Klasse der Produktformmodelle	gering	für einfache Falle relativ hoch, für Netze mit variablen Bedienraten gunstig	bei festen Bedienraten relativ schlecht, bei variablen Bedienraten günstig	vergleichsweise aufwendig
MittelwertAnalyse	variable Bedienraten dürfen nur von der Warteschlangenlange abhängen	gering	solange feste Bedienraten vorliegen günstig, bei hoher Kettenzahl und großen Netzen u.U. sehr hoch	bei festen Bedienraten und extremen Parameterwerten sehr gut, bei variablen Bedienraten ungünstig	gering
LBANC	variable Bedienraten dürfen nur von der Warteschlangenlänge abhängen	sehr gering	für feste Bedienraten günstig, bei hoher Kettenzahl und großen Netzen teilweise sehr ungünstig	sehr unstabil für extreme Parameterwerte	gering
CCNC	nur für Netze aus Stationen mit nur einer Bedieneinheit	gering	sehr günstig für Netze mit sehr großen Knotenzahlen	gut	gering

Mittelwertanalyse

Der von Reiser und Lavenberg entwickelte Algorithmus [Reiser 80] ist der einzige, der die gewünschten Leistungsgrößen ohne explizite Berechnung der sogenannten *Normalisierungskonstanten* liefert (die Normalisierungskonstante ist ein Wert, der die Summe aller Zustandswahrscheinlichkeiten eines Warteschlangennetzes auf den Wert 1 bringt). Diese Methode wurde zuerst nur für geschlossene Netze entwickelt, ist mittlerweile jedoch für die Anwendung auf eine breitere Netzklasse erweitert worden [Sauer 83]. Wenn keine lastabhängigen Bedienraten zu berücksichtigen sind, hat die Methode sehr geringe Speicherplatzanforderungen, im anderen Fall können diese jedoch extrem hoch sein. Für Stationen mit fester Bedienrate ist der Algorithmus numerisch äußerst stabil. Das Verfahren ist einfach zu implementieren.

LBANC-Algorithmus

Der LBANC-Algorithmus von Chandy und Sauer [Chandy 80] ist aus der Mittelwertanalyse abgeleitet und dieser sehr ähnlich. Der Algorithmus erfordert jedoch die Berechnung der Normalisierungskonstanten, und nicht alle Klassen von Netzen können behandelt werden. Trotz der Ähnlichkeit zur Mittelwertanalyse ist dieser Algorithmus numerisch wesentlich weniger stabil. Für extreme Parameterwerte des Warteschlangennetzes können die Berechnungen daher scheitern. Die Speicherplatzanforderungen sind gering, die Implementierung ist einfach.

CCNC-Algorithmus

Die Anwendung dieses Verfahrens [Chandy 80] beschränkt sich auf Netze mit Stationen mit nur einer Bedieneinheit. Bei großer Stationszahl hat dieser Algorithmus von den vorgestellten die geringsten Speicherplatzanforderungen. Die Implementierung ist einfach.

Insgesamt hat keiner der vorgestellten Algorithmen bezüglich der Kriterien Allgemeinheit in der Anwendung, Rechenzeitaufwand, Speicherplatzanforderungen, numerische Stabilität und Implementierungsaufwand klare Vorteile gegenüber den anderen. Da unter bestimmten Anforderungen jeder der Algorithmen Vor- bzw. Nachteile zeigt, werden sie in der Praxis häufig miteinander gekoppelt. Für eine genauere Darstellung der Algorithmen, auch in programmiersprachlicher Form, siehe [Lavenberg 83], [Müller 85], [Sauer 81], [Lazowska 84]. Die wichtigsten Eigenschaften der Algorithmen sind in Tabelle 6.1 zusammengefaßt.

Obwohl der Rechenzeitaufwand für die oben angegebenen Algorithmen i.a. recht günstig ist, kann er bei bestimmten Modellen auch extrem hoch werden. Für solche Fälle gibt es spezielle Algorithmen (siehe z.B. [Lam 83]) und auch verschiedene Verfahren zur approximativen Bestimmung der gesuchten Leistungsgrößen. Beispiele sind die sogenannten „performance bounds"-Verfahren (z.B. [McKenna 82]) und die approximative Mittelwertanalyse von Bard und Schweitzer.

6.1.4   Warteschlangenmodelle ohne Produktformlösung

Die im letzten Abschnitt vorgestellten Algorithmen können in der Praxis häufig nicht angewendet werden, wenn Eigenschaften von Systemen modelliert werden müssen, die zu Warteschlangenmodellen führen, für die keine Produktformlösung existiert. Beispiele für Merkmale von Rechnersystemen, die zu Netzen ohne Produktform führen, wenn sie in ein Warteschlangenmodell mit einbezogen werden, sind:

- *Gleichzeitiges Belegen von Ressourcen*: Ein Auftrag braucht für seine Bearbeitung gleichzeitig mehrere verschiedene Betriebsmittel, z.B. CPU und Speicherplatz. Der Auftrag muß warten, bis er alle Betriebsmittel erhalten hat, nach einem oder mehreren Bearbeitungsschritten werden die Ressourcen dann wieder freigegeben.
- *Blockierung*: Aufträge können Warteschlangen nicht betreten, da deren Warteraum ausgeschöpft ist. Es entsteht ein Rückstau auf andere Knoten, oder die eintreffenden Aufträge gehen verloren.
- *Unteraufträge*: Ein Auftrag wird in mehrere Unteraufträge aufgespalten, die anschließend gleichzeitig weiterbearbeitet werden. Beispiel: E/A-Aktivitäten parallel zur Bearbeitung eines Prozesses.
- *Verteilungsfunktionen und Warteschlangendisziplinen*: Nichtexponentielle Bedienzeitverteilungen in Verbindung mit der FCFS-Strategie ergeben keine Produktformlösung. Werden in diesem Fall näherungsweise Exponentialverteilungen angenommen, kann dies zu starken Verzerrungen der Ergebnisse führen. Nicht modellierbar sind Warteschlangenstrategien, die auf Prioritätsvergabe beruhen.
- *Routing*: In der Praxis ist es wünschenswert, die Übergangswahrscheinlichkeiten zwischen Knoten nicht fix zu halten, sondern vom Netzzustand abhängig zu machen.

Aus der Literatur sind verschiedene Beispiele bekannt, wo Warteschlangennetze ohne Produktformlösung näherungsweise analysiert wurden. Meist war dafür jedoch ein relativ hohes Maß an individueller Bearbeitung der entsprechenden Modelle oder der angewendeten Verfahren notwendig. Allgemein verwendbare Algorithmen und Werkzeuge für Warteschlangenmodelle ohne Produktformlösung existieren nur in geringem Umfang. Im folgenden werden einige Ansätze vorgestellt, mit denen solche Warteschlangenmodelle behandelt werden können. Ein weiterer Ansatz, der hier aber nicht weiter behandelt wird, ist die *Operationelle Analyse* [Denning 78]. Hierbei werden meßbare Größen von Warteschlangennetzen miteinander in Beziehung gesetzt, aber nicht als Zufallsvariable aufgefaßt.

Iterative Verfahren

Die vom Ansatz her einfachsten Methoden, um Netze ohne Produktformlösung zu analysieren, sind die sogenannten *numerischen Verfahren*. Ansatz-
punkt der Methoden ist die Tatsache, daß viele Modelle als Markov-Ketten
mit endlichem Zustandsraum beschrieben werden können. Die Grundidee
ist, ein Gleichungssystem über alle möglichen Zustände des Modells aufzu-
stellen und über dessen Lösung die Gleichgewichts-Zustandswahrscheinlich-
keiten des Modells zu ermitteln. Da die resultierenden Gleichungssysteme
für realistische Beispiele sehr groß sein können, scheitert die direkte Lösung,
etwa mit dem Gauß-Seidel-Algorithmus. Aus diesem Grund werden Itera-
tionsverfahren verwendet, die sich ausgehend von einem Startwert für die
Zustandswahrscheinlichkeiten des Modells im Gleichgewicht der Lösung
schrittweise annähern und abbrechen, wenn vorgegebene Toleranzgrenzen
erreicht sind.

Die Theorie, die diesen Methoden unterliegt, ist einfach und die Bearbeitung einer breiten Klasse von Modellen möglich. Im praktischen Einsatz
ergeben sich jedoch Probleme. Einerseits ist es überhaupt schwierig, den entsprechenden Zustandsraum zu definieren (evtl. mehr als 100000 Zustände
bei großen Modellen), andererseits müssen die Übergangswahrscheinlichkeiten zwischen diesen Zuständen bestimmt werden. Bei der Lösung der entstehenden Gleichungssysteme treten Probleme mit der numerischen Stabilität
auf.

Diffusionsapproximation

Die Diffusionsapproximation [Kobayashi 74a], [Kobayashi 74b] ist ein
Verfahren, bei dem die Theorie der Diffusionsprozesse auf die Analyse von
Warteschlangennetzen angewendet wird. Dabei werden die diskreten Prozesse der Stationen (Anzahl der Aufträge in den Stationen ist ganzzahlig)
durch kontinuierliche Prozesse ersetzt. Über die Lösung des kontinuierlichen
Systems und die Diskretisierung der errechneten „Dichtefunktion" werden
die Zustandswahrscheinlichkeiten der Stationen näherungsweise ermittelt.

Die Diffusionsapproximation kann für offene und geschlossene Netze mit
beliebigen Verteilungen der Bedien- und Zwischenankunftszeiten eingesetzt
werden. Genaue Ergebnisse werden jedoch nur für Netze mit hoher Auftrags-
last geliefert, was häufig zumindest für einzelne Stationen im Netz nicht der
Fall ist. Die Theorie, die dem Verfahren unterliegt, gilt als schwierig, die
Modelle führen bisweilen auf partielle Differentialgleichungssysteme, die
dann ihrerseits nicht ohne weiteres gelöst werden können.

Dekompositionsverfahren

Mit *Dekompositionsverfahren* wird ein zu bearbeitendes Modell in Teilmodelle zerlegt, die dann unabhängig voneinander gelöst werden. Die Teil-

ergebnisse werden anschließend wieder zu einer approximativen Lösung des Gesamtsystems zusammengeführt (aggregiert). Aus der Literatur sind zwei unterschiedliche Ansätze bekannt: Verfahren, die auf dem „Theorem von Norton" aufsetzen, und Verfahren für „schwach gekoppelte Teilnetze".

Tabelle 6.2: Approximative Verfahren für Warteschlangennetze ohne Produktformlösung

Algorithmus	Anwendungsmöglichkeiten	Grenzen
numerisch iterative Verfahren	geeignet für Netze mit kleiner Zahl von Stationen und Aufträgen; beliebige Netze sind analysierbar, sofern eine Darstellung als Markov-Kette existiert	bei großen Netzen extrem hoher Aufwand für Speicherplatz und Rechenzeit, bei großen Netzen numerisch instabil
Diffusionsapproximation	Netze mit beliebigen Ankunfts- und Bedienzeitverteilungen können behandelt werden	nur Stationen mit einzelnen Bedieneinheiten können modelliert werden, nicht auf Netze mit verschiedenen Auftragsklassen anwendbar; nur für Netze mit starker Auftragslast geeignet
Norton's Theorem Verfahren	exakte Ergebnisse für Netze mit Produktformlösung, gut mit Iterationsverfahren zu kombinieren; Blockadesituationen und Unteraufträge sind modellierbar	sehr aufwendig für Netze mit großer Knotenzahl
Verfahren für schwach gekoppelte Teilnetze	alle Netze mit Darstellung als Markov-Kette können behandelt werden, reduzierter Aufwand bei Lösung der entsprechenden Gleichungssysteme	für große Netze sehr aufwendig
approximative Erweiterung von Produktform-Algorithmen	gegenüber den exakten Ausgangsverfahren stark verminderter Aufwand an Speicherplatz und Rechenzeit, besonders bei mehreren Auftragsklassen	Ergebnisse sind nur für Netze mit großer Auftragszahl brauchbar

(1) *Norton's-Theorem-Verfahren* benutzen eine Anwendung von Theorien elektrischer Netzwerke auf Warteschlangenmodelle. Für Netze mit Produktformlösung liefern die Algorithmen exakte, anderweitig approximative Ergebnisse. Häufig wird dieser Ansatz in Verbindung mit iterativen Verfahren verwendet. Die Vorgehensweise besteht darin, einen Teil des Gesamtnetzes durch eine einzige, „flußäquivalente" Station zu repräsentieren. Damit ist gemeint, daß der Durchsatz durch die Station dem des ersetzten Teilmodells entspricht. Wenn ein Netz so zerlegt wird, daß alle Stationen bis auf eine Station A zusammengelegt und durch eine Station B ersetzt werden, erhält man ein neues Modell mit lediglich zwei Stationen, das jetzt leicht analysiert werden kann und Ergebnisse für die Station A liefert. Durch wiederholtes Anwenden der Vorgehensweise werden nach und nach die Ergebnisse für alle Stationen des Modells erzeugt. Bei Netzen mit Produktformlösung sind die Einzelergebnisse konsistent, bei den anderen müssen sie in einem iterativen Prozeß angepaßt werden.

(2) *Verfahren für schwach gekoppelte Teilnetze* versuchen, Teilmodelle so zu identifizieren, daß Aktivitäten zwischen diesen Teilmodellen gegenüber den Aktivitäten innerhalb fast zu vernachlässigen sind. Diese Situation trifft auf viele Modelle zu. Dieser Ausgangspunkt bildet die Grundlage für die Anwendung der „Theorie der fast vollständig zerlegbaren Systeme" auf Warteschlangenmodelle [Courtois 77]. Die Modelldarstellung erfolgt analog der Darstellung bei Einsatz numerischer Verfahren in Form eines Gleichungssystems. Für den Einsatz der Methode stehen mathematisch formulierte Kriterien über den Grad der Kopplung der Teilnetze zur Verfügung, die Aussagen bezüglich der Einhaltung tolerierbarer Fehlerschranken liefern. Der Vorteil des Verfahrens liegt darin, daß die für die Analyse des Gesamtnetzes notwendige Lösung eines großen linearen Gleichungssystems durch die Lösung mehrerer kleinerer Gleichungssysteme ersetzt wird. Hauptnachteil ist wie bei den oben erwähnten Verfahren die Notwendigkeit, den vollständigen Zustandsraum des untersuchten Modells festzulegen.

Approximative Erweiterungen von Algorithmen für
Modelle mit Produktformlösung

Für einige der Algorithmen, die für die Lösung von Modellen mit Produktformlösung angegeben wurden, gibt es Modifikationen, die einen weitergehenden Einsatz ermöglichen, aber als noch wenig theoretisch untersucht gelten. Möglich ist hier beispielsweise die FCFS-Warteschlangendisziplin in Verbindung mit nichtexponentiell verteilter Bedienzeit. Die approximativen Algorithmen brauchen wesentlich weniger Speicherplatz als die exakten Vorbilder. Ein Nachteil der Erweiterungen ist, daß Stationen mit mehreren Bedieneinheiten i.a. nicht behandelt werden können.

6.2 Simulation

Simulation ist eine vielseitige und deshalb sehr häufig eingesetzte Methode zur Ermittlung der Leistungsgrößen von Rechnersystemen. Im Gegensatz zu analytischen Methoden (Abschnitt 6.1) gibt es hier keinerlei Beschränkungen hinsichtlich der modellierbaren Eigenschaften des zu untersuchenden Systems. Simulationsmodelle erlauben theoretisch einen beliebigen Detaillierungsgrad, begrenzt nur durch die Ressourcen des verwendeten Rechners. Das bedeutet, daß mit Simulationsmodellen auch äußerst komplizierte Sachverhalte untersucht werden können. Aus diesem Grund ist die Simulation oft die einzige Möglichkeit, wenn Leistungsuntersuchungen von Rechnersystemen durchgeführt werden sollen.

In den folgenden Abschnitten werden einige Vor- und Nachteile der Simulation gegenüber analytischen Verfahren angegeben, der Begriff „Simulation" geklärt und die wesentlichen Komponenten von Simulatoren besprochen. Nach der Vorstellung unterschiedlicher Typen von Simulationsmodellen werden die Schritte in der Durchführung von Simulationsuntersuchungen angegeben und die Hilfsmittel für die Modellbildung erläutert.

6.2.1 Simulation versus analytische Verfahren

Die Vorteile der Simulation, im Vergleich zu den oben behandelten analytischen Methoden, sind:

- Beliebig komplexe Eigenschaften von Rechnersystemen können modelliert und untersucht werden.
- Ergebnisse sind (theoretisch) mit beliebigem Grad an Detaillierung und Exaktheit zu erzeugen, wohingegen analytische Verfahren i.a. nur Mittelwerte liefern.
- Mit Simulation können auch transiente Arbeitsphasen eines Rechners untersucht werden (z.B. das „Hochfahren" bzw. Einschwingen einer Anlage nach dem Einschalten). Analytische Verfahren liefern nur Aussagen für Systeme im Gleichgewichtszustand.

Den eben genannten Vorteilen stehen jedoch auch Nachteile gegenüber:

- Erhöhter Zeitaufwand für Aufbau und Validierung der Modelle.
- Gegenüber analytischen Modellen stark erhöhter Aufwand an Rechenzeit für die Durchführung von Auswertungsläufen mit dem Modell.
- Notwendigkeit der Auswertung bzw. Nachbearbeitung der mit Simulationsläufen erzeugten Ergebnisdaten.

6.2.2 Simulation zur Leistungsuntersuchung

Die Ermittlung von Eigenschaften (z.B. Engpässe bei bestimmten Anwendungen) und charakteristischen Größen (z.B. die durchschnittliche Länge von Systemwarteschlangen) eines Rechnersystems mittels Simulation fußt auf einer Technik, die grundsätzlich verschieden ist von der, die bei analytischen Verfahren zum Einsatz kommt. Wo dort charakteristische Größen eines Systems über mathematisch formulierte Zusammenhänge direkt aus der Modellbeschreibung „abgelesen" werden können, müssen diese hier durch das Nachvollziehen von *Abläufen* des realen Systems anhand des Modells und dessen Beobachtung herausgefunden werden. Die Durchführung eines Laufs mit einem Simulationsmodell wird als Experiment bezeichnet. Simulation heißt dann:

> „Beantwortung einer Fragestellung an ein reales oder zu entwerfendes System mit Hilfe von Experimenten, die mit einem Modell dieses Systems durchgeführt werden"

Abläufe in einem Modell setzen das Verstreichen von „Zeit" voraus. Das bedeutet unmittelbar, daß in Simulationsmodellen das zeitliche Verhalten des realen Systems nachgebildet werden muß. Die Art und Weise, wie das Verstreichen von Zeit in einem Simulationsmodell behandelt wird, bestimmt den Typ des Modells. Grundsätzlich werden zwei Typen von Simulationsmodellen unterschieden: *Kontinuierliche Modelle* und *diskrete Modelle*.

Kontinuierliche Modelle erlauben den gleichförmigen, kontinuierlichen Ablauf der Zeit. Das bedeutet, daß der *Zustand* (*state*) eines Modells zu jedem beliebigen Zeitpunkt erklärt und definiert ist. Modelle mit kontinuierlicher Zeitskala werden vor allem für die Darstellung von physikalischen Vorgängen eingesetzt und durch Systeme von Differentialgleichungen beschrieben. Für die Leistungsuntersuchung von Rechnermodellen kommt dieser Modelltyp nicht zum Einsatz.

Für die Leistungsuntersuchung werden sogenannte diskrete Simulationsmodelle (*discrete event modeling*) herangezogen. Der Begriff „diskret" bezieht sich auf die im Modell berücksichtigte Zeitskala. Nur zu einzelnen Zeitpunkten in einem Zeitintervall, das die Länge eines Simulationslaufs (Experiments) bestimmt, können Veränderungen des Modellzustands eintreten. Zustandsveränderungen des Modells werden durch *Ereignisse* (*events*) ausgelöst. In der Zeitspanne zwischen zwei aufeinanderfolgenden Ereignissen bleibt der Modellzustand unverändert. Die Darstellung der Ereignisfolgen und deren Auswirkungen ist somit die wesentliche Aufgabe bei der Modellierung für simulative Leistungsuntersuchungen.

6.2.3   Komponenten eines Simulators

Jeder Simulator - das ablauffähige Programm, das das Modell des untersuchten Systems realisiert - braucht notwendigerweise einige Grundkomponenten, die die Durchführung von Experimenten erst ermöglichen:

- Komponente zur Realisierung des Systemmodells.
- Komponente zur Realisierung des Lastmodells.
- Komponente zur Verwaltung der Modellzeit.

● Komponente zur Beobachtung und Auswertung der durchgeführten Experimente.

Die hier angegebenen „Komponenten" sind zwar in jedem Simulator enthalten, aber nicht notwendigerweise als explizit getrennte Softwaremodule im Sinn einer Programmiersprache.

Systemkomponente

Die Darstellung eines realen Systems in einem diskreten Simulationsmodell bedeutet implizit eine Beschreibung aller möglichen Zustände, die das Modell annehmen kann, und der möglichen Übergänge zwischen den Modellzuständen. Da die Übergänge zwischen den Modellzuständen durch Ereignisse ausgelöst werden, ist die Beschreibung der Wirkung der einzelnen möglichen Ereignisse die wesentliche Aufgabe in der Beschreibung des Systemmodells. Es wird darauf hingewiesen, daß die einzelnen Zustände und Ereignisse des Systemmodells in der Modellbeschreibung nicht unbedingt explizit zu erkennen sind, vor allem wenn dafür eine Simulationssprache verwendet wird. Jede Modellbeschreibung enthält aber eine Reihe von sogenannten *Zustandsvariablen*, die gemeinsam den möglichen Zustandsraum beschreiben.

Lastkomponente

Wie oben erwähnt, werden Veränderungen des Modellzustands durch Ereignisse ausgelöst. Damit Ereignisse überhaupt erst auftreten können, ist ein dafür geeigneter „Erzeuger" notwendig. Primär wird die Erzeugung von Ereignissen, die den Ablauf des Modells beeinflussen, von der *Simulationslast* geleistet. Die Simulationslast modelliert dabei die Belastung, d.h. die realen Anforderungen an das reale System. Simulationslast kann in unterschiedlichster Ausprägung formuliert sein. Sie kann z.B. ein reales Programm modellieren, das auf einem Prozessor zum Ablauf kommen soll, oder eine Folge von Benutzereingaben an einer Datensichtstation, durch die die Ausführung von Betriebssystem-Operationen initiiert wird. Die Darstellung der Simulationslast ist nicht immer klar von der Darstellung des Systemmodells getrennt, da die Last nicht immer die einzige Komponente ist, die Ereignisse auslöst. Durch die Last werden Abläufe im Systemmodell angestoßen, die ihrerseits unmittelbar neue Ereignisse verursachen.

Für die Darstellung von Simulationslasten existieren keine allgemeingültigen Methoden oder Richtlinien. Es gilt jedoch als günstig, das Modell des untersuchten Systems vom Modell der Last möglichst zu trennen, z.B. um auf einfache Weise verschiedene Lastmodelle mit einem Systemmodell zum Ablauf zu bringen.

Verwaltung der Modellzeit

Die im Ablauf eines Modells auftretenden Ereignisse müssen zeitlich geord-
net sein. Dies setzt eine Komponente des Simulators voraus, die die zeitliche
Abfolge kontrolliert und die einzelnen Ereignisse verwaltet. Wenn zur Simulation eine spezielle Simulationssprache verwendet wird, wird diese Komponente durch das entsprechende *Laufzeitsystem* realisiert.

Zur Verwaltung von Zeit und Ereignissen existiert in der Regel eine
geordnete Liste, in die die zu verarbeitenden Ereignisse entsprechend ihrer
zeitlichen Reihenfolge eingeordnet werden. Das nächste zu bearbeitende
Ereignis ist dann jeweils das mit dem niedrigsten Zeiteintrag.

Ein Problem, das mit der Verwaltung der Zeit bei diskreten Modellen verbunden ist, ist die Behandlung von „gleichzeitig" auftretenden Ereignissen.
Die Einordnung solcher Ereignisse in die *Ereignisliste (Kalender)* muß mit
Sorgfalt erfolgen, um den weiteren Ablauf des Modells entsprechend den Vor-
stellungen des Modellierers zu ermöglichen. In verschiedenen Simulationssprachen können vom Modellierer verschiedene Ordnungskriterien zur Auflösung der Gleichzeitigkeit von Ereignissen angegeben werden (z.B. Prioritäten).

Die Organisation der Ereignisliste ist ein zentraler Aspekt, der die
Geschwindigkeit eines Simulators beeinflußt, da auf sie im Ablauf des
Modells sehr häufig Zugriffe nötig sind. In der Literatur gibt es ausführliche
Darstellungen bezüglich der Auswahl günstiger Datenstrukturen für Ereig-
nislisten und der Formulierung effizienter Zugriffsalgorithmen zu deren
Manipulation. Für einen Überblick siehe z.B. [Henriksen 83].

Beobachtung und Auswertung

Wie unter 6.2.2 erwähnt, werden bei der Simulation Rückschlüsse vom
Modell auf das reale System über die Durchführung von Experimenten
getroffen. Dies setzt voraus, daß der Ablauf der Modelle beobachtet wird.
Neben der prinzipiellen Schwierigkeit zu entscheiden, was wann beobachtet
werden soll, stellt sich das Problem der effizienten technischen Durchführung. Die Beobachtung des Ablaufs von Modellen hat eine gewisse Ähnlichkeit mit der Messung (Monitoring) von realen, in Betrieb befindlichen
Systemen. Die Modellbeobachtung gliedert sich in zwei Teilaufgaben:

- Erfassung von Werten im Ablauf des Modells,
- Erzeugung der gewünschten Größen aus den aufgenommenen Daten.

Die Erfassung von Werten bedeutet schlicht das Ablesen und Sammeln von
Werten, die von den Zustandsvariablen des Modells im Verlauf von Experi-
menten nacheinander angenommen werden. Diese Werte sind aber in der
Regel in der Rohform nicht brauchbar, da die umfangreichen Datenmengen
nicht einfach zu interpretieren sind. Das bedeutet, daß die gesammelten
Datenströme weiterverarbeitet und zu aussagekräftigen Größen verdichtet

werden müssen. Hier bieten sich zwei Möglichkeiten: Zum einen können die
verschiedenen Werte, die eine Zustandsvariable zu unterschiedlichen Zeitpunkten annimmt, als *Zeitreihe* abgespeichert werden, zum anderen können
diese Werte unmittelbar weiterverarbeitet werden. Beide Vorgehensweisen
haben spezifische Vor- und Nachteile. Bei der Abspeicherung der anfallenden
Zeitreihen fallen u.U. sehr umfangreiche Datenmengen an, die anschließend
verwaltet werden müssen. Die direkte Weiterverarbeitung ist teilweise
schwierig oder unmöglich, wenn Resultate erzeugt werden sollen, die das
Mischen von Werten unterschiedlicher Zeitreihen voraussetzen.

6.2.4 Typen von diskreten Simulationsmodellen

Die Art und Weise, wie eine Last (Abschnitt 6.2.3) das Verhalten eines
Modells beeinflußt, führt zur Unterscheidung von zwei grundsätzlichen
Typen von diskreten Simulationsmodellen:

- *Deterministische Simulationsmodelle*: Dies ist eine Modellklasse, bei der
  die Erzeugung der Ereignisse deterministisch erfolgt. Das bedeutet, daß
  ein Ereignis im Modell exakt vorhersehbare Folge-Ereignisse auslöst, die
  zu Zeitpunkten erfolgen werden, die ebenfalls exakt bestimmbar sind. Allgemein wird diese Art der Modellierung für detaillierte Untersuchungen
  auf niedrigem Abstraktionsgrad verwendet.
- *Stochastische Simulationsmodelle*: Dies ist die „typische" Form der
  Modellbildung für Leistungsuntersuchungen von Rechnersystemen. Die
  Ereignisfolge des Modellablaufs wird hier durch Verteilungsfunktionen
  (und damit durch Folgen von Zufallszahlen) bestimmt. Wahrscheinlich-
  keitswerte, die vorgegebenen Verteilungsfunktionen genügen, werden
  verwendet, um beispielsweise Bedienzeiten anzugeben oder das Routing
  von Aufträgen oder Botschaften im Modell zu steuern.

Im folgenden werden beide Modelltypen näher betrachtet und einige Ein-
satzgebiete angegeben. Dabei ist zu beachten, daß die Grenze zwischen den
beiden Modellklassen fließend verläuft. Es gibt Modelle, die als „deterministisch" betrachtet werden, trotzdem aber einen geringen Anteil von Ereignissen aufweisen, die durch Zufallszahlen bestimmt werden.

Deterministische Simulationsmodelle

Diese Modellart ist für Leistungsuntersuchungen geeignet, bei denen es auf
sehr detaillierte Nachbildung der betrachteten Rechnerkomponenten an-
kommt. Solche Modelle kommen i.a. nur für Untersuchungen in Frage, bei
denen der betreffende Rechner auf „niedriger Abstraktionsebene" dargestellt
werden soll. Das hat folgende Gründe:

- *Notwendigkeit präziser Angaben*: Um die Ereignisfolgen beim Ablauf des
  Modells „exakt" (deterministisch) vorzugeben, sind entsprechend präzise

Angaben über das reale System notwendig (z.B. Zugriffszeit auf Speicher-
module). Solche Angaben sind i.a. nur für die elementaren Rechnerkomponenten bekannt und können nur dann in ein Modell einfließen, wenn
jene genügend genau (niedrige Abstraktionsebene) nachgebildet werden.
Im Gegensatz dazu ist es beispielsweise unmöglich, die Ausführungszeit
eines Bearbeitungsschritts in einem Anwenderprozeß (hohe Abstraktionsebene) exakt anzugeben, da die Einflüsse der unterschiedlichen Rechnerkomponenten nicht abzuschätzen sind.

- *Laufzeitaufwand des Simulators*: Deterministische Modelle führen zu sehr
  laufzeitaufwendigen Simulatoren. Deshalb kann im Modell nur eine
  beschränkte Anzahl von Komponenten berücksichtigt werden (um die
  Zahl der zu verarbeitenden Ereignisse möglichst klein zu halten), und es
  dürfen zur Auswertung keine „überlangen" Modellzeitintervalle erforderlich sein (relativ zum Abstand einzelner Modell-Ereignisse).

Auf Grund der angegebenen Modelleigenschaften haben sich deterministische Modelle vor allem zur Untersuchung von Aspekten von Rechnersystemen bewährt, die mit der Art der Speicheraufteilung (Speicherhierarchie) in
Beziehung stehen oder davon beeinflußt werden [Heidelberger 84]. Einige
Beispiele aus der Literatur sind:

- Einfluß unterschiedlicher Paging-Strategien auf die Leistungsfähigkeit
  [Babaoglu 83].
- Cache-Strategien [Smith 82].
- Untersuchung von Datenbankzugriffen [Smith 78].
- File-Zugriffsstrategien [Smith 81].
- Einfluß von Befehlssätzen auf die Leistungsfähigkeit von Rechnersyste-
  men [Dougall 84], [Herdieckerhoff 86].
- Untersuchung von Pipelines [Kumar 78].

Wenn ein deterministisches Modell erstellt wird, muß nicht nur das untersuchte System sehr detailliert und exakt nachgebildet, sondern entsprechend
auch die verwendete Simulationslast ausreichend genau dargestellt werden.
Die Bereitstellung adäquater und repräsentativer Simulationslasten ist in
diesem Fall schwieriger als die Modellierung des Systems selbst. Eine häufig
angewandte Technik ist das Messen und Aufzeichnen entsprechender Abläufe auf einem dem Modell vergleichbaren realen System (beispielsweise die
Zugriffe auf Speicherbereiche durch ausgewählte Programme). So erzeugte
Aufzeichnungen werden als *Trace* bezeichnet und davon abgeleitet die Art
dieser Modellbildung und Simulation als *trace driven simulation*.

Stochastische Simulationsmodelle

Diese Art der Leistungsuntersuchung hat unter den vorgestellten Techniken
das breiteste Einsatzspektrum und ist deshalb auch die am weitesten ver-
breitete Methode zur Leistungsanalyse von Rechnersystemen. Aus diesem

Grund ist es im Gegensatz zur deterministischen Simulation schwierig, charakteristische Einsatzfelder zu benennen. Allgemein gilt, daß stochastische Simulation in folgenden Fällen eingesetzt wird:

- Die Zeitdauer der einzelnen zu modellierenden Vorgänge kann nicht absolut angegeben werden, weil entweder kein entsprechender Wert bestimmbar ist (z.B. Dauer einer Denkpause eines Benutzers an einer Datensichtstation) oder der Wert von einer Vielzahl elementarer Operationen beeinflußt wird, die zudem untereinander in Abhängigkeit stehen können (Ausführungsdauer von Plattenzugriffen).
- Die Häufigkeit der auftretenden Ereignisse kann nicht absolut angegeben werden, weil z.B. die Cache-Trefferrate eines „durchschnittlichen" Programms im voraus nicht bekannt ist.

An die Stelle der absoluten (deterministischen) Angaben werden dann statistische Verteilungen gesetzt und einzelne erforderliche Werte, die diesen Verteilungen genügen, über Zufallszahlen erzeugt. Eine Klasse von Modellen, die dem hier besprochenen Modelltyp entsprechen, sind die unter 6.1 diskutierten Warteschlangenmodelle.

Die Verwendung von Zufallszahlenfolgen bringt einige Aufgaben und Probleme mit sich, die für die stochastische Simulation kennzeichnend sind:

- Erzeugung von Zufallszahlen,
- Festlegung von Abbruchkriterien für Auswertungsläufe,
- Statistische Analyse der Ergebnisdaten.

(1) *Erzeugung von Zufallszahlen*: Das bedeutet, mit einem Algorithmus eine (deterministische) Folge von Zahlen zu generieren oder aus einer vorher erstellten Tabelle zu entnehmen, die einer gewünschten Wahrscheinlichkeitsverteilung genügen und den Anschein der Zufälligkeit haben (aus diesem Grund auch *Pseudo-Zufallszahlen*). Der Einsatz einer Folge von wirklich „zufälligen" Zahlen scheidet für die Simulation aus, da das resultierende Simulationsprogramm unter gleichen Startbedingungen z.B. für den Test reproduzierbare Ergebnisse liefern muß. Da die Ergebnisse der Simulation auch stark von der korrekten Erzeugung der Zufallszahlen abhängen, ist hierfür sehr viel Sorgfalt angebracht, vor allem wenn nicht auf bereits getestete Zufallszahlen-Generatoren zurückgegriffen werden kann. Die Generierung von Zufallszahlen wird in der Literatur ausführlich behandelt. Siehe hierfür z.B. [Law 82], [Lavenberg 83], [Bratley 83].

(2) *Festlegung von Abbruchkriterien für Auswertungsläufe*: Das Problem der statistischen Analyse der Ergebnisdaten von Simulationsläufen hängt eng mit der Frage zusammen, wie lang die zu simulierenden Modellzeitintervalle gewählt werden müssen, um aus den gelieferten Daten statistisch gesicherte Aussagen zu erhalten. Die bekannteste Methode hierfür ist die Berechnung von *Konfidenzintervallen* (*Vertrauensintervallen*). Damit soll ermittelt werden, welches „Vertrauen" ein mit statistischen Verfahren erzeugter Schätzwert für eine gesuchte Größe verdient. Ein Simulationsexperiment wird

dann abgebrochen, wenn bestimmte der berechneten Schätzwerte ein vorgegebenes „Vertrauens-Niveau" erreicht haben. Zur Bestimmung adäquater Abbruchkriterien für Simulationsläufe gibt es ebenfalls zahlreiche Veröffentlichungen, z.B. [Lavenberg 77], [Law 82], [Lavenberg 83], [Heidelberger 81].

(3) *Statistische Analyse der Ergebnisdaten*: Simulation mit stochastischen Modellen bedeutet die kontrollierte Ausführung von statistischen Experimenten. Da die Modelle durch Folgen von Zufallszahlen gelenkt werden, haben auch die gewonnenen Ergebnisdaten den Charakter von Zufallszahlen. Aus diesem Grund ist es sehr wichtig, die Schwankungsbreite zu beziffern, in der die Ergebnisse der Simulationen von den (unbekannten) exakten Werten abweichen, d.h. die Effekte zu kontrollieren, die durch das Sammeln der statistischen Daten verursacht werden. Für genauere Angaben, welche Methoden und statistischen Hilfsmittel zur Verfügung stehen, um vertrauenswürdige Ergebnisse stochastischer Simulationen zu erhalten, wird auf die Literatur verwiesen, wo dieser Themenkreis ausführlich behandelt wird, z.B. [Lavenberg 83], [Bratley 83].

6.2.5   Durchführung von Simulationsuntersuchungen

Jede Simulationsuntersuchung eines Rechnersystems gliedert sich in eine Reihe von Einzelschritten, die nur zum Teil durch Werkzeuge unterstützt werden können:

- *Entscheidung, eine Simulationsuntersuchung durchzuführen*: Dieser Schritt klingt zwar banal, ist jedoch äußerst wichtig. Zu bedenken sind die für die Simulationsuntersuchung zur Verfügung stehende Zeit, die Art der Fragestellung an das betreffende System, die mögliche Unterstützung der / des Modellierer(s) durch Systementwickler usw. Nur wenn untersucht und sichergestellt ist, daß im angestrebten Zeitrahmen die Beantwortung der gewünschten Fragestellungen mit den verfügbaren Ressourcen überhaupt möglich ist, lohnt es sich zu beginnen.
- *Grobdesign des Modells*: Dieser Bearbeitungsschritt ist ein zeitaufwendiger Abschnitt einer Simulationsuntersuchung. Er erfordert als wesentliche Voraussetzung das Kennenlernen und die Analyse des zu modellierenden Systems durch den Modellierer.
- *Endgültige Fixierung der Fragestellung und Bereitstellung der notwendigen Eingabedaten*: Vor der Beschreibung des Modells in Form eines Programms muß verbindlich festgelegt sein, welche Ergebnisse unter welchen Vorbedingungen und Eingaben vom Simulator erwartet werden können. Dies ist in der Praxis oft mit Schwierigkeiten verbunden. Die für die späteren Auswertungsläufe mit dem Modell benötigten Eingabedaten müssen spezifiziert und bereitgestellt werden. Dieser Schritt erfordert häufig Messungen an realen Systemen, die dem Modell vergleichbar sind.

- *Feindesign des Modells, Programmierung und Test*: Diese Schritte bedeuten, ein ausführbares Programm anzufertigen, das dem gewünschten Modell entspricht. Hierfür stehen spezielle Simulationssprachen zur Verfügung (Abschnitt 6.2.6).

- *Modellvalidierung*: Damit wird geprüft, ob das angefertigte Simulationsmodell ein wirklichkeitsgetreues (valides) Abbild des untersuchten realen Rechners ist. Die Modellvalidierung stellt einen sehr schwierigen Schritt der Simulationsuntersuchung dar, vor allem wenn vergleichbare reale Systeme fehlen, mit denen die Ergebnisdaten des Simulators durch Messungen überprüft werden können.

- *Durchführung der Experimente und Ergebnisanalyse*: Wenn ein ausreichend vertrauenswürdiges Simulationsprogramm vorliegt, können die Experimente bezüglich der oben erwähnten Fragestellungen durchgeführt werden. In der Regel müssen die gewonnenen Ergebnisdaten analysiert und nachbearbeitet (siehe auch 6.2.4) werden, bevor allgemein verständliche und interpretierbare Resultate vorliegen.

6.2.6 Hilfsmittel zur Beschreibung von Simulationsmodellen

Zur Beschreibung eines Simulationsmodells in Form eines ausführbaren Programms (*Simulators*) kann prinzipiell jede „gewöhnliche" Programmiersprache verwendet werden. In Einzelfällen kann dies sogar die effizienteste Vorgehensweise sein. In den allermeisten Fällen wird die Programmierung eines Simulationsmodells jedoch erheblich vereinfacht, wenn eine spezielle Simulationssprache benutzt wird. Simulationssprachen bieten die für die Simulation notwendigen Hilfsmittel zur Verwaltung der Modellzeit, der Ereignislisten und zur statistischen Auswertung der Modelle in Form von Prozeduren für Standard-Programmiersprachen (z.B. GASP, GPSS-Fortran) oder speziellen Sprachkonstrukten (z.B. SIMSCRIPT) an. Die Bandbreite der vorhandenen Simulationssprachen ist sehr groß. Grundsätzlich kann zwischen problembezogenen Simulationssprachen und universell einsetzbaren Simulationssprachen unterschieden werden.

(1) *Universell einsetzbare Sprachen*: Diese Klasse von Simulationssprachen ist für die Modellierung beliebiger Systeme (technischer, sozialer usw.) gedacht. Diese Sprachen enthalten demzufolge auch keine Sprachkonstrukte, die die Modellierung einer bestimmten Problemklasse unterstützen. Beispiele für diese Klasse sind neben den oben erwähnten GPSS, SLAM, BORIS und SIMULA. Obwohl alle diese Sprachen keine bestimmte Modellklasse favorisieren, unterscheiden sie sich doch in der Art der angebotenen Sprachmittel zur Modelldarstellung. Eine wesentliche Unterscheidung bietet die Einteilung in *prozeßorientierte* und *ereignisorientierte* Sprachen, wobei beide Ansätze spezifische Vor- und Nachteile aufweisen, die in Abhängigkeit vom anzufertigenden Modell zum Tragen kommen. Ereignisorientierte Sprachen unterstützen in der Modellbeschreibung die Sicht auf die einzelnen mögli-

chen Ereignisse und Zustände. Ein Beispiel einer ereignisorientierten Sprache ist GASP. Mit prozeßorientierten Simulationssprachen werden Modelle aus Sicht der möglichen sequentiellen Abläufe (Prozesse) im untersuchten System beschrieben. Ein Beispiel dafür ist SIMULA.

(2) *Problembezogene Sprachen*: Die Vertreter dieser Sprachklasse wurden entwickelt, um die Modellierung spezieller Probleme und Systeme zu vereinfachen. Die über das Angebot von universellen Sprachen hinausgehende Unterstützung wird durch besondere Sprachmittel gegeben, die an das Vokabular und die Eigenschaften der entsprechenden Systeme angelehnt sind. Zur Untersuchung von Rechnersystemen auf den unteren Abstraktionsebenen (Schaltkreis-, Gatterebene) gibt es viele spezialisierte Simulationssprachen. Für die Modellierung von Rechnersystemen auf den oberen Abstraktionsebenen dagegen ist das Angebot beschränkt (z.B. HIT, SIGMUS, SMILE). Für entsprechende Untersuchungen von Rechnersystemen werden daher eher universelle Simulationssprachen eingesetzt.

6.3 Petri-Netze

Petri-Netze in ihrer Standardform sind besonders gut geeignet, um die Nebenläufigkeit und Synchronisation paralleler Aktionen in einem System (z.B. [Baer 73] u. [Karp 69]) zu beschreiben und zu analysieren. Dieser funktionale Aspekt ist in den letzten Jahren zunehmend um die quantitativen Faktoren Zeit und Zufall ergänzt worden, so daß auch Leistungsuntersuchungen vorgenommen werden können. Petri-Netze sind damit eine wichtige Bewertungsmethode besonders auf dem Gebiet der Parallelrechner geworden. Dieser Abschnitt kann als eine kurze Einführung in die Petri-Netz-Theorie gelesen werden, wobei der formale Aufwand gering gehalten und mit Hilfe graphischer Mittel das Verständnis erleichtert werden soll.

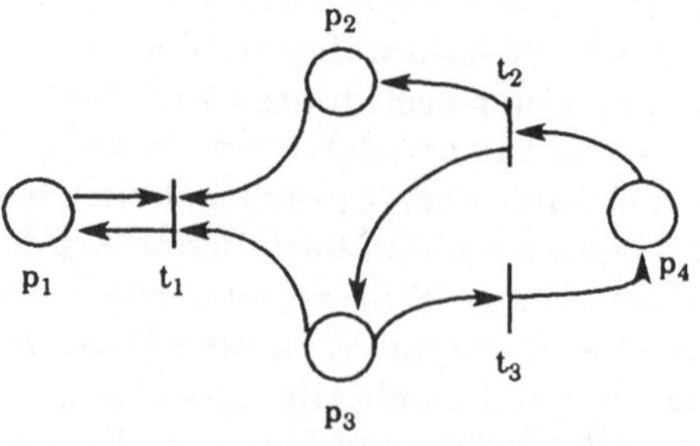

Bild 6.3: Ein „einfaches" Petri-Netz

6.3.1   Definition und Modellierungsaspekte

Ein Petri-Netz ist ein *bipartiter, gerichteter Graph*, d.h. es gibt zwei verschiedene Mengen von Knoten, *Stellen* und *Transitionen*, und eine Menge gerichteter *Kanten* zwischen diesen Knotenmengen, wobei nie zwei Knoten des gleichen Typs miteinander verbunden sind. Graphisch werden Stellen meistens als Kreise, Transitionen als Balken dargestellt (Bild 6.3).
Der dynamische Charakter eines solchen Netzes ergibt sich aus einer sogenannten *Markierung* und den zugehörigen *Transformationsregeln*. Dazu wird zunächst mindestens eine Stelle mit einer Marke gekennzeichnet, anschliessend kann ein so markiertes Netz (Bild 6.4) nach folgenden Regeln verändert werden:

- Eine Transition heißt *aktiviert (enabled)*, wenn alle ihre Input-Stellen mindestens eine Marke enthalten und keine ihrer Output-Stellen ihre Markenkapazität erreicht hat.
- Eine aktivierte Transition *schaltet (fires)*, indem von jeder Input-Stelle eine Marke entfernt und in jede Output-Stelle eine neue Marke plaziert wird. Dies geschieht ohne zeitliche Verzögerung, oder exakter: in Standard-Petri-Netzen gibt es keine Zeit bzw. kein Attribut der Dauer.
- Wenn zwei aktivierte Transitionen, die keine gemeinsamen Input-Stellen haben, „gleichzeitig" schalten könnten, wird eine zufällige Reihenfolge getroffen. Haben sie dagegen eine gemeinsame Input-Stelle und damit mindestens eine gemeinsame Marke, kann eine vorher aktivierte Transition (z.B. t_4 in Bild 6.4) auf diese Weise, ohne geschaltet zu haben, deaktiviert *(disabled)* werden.

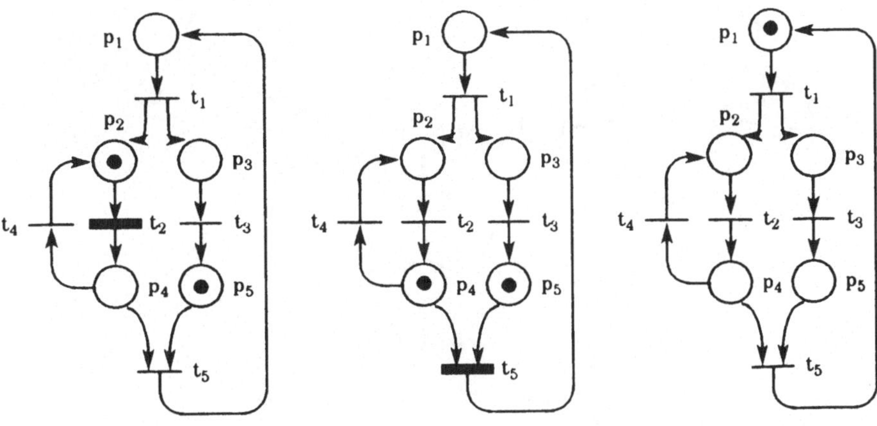

Bild 6.4:   Ein markiertes Petri-Netz, die Transitionen t_2 und t_5 schalten nacheinander

Um ein existierendes oder geplantes System funktional bewerten zu können, kann ein Modell in Form eines Petri-Netzes erstellt werden, wozu wie bei einem Simulationsmodell einige Abstraktionen notwendig sind. In Abhängigkeit von der Fragestellung werden relevante Systemanteile hervorgehoben und unwesentliche vernachlässigt. Petri-Netze verlangen eine ereignisorientierte Sichtweise, d.h. das Verhalten eines Systems wird beschrieben durch die Zustände, in denen sich das System befinden kann, und die Bedingungen, unter denen sich ein Zustand ändert, also ein Ereignis stattfindet. Wenn die Stellen eines Petri-Netzes als Bedingungen, die Transitionen als Ereignisse und eine Markierung als Zustand interpretiert werden, kann ein solches Modell als Petri-Netz dargestellt werden. Ein endlicher Zustandsautomat kann z.B. auf eindeutige Weise auf ein Petri-Netz abgebildet werden [Peterson 81].

Eine besondere Fähigkeit von Petri-Netzen ist die Darstellung nebenläufiger Aktionen. Zwei aktivierte Transitionen können, wenn sie sich nicht überlagern, in beliebiger Reihenfolge schalten. Eine Synchronisation findet

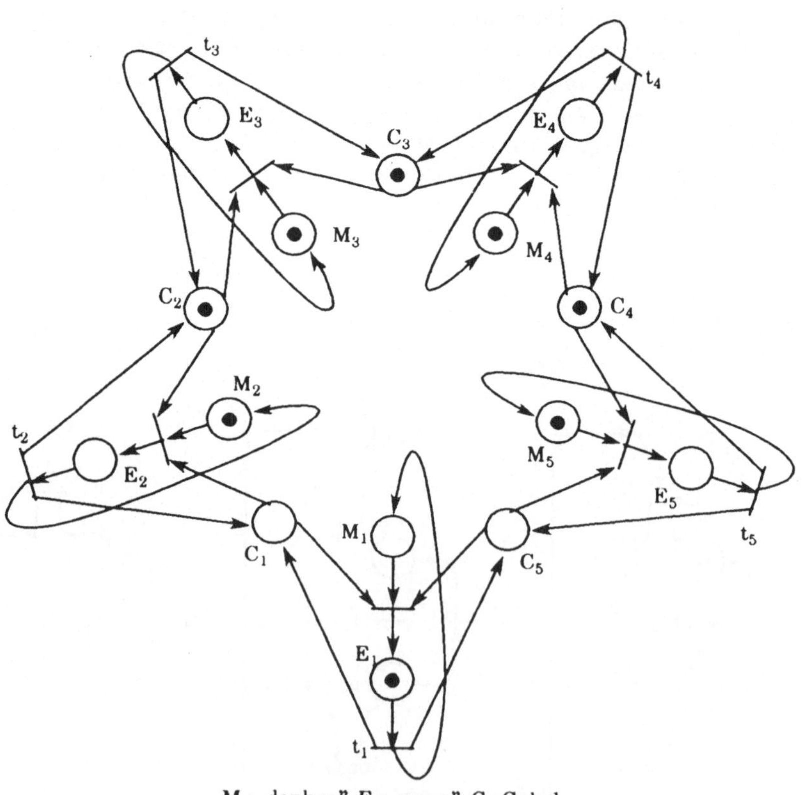

M$_i$: „denken"; E$_i$: „essen"; C$_i$: Gabel

Bild 6.5: Philosophenproblem [Peterson 81]

nur statt, wenn sie ausdrücklich modelliert worden ist. Ansonsten ist jegliche Ereignisfolge bzw. Transitionssequenz asynchron und zufällig, eine Reihenfolge wird nur durch die jeweils aktuellen Zustände bestimmt. Von einem bestimmten Systemzustand bzw. einer Anfangsmarkierung ausgehend, werden eine oder mehrere Transitionen aktiviert. Eine zufällig bestimmte Transition schaltet, wodurch sich ein neuer Zustand ergibt (in Bild 6.4 könnte statt t_5 auch die Transition t_4 schalten).

Im Prinzip kann jede Art von Hardware und Software mit Petri-Netzen modelliert werden, vom Flip-Flop bis zum Parallelrechner, vom einfachen Flußdiagramm bis zu komplexen Synchronisationsmechanismen mit Semaphoren ([Agerwala 78], [Kluge 85]). Als Beispiel ist in Bild 6.5 das berühmte Philosophenproblem von Dijkstra dargestellt, wobei die Stellen M_i „denken bzw. meditieren", E_i „essen" und C_i „Gabel" bedeuten sollen.

6.3.2 Funktionalität und Analyse

Eine funktionale Bewertung des Systems erfordert eine Analyse des Verhaltens. Die Systemmodellierung in Form eines Petri-Netzes führt also zu der Frage: wie analysiert man ein Petri-Netz bzw. welche besonderen Situationen können in einem Petri-Netz auftreten, wenn man die Transformationsregeln anwendet, und welche Rückschlüsse können daraus auf das Verhalten des zugrundeliegenden Systems gezogen werden? Zur Beantwortung sind einige Definitionen nötig.

(1) Eine Stelle P_i in einem Petri-Netz heißt k_i-*beschränkt*, wenn die Anzahl der Marken in dieser Stelle nie größer als k_i ist. Ein Petri-Netz heißt dann k-*beschränkt*, wenn alle Stellen k_i-beschränkt sind. k ist dabei das Maximum über alle k_i. Im Fall $k = k_i = 1$ heißt eine Stelle bzw. ein Netz *sicher*.

(2) Ein Petri-Netz heißt *strikt konservativ* bzgl. einer Anfangsmarkierung, wenn die Anzahl der Marken im Netz in jeder Markierung konstant ist. Jede Stelle kann mit einem Gewichtungsfaktor für die Anzahl der Marken versehen werden. Ein Petri-Netz heißt *konservativ*, wenn es bzgl. eines Vektors aus Gewichtungsfaktoren strikt konservativ ist. Diese Eigenschaft ist z.B. wichtig für die Modellierung von Ressourcen.

(3) Nach der problemabhängigen Modellierung der statischen Kontrollstruktur in Form eines Petri-Netzes ist die sorgfältige Wahl einer *Anfangsmarkierung* M_0 mindestens ebenso wichtig. Jede durch M_0 aktivierte Transition erzeugt eine neue Markierung und so weiter. Unter Umständen wird dabei eine Markierung erreicht, die bereits einmal erreicht worden ist, oder eine Markierung, die keine Transition aktiviert. Eine solche Markierung bzw. Transition wird als *tot* bezeichnet. Eine Markierung M heißt *erreichbar* bzgl. M_0, wenn es eine entsprechende Schaltfolge von M_0 nach M gibt. Die Menge aller von M_0 aus erreichbaren Markierungen wird dann mit $R(M_0)$ bezeichnet. Eine Transition t heißt *lebendig* bzgl. M_0, wenn für jede Markierung aus $R(M_0)$ eine Schaltfolge existiert, die t aktiviert. Entsprechend heißt ein Petri-

Netz bzgl. einer Anfangsmarkierung M_0 lebendig, wenn alle Transitionen es sind. Für die Begriffe tot bzw. lebendig wird auch [Peterson 81] *lebendig auf Stufe 0 bzw. 4* gesagt, d.h. es existieren noch drei weitere Lebendigkeitsstufen, die sich durch unterschiedliche Schaltfolgen charakterisieren lassen. Mit Hilfe von Petri-Netzen können also Probleme erkannt werden, die im realen System auftreten, z.B. ein *deadlock* (Bild 6.6). Zwei Prozesse, die dieselben zwei Ressourcen p_4 und p_5 benötigen, arbeiten einwandfrei, wenn sie wechselseitig bzw. nacheinander arbeiten. Wenn sie dagegen nur je eine Ressource für sich beanspruchen, d.h. die Transitionen t_1 und t_4 schalten (Bild 6.6), behindern sie sich gegenseitig, und das System befindet sich in einem blockierenden Zustand.

Wesentliche Erkenntnismittel, um solche Probleme zu analysieren, sind die Menge aller erreichbaren Markierungen und die entsprechenden Transitionsfolgen. Als Analysetechniken kommen *Erreichbarkeitsbäume* und *Matrizendarstellungen* in Frage.

(1) Jede Markierung wird durch ein n-Tupel dargestellt, wobei n die Anzahl der Stellen angibt. Der i-ten Zahl im Tupel entspricht die Anzahl der Marken in der i-ten Stelle. Ausgehend von einer Anfangsmarkierung M_0 werden alle Markierungen ermittelt, die durch Schalten aktivierter Transitionen entstehen können. Die Struktur der Menge $R(M_0)$ kann als Baum dargestellt werden. Erhöht sich die Anzahl der Marken in einer Stelle durch eine unendliche Folge immer derselben Transition(en), wird dafür das griechische Zeichen „ω" verwendet (Bild 6.7).

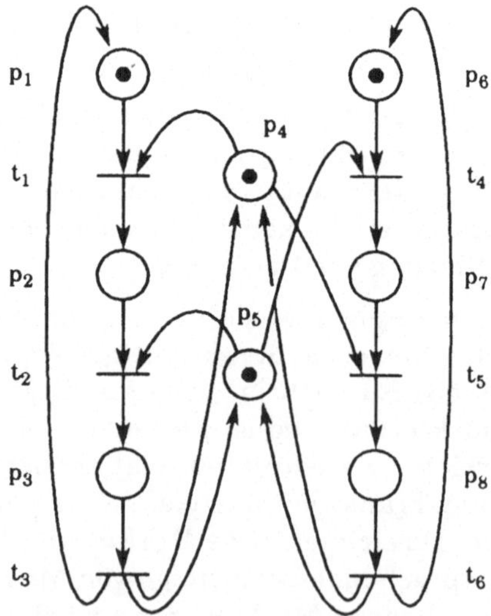

Bild 6.6: Deadlock-Moglichkeit zwischen zwei
konkurrierenden Prozessen [Peterson 81]

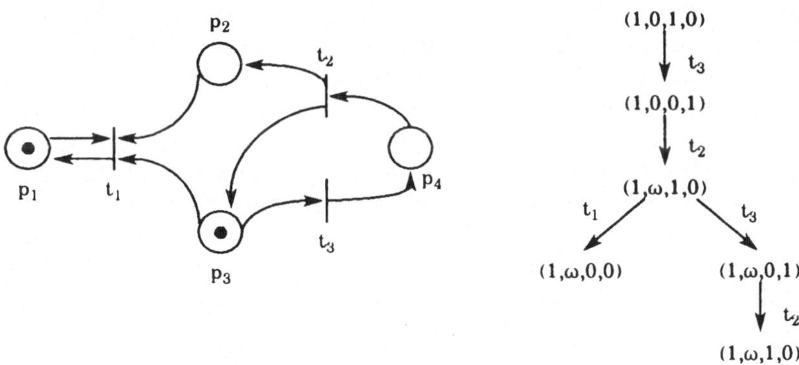

Bild 6.7: Petri-Netz mit zugehörigem Erreichbarkeitsbaum [Peterson 81]

Mit diesem Erreichbarkeitsbaum können die oben genannten Eigenschaften: sicher, beschränkt und konservativ analysiert werden. Wegen des
ω-Symbols, das einen Informationsverlust bzgl. der tatsächlichen Markenan-
zahl beinhaltet, können jedoch bestimmte Erreichbarkeits- und Lebendig-
keits-Probleme nicht eindeutig gelöst werden. Eine weitere Einschränkung
ergibt sich daraus, daß unterschiedliche Petri-Netze denselben Erreichbarkeitsbaum besitzen können. Eigenschaften des Baumes können dann nicht
eindeutig auf das Netz übertragen werden.

(2) Eine andere Darstellungsart der Markierungen eines vorgegebenen
Petri-Netzes ist durch Matrizen möglich. Die Matrizen D^- und D^+ repräsentieren die Input- und Output-Funktionen bzgl. der Transitionen, wobei die

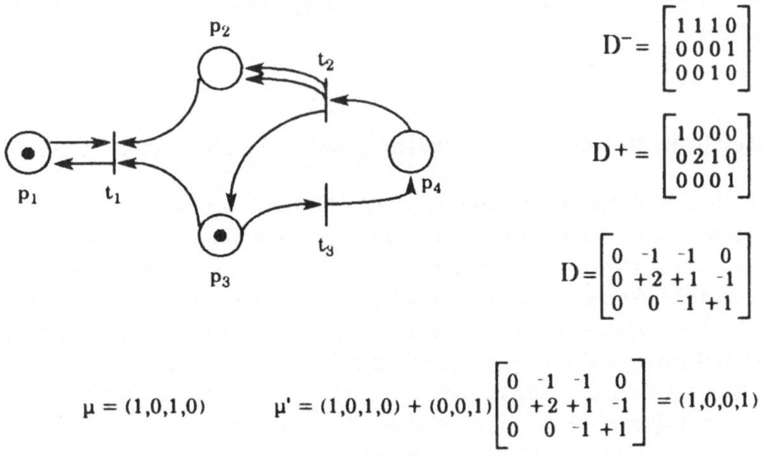

Bild 6.8: Petri-Netz mit Matrixdarstellung [Peterson 81]

Zeilen den Transitionen und die Spalten den Stellen entsprechen. Die Matrixelemente geben die Anzahl der Kanten zwischen Stelle und Transition bzw. Transition und Stelle an. Eine Markierung μ wird als Vektor angegeben, und eine Transition ist aktiviert, wenn die ihr entsprechende Zeile in der Inputmatrix D^- elementweise kleiner oder gleich als der Markierungsvektor ist. Eine neue Markierung (Vektor) μ' ergibt sich als Summe aus der alten Markierung und dem Zeilenvektor der Matrix $D = D^+ - D^-$ bzgl. der schaltenden Transition (Bild 6.8). Die Analyse einer solchen Matrixdarstellung macht ebenfalls Schwierigkeiten, z.B. läßt sich aus der Vektordarstellung einer Markierung nicht die genaue Reihenfolge der notwendigen Transitionen ableiten [Peterson 81].

6.3.3   Petri-Netz-Erweiterungen

Petri-Netze können zusätzlich um Eigenschaften erweitert werden, die heutzutage fast schon als Standard gelten: *mehrfache Kanten* (*multiple arcs*) (Bild 6.8) zwischen Stelle und Transition und vice versa bedeuten, daß eine entsprechende Anzahl von Marken für die Aktivierung der Transition vorhanden sein muß bzw. nach dem Schalten plaziert wird. Für eine *verbietende Kante* (*inhibitor arc*) zwischen Stelle und Transition gilt eine erweiterte Schaltregel, daß nämlich die Transition aktiviert wird und schalten kann, wenn in der entsprechenden Input-Stelle keine Marke vorhanden ist. Diese Eigenschaft wird auch als „Null-Test" bezeichnet und in der Modellierung für Synchronisationen verwendet.

    Für derart erweiterte Netze ergeben sich einige theoretische Folgerungen [Ajmone 86]: Ein k-beschränktes Petri-Netz mit mehrfachen und verbietenden Kanten besitzt eine endliche Erreichbarkeitsmenge und ist äquivalent zu einem endlichen Zustandsautomaten. Ein nicht-k-beschränktes Petri-Netz mit verbietenden Kanten ist äquivalent zu einer Turing-Maschine [Hopcroft 69].

6.3.4   Zeitbehaftete und allgemeine stochastische Petri-Netze

Trotz der Mächtigkeit von Standard-Petri-Netzen können einige wünschenswerte Aspekte noch nicht ausreichend beschrieben werden. Dazu gehört als wichtigster der *Zeitfaktor*. Wenn die Zeit berücksichtigt wird, können nicht nur funktionale Aspekte (z.B. logische Kontrollstrukturen) sondern auch Zustandsänderungen im zeitlichen Verlauf beobachtet werden. Da Leistung im wesentlichen zeitabhängig ist, wäre mit einem derart erweiterten Petri-Netz dann auch die Leistungsuntersuchung eines Systems möglich.

    Es gibt grundsätzlich zwei Möglichkeiten, die „Zeit" in ein Petri-Netz einzubringen [Ajmone 86], nämlich entweder die Transitionen oder die Stellen mit einer zeitlichen Verzögerung zu attribuieren:

- Mit einem Zeitfaktor versehene Transitionen werden benutzt, um den Zeitverbrauch zwischen Aktivierung und Schalten anzugeben, bis also der nächste Zustand (Markierung) erreicht wird, z.B. um die Zeit für den nächsten Speicherzugriff oder die Belegungsdauer einer Ressource zu bestimmen.
- Werden dagegen die Stellen mit einer Zeitdauer versehen, bedeutet dies, daß das Netz eine gewisse Zeit in einem bestimmten Zustand (Markierung) verbleibt, bis eine Transition schaltet und der Zustand geändert wird.

Trotz dieser scheinbaren Ähnlichkeit haben die beiden Konzepte Auswirkungen auf die Art der Modellierung. Denn es ist ein Unterschied, ob die Aktionen eines Systems bzw. die Dauer der Aktionen mit einer „aktiven" Transition oder einer „passiven" Stelle verknüpft werden. Besonders für die Modellierung von Multiprozessor-Systemen, wo parallele Aktionen stattfinden können, scheint das erste Konzept sinnvoller zu sein, da Transitionen parallel geschaltet werden können.

Da die Zeiten im Modell eines Rechnersystems aber fast nie konstant bzw. deterministisch sind, ist es sinnvoll, die Zeitwerte zufallsabhängig zu bestimmen. Ebenso sinnvoll ist es, solche stochastischen Werte den Transitionen zuzuordnen und zwar als Zeitdauer zwischen dem Aktivieren und Schalten einer Transition. Für die Werte kommen exponentiell verteilte Zufallsvariablen in Betracht, da sie aufgrund ihrer besonderen Eigenschaften, z.B. Gedächtnislosigkeit, eine analytische Auswertung des Netzes ermöglichen. Es gilt nämlich, daß ein derart erweitertes *stochastisches* Petri-Netz isomorph ist zu einer Zeit-stetigen *Markov-Kette* [Ajmone 86]. Die Erreichbarkeitsmenge des Petri-Netzes bzgl. einer Anfangsmarkierung M_0 entspricht dabei dem Zustandsraum der Markov-Kette. Für die Auswertung der korrespondierenden Markov-Kette gibt es entsprechende Methoden, z.B. ist es wichtig, den Zustandsraum möglichst klein zu halten, was abhängig ist von der richtigen Wahl einer Anfangsmarkierung.

Bei der Modellierung realer Systeme kommt es wesentlich darauf an, die relevanten Systemteile und Eigenschaften in das Modell einzubringen. Es werden also zeitabhängige Zustandsänderungen ebenso berücksichtigt werden müssen wie solche, die in Nullzeit stattfinden, etwa bei logischen Kontrollstrukturen, d.h. es werden funktionale und leistungsbezogene Systemmerkmale gleichermaßen modelliert und bewertet werden müssen. Diese Überlegung führt dazu, bei Petri-Netzen zwei Typen von Transitionen zu verwenden, solche mit stochastischen Zeitwerten und ganz normale, sofort schaltende wie in Abschnitt 6.3.1. Ein derartiges Netz heißt dann *verallgemeinertes stochastisches Petri-Netz* ([Ajmone 86] u. Bild 6.9). Ein nicht unwesentlicher Nachteil dieser erweiterten Petri-Netze ist allerdings, daß viele funktionale Aspekte nicht mehr mit derselben Stringenz ermittelt werden können, wie dies bei Standard-Netzen der Fall ist.

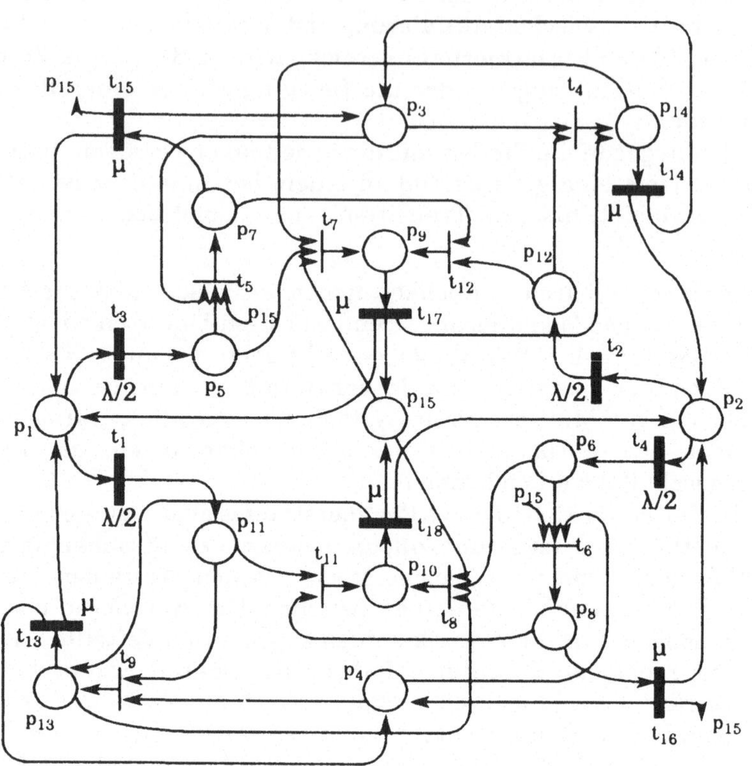

Places

p_1, (p_2)	Processor 1 (2) is active.
p_3, (p_4)	Common memory 1 (2) available.
p_5, (p_6)	Processor 1 (2) requests the nonlocal common memory.
p_7, (p_8)	Processor 1 (2) accesses the nonlocal common memory; processor 2 (1) is not preempted.
p_9, (p_{10})	Processor 1 (2) accesses the nonlocal common memory; processor 2 (1) is preempted.
p_{11}, (p_{12})	Processor 1 (2) requests the local common memory.
p_{13}, (p_{14})	Processor 1 (2) accesses the local common memory.
p_{15}	The global bus is available.

Transitions

t_1, (t_2)	Processor 1 (2) requests the local common memory.
t_3, (t_4)	Processor 1 (2) requests the nonlocal common memory.
t_5, (t_6)	Processor 1 (2) begins the access to the nonlocal common memory; processor 2 (1) is not preempted.
t_7, (t_8)	Processor 1 (2) begins the access to the nonlocal common memory; processor 2 (1) is preempted.
t_9, (t_{10})	Processor 1 (2) begins the access to the local common memory.
t_{11}, (t_{12})	Processor 1 (2) cannot access the local common memory; it is preempted.
t_{13}, (t_{14})	End of access to the local common memory.
$t_{15}, t_{16}, t_{17}, t_{18}$	End of access to the nonlocal common memory.

Bild 6.9: Ein verallgemeinertes stochastisches Petri-Netz mit Legende
(2-Prozessor-System mit Bus und gemeinsamem Speicher) [Ajmone 86]

6.4 Modellbildung und Analyse von Multiprozessor-Systemen

In diesem Abschnitt werden Aspekte der Modellierung von Multiprozessoren und die Anwendung der unter 6.1 - 6.3 vorgestellten Methoden für die Untersuchung dieser Systeme behandelt. Es werden zwei Modellklassen erläutert und Hinweise auf Modelle von Multiprozessoren in der Literatur angegeben. Ein Fazit vorweg: zwischen der Modellierung von Multiprozessoren und herkömmlichen Rechnern besteht kein prinzipieller Unterschied. Unterschiede ergeben sich jedoch in der praktischen Anwendung. Zum Abschluß wird die Anwendung der Methoden Simulation, analytische Verfahren und Petri-Netze für Multiprozessor-Systeme diskutiert.

6.4.1 Modelltypen

Der Begriff „Modell" ist auch in Bezug auf Rechnersysteme weitgefaßt und nicht genau zu definieren. In Abhängigkeit von der Zielsetzung der Modellierung entstehen unterschiedliche Arten von Modellen. Grob sind zwei Modellklassen (mit fließenden Grenzen) zu unterscheiden:

a) Modelle, mit denen unabhängig von einem speziellen Rechnersystem Begriffe geklärt und allgemeine Eigenschaften von Systemklassen analysiert werden (zu dieser Klasse von Modellen sind z.B. auch die „Modelle" des Begriffs „Leistung" aus Kapitel 5 zu zählen).

b) Modelle zur Klärung konkreter Problemstellungen spezieller Systeme, die z.B. im Verlauf der Planung oder Entwicklung dieser Anlage entstehen (z.B. Simulationsmodelle). Kennzeichen solcher Modelle sind i.a. „hoher" Detaillierungsgrad, Zuschnitt des Modells genau auf das betreffende System und damit nur geringe Möglichkeiten, die Ergebnisse auf andere Systeme zu verallgemeinern. Zur Erstellung eines „guten" b-Modells ist oft die Kenntnis von a-Modellen Voraussetzung.

In 6.1 - 6.3 werden schwerpunktmäßig Modelle und vor allem die Mittel zur Erstellung und Analyse von Modellen der unter b) genannten Klasse behandelt. Für Modelle vom Typ a) stehen die Methoden der Analyse und die Werkzeuge zur Modellierung im Hintergrund. Ziel ist die Verdeutlichung, Präzisierung und Erklärung von Eigenschaften und Aspekten von Rechnersystemen, z.B. von bestimmten Verbindungsnetzen und ihren Einflüssen auf die Systemleistung. Solche Modelle haben bezüglich der Fragestellung i.a. hohes Abstraktionsniveau und sind für unterschiedliche Parameterwerte vergleichsweise „einfach" zu analysieren (z.B. mit den Mitteln der Wahrscheinlichkeitsrechnung, Graphentheorie usw.).

Aus der Literatur sind zahlreiche Versuche bekannt, für verschiedene Aspekte und Systemteile von Multiprozessoren bzw. Klassen von Multiprozessoren „allgemeingültige" Modellvorstellungen, also a-Modelle zu entwickeln. Einige Beispiele sind:

- Formulierung und sehr detaillierte Erläuterung von Modellen allgemein für Crossbar-Verbindungsnetze sowie Ein- und Mehrbus-Konfigurationen mit unterschiedlicher Speicherstruktur in [Ajmone 86].
- Darstellung der Abhängigkeit der Systemleistung von Speicherzugriffen verschiedener Prozessoren auf einen verteilten gemeinsamen Speicher in [Pflug 86].
- Modellierung paralleler Programme mit einer einfachen Programmiersprache und Möglichkeiten der Berechnung des „speedup" gegenüber sequentiellen Programmen (Abschnitt 5.2) in [Lester 86].
- Modelle für Leistungsaussagen von Mehrbussystemen in [Mudge 85] (vgl. auch Abschnitte 2.3.1 u. V.3.6.2).

6.4.2   Vergleich der Modellierung von Multiprozessor- und konventionellen Systemen

Die Untersuchung von Rechnersystemen verlangt die Entwicklung von Modellen, die die relevanten Eigenschaften des untersuchten Systems berücksichtigen und die interessierenden Fragestellungen abdecken. Wenn man die Modellbildung speziell von Multiprozessor-Systemen betrachtet, stellt sich die Frage, ob die Eigenschaft „Multiprozessor" für die Modellbildung einen grundsätzlichen Unterschied zur Modellierung herkömmlicher Systeme ergibt. Im folgenden soll gezeigt werden, daß dies nicht der Fall ist.

Abstraktionsebenen von Modellen

Für die Analyse von Rechnersystemen werden mehrere Beschreibungsebenen mit unterschiedlichen charakteristischen Funktionseinheiten unterschieden [Ajmone 86]. Es ist darauf hinzuweisen, daß andere Einteilungen möglich sind ([Dasgupta 84], [Siewiorek 82]) und auch die einzelnen Ebenen weiter differenziert werden können.

- *Hardwareebene*: Auf dieser Ebene steht die Überprüfung und Verifizierung der Korrektheit des Logik-Designs im Vordergrund. Die grundlegenden Modelleinheiten sind Darstellungen integrierter Schaltkreise, z.B. in Form von Gates.
- *Funktionale Ebene*: Diese Ebene korrespondiert mit der Ermittlung des Verhaltens und der Beziehungen „abgeschlossener" Hardware-Bausteine (Prozessor, Speicher-Baustein, Bus etc.). Die Modellbeschreibung enthält Begriffe wie Geschwindigkeit, Kapazität, Delay etc.
- *Systemebene*: Diese Ebene spiegelt die Aufgabe wider, die Funktionen von Subsystemen zu identifizieren sowie das Verhalten des Gesamtsystems zu untersuchen und zu bewerten. Die prägenden Modelleinheiten sind

Repräsentationen „komplexer" Hardware- oder Software-Einheiten wie
z.B. I/O- oder Verarbeitungseinheiten.

Vor dem Hintergrund dieser Ebeneneinteilung ist ersichtlich, daß bei niedrigem Abstraktionsgrad kein Unterschied für die Modellierung von Multi-
prozessor- und konventionellen Systemen bestehen kann. Auf niedriger
Beschreibungsebene ist nicht sichtbar, ob die einzelnen identifizierbaren
Modellkomponenten zu einem System dieser oder jener Kategorie gehören.
Ein Multiprozessor-System kann als solches nur in Modellen wiedererkannt
werden, die entweder der Systemebene oder z.T. auch der funktionalen Ebene
zugeordnet sind.

Auch auf den oberen Abstraktionsebenen besteht zwischen Modellen von
Multiprozessor- und konventionellen Systemen eher ein quantitativer (mögliche Zahl paralleler Vorgänge) als qualitativer Unterschied. Auch bei sogenannten Monoprozessoren ist der Gegenstand modellgestützter Untersuchungen immer das Zusammenwirken parallel arbeitender Komponenten,
z.B. Ein-/Ausgabe parallel zu CPU-Aktivität. Gegenüber konventionellen
Systemen besteht bei Multiprozessoren und ihren Modellen aber ein „höherer
Grad" an parallelen Abläufen.

Fragestellungen für Modelluntersuchungen

Die Fragestellung, die durch eine modellgestützte Analyse eines Rechnersystems beantwortet werden soll, prägt den Modellaufbau am stärksten
(Abstraktionsgrad, Auswahl der nachzubildenden Komponenten). Im Hinblick auf die Einflüsse von Multiprozessoren auf die Modellbildung ist also zu
klären, ob hier gegenüber konventionellen Systemen neue Fragestellungen
auftreten, die einen grundsätzlichen Unterschied ausmachen.

Aus der Literatur und auch aus den bisherigen Erfahrungen der Autoren
dieses Buches mit der Modellierung von Multiprozessor-Systemen ist nicht
erkennbar, daß für diese Systemklasse grundsätzlich neue Fragestellungen
auftreten, die prinzipiell andere Werkzeuge oder Vorgehensweisen für die
Modellbildung erfordern. Auch mit Modelluntersuchungen für Multiprozessoren sollen in erster Linie Aspekte bezüglich der Leistung und der Funktion
analysiert werden. Ein Unterschied zu den herkömmlichen Rechnern liegt
allenfalls in der größeren Zahl von Einflußfaktoren, die bei der Modellierung
von Multiprozessoren zu berücksichtigen ist.

Es sei darauf hingewiesen, daß bei Multiprozessoren natürlich Probleme
und Fragen entstehen, für die es bei konventionellen Rechnern keine Ent-
sprechung gibt (z.B. der hot spot-Effekt, Kapitel 4). Diese Problemstellungen
können jedoch mit den bekannten Techniken der Modellierung befriedigend
bearbeitet werden.

6.4.3   Anwendung von Simulation, analytischen Verfahren und Petri-Netzen zur Untersuchung von Multiprozessor-Systemen

Dieser Abschnitt bringt einige Anmerkungen zu den Möglichkeiten der Anwendung der in 6.1 - 6.3 vorgestellten Methoden für die Untersuchung speziell von Multiprozessor-Systemen.

Analytische Verfahren

Die Anwendung von analytischen Methoden (Abschnitt 6.1) für die Untersuchung von Multiprozessoren setzt als wichtigsten Schritt die Erstellung adäquater Warteschlangen-Modelle voraus. Diese müssen das zu untersuchende System einerseits genügend genau repräsentieren und andererseits den Einschränkungen genügen, die durch die Verfahren vorgegeben sind. Diese Forderungen sind für Multiprozessor-Systeme häufiger als für konventionelle Systeme nicht ohne weiteres zu erfüllen [Heidelberger 84].

Aus der Literatur sind eine Reihe von Untersuchungen paralleler Rechner mit analytischen Verfahren bekannt. Die am häufigsten bearbeiteten Problemfelder sind dabei Verbindungsstrukturen (z.B. [Mudge 82]) und I/O-Vorgänge (z.B. [Thomasian 83], [Towsley 78]). In [Lazowska 84] werden allgemeine Hinweise zur Modellierung lose und eng gekoppelter Multiprozessor-Systeme gegeben. Daneben gibt es einige Untersuchungen paralleler Programm-Systeme für Multiprozessoren (z.B. [Heidelberger 82], [Heidelberger 83]).

Insgesamt wird die Einsetzbarkeit analytischer Methoden für die Untersuchung von Multiprozessor-Systemen eher skeptisch beurteilt. In [Heidelberger 84] wird die Weiterentwicklung der Methoden als Voraussetzung betrachtet, diese für die Analyse künftiger Systeme mit starkem „Parallelitätsgrad" gewinnbringend einzusetzen. Da z.Zt. eine Erweiterung der mit exakten Methoden (Abschnitt 6.1.3) analysierbaren Modellklasse nicht zu erwarten ist, kommt dabei den approximativen Methoden (Abschnitt 6.1.4) verstärkte Bedeutung zu (Stichworte: „berechenbare Fehlerschranken", „hierarchische Dekomposition").

Simulation

Der kompliziertere Aufbau von Multiprozessor-Systemen gegenüber konventionellen Rechnern bringt auch komplexere Fragestellungen mit sich. Da der Einsatz von analytischen Methoden - etwa gleichbleibender Entwicklungsstand vorausgesetzt - für diese Aufgaben immer schwieriger wird [Heidelberger 84], gewinnt die Simulation als Analysewerkzeug für Multiprozessoren an Bedeutung. Die Entwicklung von Simulationsmodellen unterliegt auch keinen Einschränkungen bezüglich Fragestellung, Detaillierungsgrad des Modells etc. Damit ist Simulation die wichtigste Methode für modellgestützte Untersuchungen von Multiprozessor-Systemen (siehe auch Abschnitt 6.2).

Simulation ist für die Untersuchung unterschiedlichster Fragestellungen und unter Einsatz verschiedener Hilfsmittel (Modelle in gewöhnlichen Programmiersprachen, allgemein anwendbaren und speziellen Simulationssprachen) für Multiprozessoren angewendet worden. Einige Beispiele für Simulations-Untersuchungen von Multiprozessor-Systemen sind:

- In [Behrens 85] und [Regen 85] wird die Simulation verschiedener Verbindungsnetze für das M^5PS-Multiprozessor-System (Abschnitt AR.2.6) mit dem Simulationssystem FORCASD [Dahmen 83] beschrieben.
- In [Oed 86] wird die Simulation als Hilfsmittel zur Untersuchung von Speicherzugriffskonflikten bei Cray X-MP-Rechnern eingesetzt. Der entsprechende Simulator wurde in FORTRAN 77 realisiert.
- [Kumar 78] beschreibt die detaillierte Performance-Untersuchung von Parallelrechnern mit deterministischen Simulationsmodellen.
- [Norton 85] stellt Leistungsuntersuchungen für die Entwicklung des RP3-Rechners von IBM vor. Simulation wurde hier vor allem zur Validierung und Unterstützung analytischer Modelle eingesetzt. Weitere Simulationsuntersuchungen des RP3 sind in [Brodnax 86] beschrieben.
- In [Chita 85] wird die Untersuchung der Zuverlässigkeit und Leistungsfähigkeit verschiedener Typen von Verbindungsnetzen vorgestellt.
- In [Herdieckerhoff 86] wird die Leistungsuntersuchung von SICOMP MMC216-Systemen mit einem deterministischen Simulationsmodell beschrieben. Als Simulationssystem wurde hier SIGMUS [Gorissen 87] eingesetzt.

Trotz der prinzipiellen Eignung der heute eingesetzten Werkzeuge zur Rechnersystem-Simulation auch für komplexe Multiprozessor-Systeme ist die Weiterentwicklung dieser Werkzeuge denkbar und wünschenswert. Einige der in diesem Zusammenhang wichtigen Themen sind:

- *Entwicklung laufzeiteffizienter Simulationssysteme.* Da ein Multiprozessor-System, verglichen mit einem konventionellen Rechner, mehr parallele Vorgänge verarbeitet, müssen entsprechende Simulatoren bei vergleichbarem Detaillierungsgrad des Modells pro Zeiteinheit auch mehr Ereignisse verarbeiten. Dies führt zu erhöhtem Laufzeitaufwand für die Auswertungsläufe mit den Modellen.
- *Bereitstellung adäquater Modellierungssprachen.* Komplexere Systeme ergeben bei etwa gleichbleibendem Abstraktionsgrad auch komplexere Modelle. Die Bereitstellung von Modellierungssprachen, die speziell auf die anschauliche Darstellung von Multiprozessor-Systemen auf den oberen Abstraktionsebenen und die entsprechenden Fragestellungen zugeschnitten sind, ist deshalb wünschenswert (spezielle Hilfsmittel zur Modellierung auf der Logik- und Schaltwerksebene sind heute bereits selbstverständlich). Beispiele für Simulationssprachen speziell für Parallelrechner sind HIT [Stewing 87], PASS [Webb 84], SIGMUS [Gorissen 87].
- *Unterstützung der hierarchischen Modellierung.* Komplizierte Problemstellungen sind aus Gründen der Laufzeit und der Handhabung häufig

nicht mit einem einzigen umfangreichen Modell zu klären. In solchen
Fällen bietet sich die hierarchische Zergliederung des Problems und die
schrittweise Bearbeitung mit verschiedenen Modellen auf unterschied-
lichem Abstraktionsgrad an.

Petri-Netze

Petri-Netze sind ein Hilfsmittel, das speziell zur Beschreibung paralleler
Vorgänge entwickelt wurde. Deshalb sind die Darstellungsweise und die entsprechenden Analyse-Methoden gerade auch für Multiprozessoren geeignet.
Petri-Netze können jedoch i.a. nur für Modelle mit hohem Abstraktionsgrad
eingesetzt werden, da die Art der Darstellung zu sehr umfangreichen Modell-
len führen kann, die dann erstens schwer zu überblicken sind und zweitens
sehr hohe Rechenzeiten für die Analyse erfordern. Beispiele für Multiprozes-
sor-Untersuchungen mittels Petri-Netzen [Peterson 81] sind in der Literatur
nur selten zu finden (z.B. [Ajmone 86]), da die Methoden für den industriellen
Einsatz bisher nur geringe Verbreitung gefunden haben.

Literatur zu Kapitel 6

[Abraham 86]   Abraham S.; Padmanabhan K.
                  Performance of the Direct Binary n-Cube Network for Multiprocessors
                  Proc. 1986 Int. Conf. on Parallel Processing, 1986, pp. 636 - 639

[Agerwala 79]   Agerwala T.
                  Some Applications of Petri-Nets
                  Computer, December 1979, pp. 85 - 94

[Ajmone 86]   Ajmone Marson M.; Balbo G.; Conte G.
                  Performance Models of Multiprocessor Systems
                  MIT Press, Cambridge MS, 1986

[Babaoglu 83]   Babaoglu Ö.; Ferrari D.
                  Two-Level Replacement Decisions in Paging Stores
                  IEEE Transactions on Computers, Vol. C-32, No. 12 (1983), pp. 1151 - 1159

[Baer 73]   Baer J.
                  A Survey of Some Theoretical Aspects of Multiprocessing
                  Computing Surveys, Vol. 5, No.3 (1973), pp. 1 - 80

[Bard 78]   Bard Y.
                  The VM/370 Performance Predictor
                  Computing Surveys, Vol. 10, No. 3 (1978), pp. 333 - 342

[Baskett 75]   Baskett F.; Chandy K.M.; Muntz R.R.; Palacios F.G.
                  Open, Closed, and Mixed Networks of Queues with Different Classes of
                  Customers
                  Journal of the ACM, Vol. 22, No. 2 (1975) pp. 248 - 260

[Behrens 85]   Behrens M.; Regen F.; Ameling W.
                  Simulation unterschiedlicher Verbindungsnetzwerke im M5PS Multi-
                  prozessorsystem - Lastfälle, Strategien und Simulationsergebnisse
                  Proc. 3. Symp. Simulationstechnik, Springer Verlag 1985, S. 177 - 182

[Beilner 81]   Beilner H.
                   Algorithms for Evaluating Separable, Mixed, State-Independent Queueing
                   Networks or Improving (Slightly) on Mean Value Analysis
                   Universität Dortmund, Forschungsbericht Nr. 124, 1981

[Best 87]   Best E.; Thiagarajan P.S.
                   Some classes of live and safe Petri-Nets
                   in: Voss et al. (ed.), Concurrency and Nets - Advances in Petri-Nets
                   Springer-Verlag, Berlin, 1987, pp. 71 - 94

[Bhuyan 83]   Bhuyan L.N.; Agrawal D.P.
                   Design and Performance of Generalized Interconnection Networks
                   IEEE Transactions on Computers, Vol. C-32, No. 12 (1983), pp. 1081 - 1090

[Bolch 82]   Bolch G.; Akyildiz I.F.
                   Analyse von Rechensystemen
                   Teubner 1982

[Brandwajn 83]   Brandwajn A.
                   Models of DASD subsystems with multiple access paths:
                   A throughput-driven approach
                   IEEE Transactions on Computers, Vol. C-32, No. 5 (1983), pp. 451 - 463

[Bratley 83]   Bratley P.; Fox B. L.; Schrage L.E.
                   A Guide to Simulation
                   Springer-Verlag 1983

[Brodnax 86]   Brodnax T.; Widiger D.
                   Random input generator - Research parallel processor simulations
                   Proc. 1986 Summer Computer Simulation Conf., 1986, pp. 159 - 163

[Browne 86]   Browne J.C.
                   Framework for formulation and analysis of parallel computation structures
                   Parallel Computing, No. 3, (1986) pp. 1 - 9

[Buzen 73]   Buzen J.P.
                   Computational algorithms for closed queueing networks with exponential
                   servers
                   Communications of the ACM, Vol. 16, No. 9 (1973), pp. 527 - 531

[Buzen 86]   Buzen J.P.
                   An Overview of Performance Prediction in MVS Systems and SNA Networks
                   Proc. 1986 Fall Joint Computer Conf., 1986, pp. 751 - 759

[Chandy 77]   Chandy K.M.; Howard J.H.; Towsley D.F.
                   Product Form and Local Balance in Queueing Networks
                   Journal of the ACM, Vol. 24, (1977), pp. 250 - 263

[Chandy 78]   Chandy K.M.; Sauer C.H.
                   Approximate Methods for Analyzing Queueing Network Models of
                   Computing Systems
                   Computing Surveys, Vol. 10, No. 3 (1978), pp. 281 - 317

[Chandy 80]   Chandy K.M.; Sauer C.H.
                   Computational Algorithms for Product Form Queueing Networks
                   Communications of the ACM, Vol. 23, No. 10 (1980), pp. 573 - 583

[Chita 85]   Chita R.; Bhuyan L.N.
                   Reliability Simulation of Multiprocessor Systems
                   Proc. 1985 Int. Conf. on Parallel Processing, 1985, pp. 591 - 598

[Courtois 77]   Courtois P.J.
                   Decomposability: Queueing and Computer System Applications
                   Academic Press, New York 1977

[Dahmen 83]   Dahmen N.
                   FORCASD - An Evaluation Net Oriented Program System for Modelling and
                   Simulation
                   Proc. First European Simulation Congress ESC 83, Springer Verlag 1983, pp.
                   267 - 272

[Dasgupta 84] Dasgupta S.
The Design & Description Of Computer Architectures
John Wiley & Sons, 1984

[Denning 78] Denning P.J.; Buzen J.P.
The Operational Analysis of Queueing Network Models
Computing Surveys, Vol. 10, No. 3 (1978), pp. 225 - 261

[Dias 81] Dias D.M.; Jump R.J.
Analysis and Simulation of Buffered Delta Networks
IEEE Transactions on Computers, Vol. C-30, No. 4 (1981), pp. 273 - 282

[Dougall 84] Dougall M.H.
Instruction-Level Program and Processor Modeling
IEEE Computer, Vol. 17, No. 7 (1984), pp. 14 - 24

[Gelenbe 75] Gelenbe E.
On Approximate Computer System Models
Journal of the ACM, Vol. 22, No. 2 (1975), pp. 261 - 269

[Gelenbe 76] Gelenbe E.; Muntz R.R.
Probabilistic Models of Computer Systems - Part I (Exact Results)
Acta Informatica Vol. 7, (1976), pp. 35 - 60

[Golliver 87] Golliver R.; Hughey B.; Moler C.
LINPACK and EISPACK on the Intel iPSC
Application Brief, Intel Scientific Computers, 1987

[Gorissen 87] Gorissen J.; Huber G.; Klemmer L.
SMDL: SIGMUS Model Description Language Version 2.0
Siemens, 1987

[Gostelow 80] Gostelow K.P.; Thomas,R.E.
Performance of a Simulated Dataflow Computer
IEEE Transactions on Computers, Vol. C-29, No. 10 (1980), pp. 905 - 919

[Goyal 84] Goyal A.; Agerwala T.
Performance Analysis of Future Shared Storage Systems
IBM J. Res. Develop., Vol. 28, No. 1 (1984), pp. 95 - 108

[Graham 78] Graham G.S.
Queueing Network Models of Computer System Performance
Computing Surveys, Vol. 10, No. 3 (1978), pp. 219 - 224

[Heidelberger 81] Heidelberger P.; Welch P.D.
A Spectral Method for Confidence Interval Generation and Run Length
Control in Simulations
Communications of the ACM, Vol. 24, No. 4 (1981), pp. 233 - 245

[Heidelberger 82] Heidelberger P.; Trivedi K.S.
Queueing Network Models for Parallel Processing with Asynchronous Tasks
IEEE Transactions on Computers, Vol. C-31, No. 11 (1982), pp. 1099 - 1109

[Heidelberger 83] Heidelberger P.; Trivedi K.S.
Analytic Queueing Models for Programs with Internal Concurrency
IEEE Transactions on Computers, Vol. C-32, No. 1 (1983), pp. 73 - 82

[Heidelberger 84] Heidelberger P.; Lavenberg S.S.
Computer Performance Evaluation Methodology
IEEE Transactions on Computers, Vol. C-33, No. 12 (1984), pp. 1195 - 1220

[Henriksen 83] Henriksen J.O.
Event List Management - A Tutorial
Proc. 1983 Winter Simulation Conf., 1983, pp. 543 - 551

[Herdieckerhoff 86] Herdieckerhoff M.; Lebsanft K.
Simulation des Multi-Mikrocomputer-Systems SICOMP MMC216
Siemens, 1986

[Herzog 79]   Herzog U.; Hoffmann W.; Kleinoder W.
                   Performance Modeling and Evaluation for Hierarchically Organized
                   Multiprocessor Computer Systems
                   Proc. 1979 Int. Conf. on Parallel Processing, 1979, pp. 103 - 114

[Hopcroft 69]   Hopcroft J.; Ullman J.
                   Formal Languages and their Relation to Automata
                   Addison-Wesley, Reading Massachusetts, 1969

[Jackson 63]   Jackson J.R.
                   Jobshop-Like Queueing Systems
                   Management Science, Vol. 10, No. 1 (1963), pp. 131 - 142

[Jordan 87]   Jordan K.E.
                   Performance Comparison of Large-Scale Scientific Computers
                   IEEE Computer, Vol. 20, No. 3 (1987), pp. 10 - 23

[Jordan 83]   Jordan H.F.
                   Performance Measurement on HEP - A Pipelined MIMD Computer
                   Proc. 10th Annual Symposium on Computer Architecture, SIGARCH
                   Newsletter Vol. 11, No. 3 (1983), pp. 207 - 212

[Karp 69]   Karp R.; Miller R.
                   Parallel Program Schemata
                   Journal of Computer and Systems Science, Vol. 3, May 1969, pp. 167 - 195

[Keller 84]   Keller R.M.; Lin F.C.H.
                   Simulated Performance of a Reduction-Based Multiprocessor
                   IEEE Computer, Vol. 17, No. 7 (1984), pp. 70 - 82

[Kienzle 79a]   Kienzle M.G.; Sevcik K.C.
                   Survey of Analytic Queueing Network Models of Computer Systems
                   Proc. 1979 Conf. on Simulation, Measurement and Modeling of Computer
                   Systems, 1979, pp. 113 - 129

[Kienzle 79b]   Kienzle M.G.; Sevcik K.C.
                   A Systematical Approach to the Performance Modelling of Computer Systems
                   Proc. 4th Int. Symposium on Modelling and Performance of Computer
                   Systems, 1979, pp. 3 - 27

[Kluge 85]   Kluge W.E.
                   An Approach to Computer System Modelling Based on Petri Nets
                   Methodologies for Computer System Design, IFIP 1985, pp. 143 - 160

[Kobayashi 74a]   Kobayashi H.
                   Application of the Diffusion Approximation to Queueing Networks,
                   I: Equilibrium Queue Distributions
                   Journal of the ACM, Vol. 21, No. 2 (1974), pp. 316 - 328

[Kobayashi 74b]   Kobayashi H.
                   Application of the Diffusion Approximation to Queueing Networks,
                   II: Nonequilibrium Distributions and Applications to Computer Modeling
                   Journal of the ACM, Vol. 21, No. 3 (1974), pp. 459 - 469

[Kuehn 79]   Kuehn P.J.
                   Approximate Analysis of General Queueing Networks by Decomposition
                   IEEE Transactions on Communications, Vol. Com-27, No. 1 (1979), pp. 113 -
                   126

[Kumar 78]   Kumar B.; Davidson E.S.
                   Performance Evaluation of Highly Concurrent Computers by Deterministic
                   Simulation
                   Communications of the ACM, Vol. 21, No. 11 (1978), pp. 904 - 913

[Lam 83]   Lam S.S.; Lien Y.L.
                   A Tree Convolution Algorithm for the Solution of Queueing Networks
                   Communications of the ACM, Vol. 26, No. 3 (1983), pp. 203 - 215

[Lang 82]   Lang T.; Valero M.; Alegre I.
                   Bandwidth of Crossbar and Multiple-Bus Connections for Multiprocessors
                   IEEE Transactions on Computers, Vol. C-31, No. 12 (1982), pp. 1227 - 1234

[Lavenberg 77]   Lavenberg S.S.; Sauer C.H.
                   Sequential Stopping Rules for the Regenerative Method of Simulation
                   IBM Journal Res. Develop., Vol. 21, November 1977, pp. 545 - 558

[Lavenberg 83]   Lavenberg S.S.
                   Computer Performance Modeling Handbook
                   Academic Press, 1983

[Law 82]   Law A.M.; Kelton W.D.
                   Simulation Modeling and Analysis
                   McGraw-Hill, 1982

[Lazowska 84]   Lazowska E.D.; Zahorjan J.; Graham G.S.; Sevcik K.C.
                   Quantitative System Performance
                   Prentice Hall, 1984

[Lester 86]   Lester B.P.
                   A System for Computing the Speedup of Parallel Programs
                   Proc. 1986 Int. Conf. on Parallel Processing, 1986, pp. 145 - 152

[Little 61]   Little J.C.D.
                   A Proof for the Queueing Formula $L = \lambda W$
                   Operations Research 9 (1961), pp. 383 - 387

[Martini 86]   Martini C.; Morando M.; Ridella S.
                   Caltech Hypercube MIMD Computer Performances,
                   Measurements in a Physical Mathematical Application
                   Proc. 1986 Conf. on Algorithms and Hardware for Parallel Processing
                   CONPAR 86, Lecture Notes in Computer Science, Vol.. 237, Springer-Verlag
                   1986, pp. 128 - 132

[McKenna 82]   McKenna J.; Mitra D.
                   Integral Representation and Asymptotic Expansions for Closed Markovian
                   Queueing Networks: Normal Usage
                   Bell System Technical Journal, Vol. 61, No. 5 (1982), pp. 661 - 683

[Mrva 86]   Mrva M.; Stobbe C.; Zorn S.
                   Modellierung und Simulation bei informationstechnischen Systemen
                   in: Informatik in der Praxis, Hrsg. H. Schwartzel, Springer-Verlag 1986

[Mudge 82]   Mudge T.N.; Makrucki B.A.
                   Probabilistic Analysis of a Crossbar Switch
                   Proc. 9th Annual Symposium on Computer Architecture, SIGARCH
                   Newsletter Vol. 10, No. 3 (1982), pp. 311 - 320

[Mudge 85]   Mudge T.N.; Al-Sadoun H.B.
                   A Semi-Markov Model for the Performance of Multiple-Bus Systems
                   IEEE Transactions on Computers, Vol. C-34, No. 10 (1985), pp. 934 - 942

[Muller 85]   Müller-Clostermann B.; Noack F.; Sczittnick M.
                   Analytische Lösungsverfahren für Rechensystemmodelle
                   Studie der Universität Dortmund, Lehrstuhl Informatik IV, 1985

[Muntz 78]   Muntz R.R.
                   Queueing Networks: A Critique of the State of the Art and Directions for the
                   Future
                   Computing Surveys, Vol. 10, No. 3 (1978), pp. 353 - 359

[Norton 85]   Norton A.; Pfister G.F.
                   A Methodology for Predicting Multiprocessor Performance
                   Proc. 1985 Int. Conf. on Parallel Processing, 1985, pp. 772 - 781

[Oed 86]   Oed W.; Lange O.
                   Modelling, measurement, and simulation of memory interference in the
                   CRAY X-MP
                   Parallel Computing, Vol. 3, No. 4 (1986), pp. 343 - 358

[Parkinson 87]   Parkinson D.
                   Organisational aspects of using parallel computers
                   Parallel Computing No. 5 (1987), pp. 75 - 83

[Peterson 81]   Peterson J.E.
                 Petri Net Theory and the Modeling of Systems
                 Prentice Hall, New York, 1981

[Pflug 86]   Pflug G.C.
                 Memory conflicts in MIMD-Computers - a performance analysis
                 Proc. 1986 Conf. on Algorithms and Hardware for Parallel Processing
                 (CONPAR 86), Lecture Notes in Computer Science, Vol.. 237,
                 Springer-Verlag 1986, pp. 61 - 68

[Pritsker 84]   Pritsker A.A.B.
                 Introduction to Simulation and SLAM II, Second Edition
                 Halsted Press, John Wiley and Sons, 1984

[Reed 87]   Reed D.A.; Grunwald D.C.
                 The Performance of Multicomputer Interconnection Networks
                 IEEE Computer, Vol. 20, No. 6 (1987), pp. 63 - 73

[Regen 85]   Regen F.; Behrens M.; Ameling W.
                 Simulation unterschiedlicher Verbindungsnetzwerke im M5PS
                 Multiprozessorsystem - Modellierung
                 Proc. 3. Symposium Simulationstechnik, Springer-Verlag 1985, S. 171 - 176

[Reiser 78]   Reiser M.
                 Queueing Network Models: Method of Solution and their Program
                 Implementation
                 in: Current Trends in Programming Methodology Vol. III, Software Modeling
                 and its Impact on Performance (ed. Chandy K.M.)
                 Prentice Hall 1978

[Reiser 80]   Reiser M.; Lavenberg S.S.
                 Mean-Value Analysis for Closed Multichain Queueing Networks
                 Journal of the ACM, Vol. 27, No. 2 (1980), pp. 313 - 322

[Reisig 82]   Reisig W.
                 Petrinetze - Eine Einführung
                 Springer-Verlag, 1982

[Rosenstengel 82] Rosenstengel B.; Winand U.
                 Petri-Netze
                 Vieweg & Sohn, Braunschweig, 1982

[Sauer 80]   Sauer C.H.; MacNair E.A.; Salza S.
                 A Language for Extended Queueing Network Models
                 IBM Journal Res. Develop., Vol. 24, No. 6 (1980), pp. 747 - 755

[Sauer 81]   Sauer C.H.; Chandy K.M.
                 Computer Systems Performance Modeling
                 Prentice Hall, 1981

[Sauer 83]   Sauer C.H.
                 Computational Algorithms for state-dependent queueing networks
                 ACM Transactions on Computer Systems, Vol. 1, 1983, pp. 67 - 92

[Sevcik 81]   Sevcik K.; Mitrani I.
                 The Distribution of Queueing Network States at Input and Output Instants
                 Journal of the ACM, Vol. 28, No. 2 (1981), pp. 358 - 371

[Sherman 72]   Sherman S.; Baskett F. III; Browne J.C.
                 Trace-Driven Modeling and Analysis of CPU Scheduling in a
                 Multiprogramming System
                 Communications of the ACM, Vol. 15, No. 12 (1972), pp. 1063 - 1069

[Siewiorek 82]   Siewiorek D.P.; Bell C.G.; Newell A.
                 Computer Structures: Principles and Examples
                 McGraw-Hill, 1982

[Smith 78]   Smith A.J.
                 Sequentiality and Prefetching in Database Systems
                 ACM Transactions on Database Systems, Vol. 3, No. 3 (1978), pp. 223 - 247

[Smith 81]   Smith A.J.
                    Long Term File Migration: Development and Evaluation of Algorithms
                    Communications of the ACM, Vol. 24, No. 8 (1981), pp. 521 - 532

[Smith 82]   Smith A.J.
                    Cache Memories
                    Computing Surveys, Vol. 14, No. 3 (1982), pp. 473 - 530

[Smith 86]   Smith B.J.
                    A Survey of the State of the Art and Practice in I/O Subsystem Modeling and
                    Analysis
                    Proc. 1986 Fall Joint Computer Conf., 1986, pp. 760 - 763

[Stewing 87]   Stewing F.-J. (Hrsg.); Scholten R.; Weißenberg N.; Wiggershaus L.
                    HIT: HI-SLANG Reference Manual
                    Interner Bericht der Universität Dortmund, Lehrstuhl Informatik IV, 1987

[Thomasian 83]   Thomasian A.; Bay P.
                    Analysis techniques for queueing network models of multicomputer systems
                    with shared resources
                    Computer Performance, Vol. 4, No. 3 (1983), pp. 151 - 166

[Topham 87]   Topham N.P.
                    Performance Analysis of a Data-Driven Multiple Vector Processing System
                    Highly Parallel Processors, G. L. Reijns, M. H. Barton (editors), Elsevier
                    Science Publishers B.V. (North Holland), 1987, pp. 111 - 125

[Towsley 78]   Towsley D.; Chandy K.M.; Browne J.C.
                    Models for Parallel Processing Within Programs: Application to CPU:I/O and
                    I/O:I/O Overlap
                    Communications of the ACM, Vol. 21, No. 10 (1978), pp. 821 - 830

[Trivedi 82]   Trivedi K.S.
                    Probability & Statistics with Reliability, Queueing, and Computer Science
                    Applications
                    Prentice Hall, 1982

[Webb 84]   Webb C.
                    PASS: A Simulation System for Parallel Architecture
                    Proc. 4th Jerusalem Conf. on Information Technology (JCIT), 1984, pp. 376 -
                    380

Anhang

V Verbindungsnetze

Jeder Parallelrechner umfaßt eine mitunter sehr große Anzahl von „selbständig" arbeitenden aktiven Einheiten, den „Prozessoren". Die einzelnen Prozessoren übernehmen Teilaufgaben einer übergeordneten Aufgabe. Um die parallel bearbeiteten Teilaufgaben miteinander abzustimmen und den Arbeitsfortschritt zu kontrollieren, ist Kommunikation, d.h. Austausch von Daten und Steuersignalen zwischen den Prozessoren notwendig. Verschiedene Ressourcen, wie beispielsweise globale Speicherbereiche und I/O-Ports, werden von allen Prozessoren gemeinsam benutzt. Das Medium, über das die Kommunikation der Prozessoren untereinander und der Zugriff auf gemeinsame Ressourcen abgewickelt werden, ist das sogenannte *Verbindungsnetz*.

Die Ausprägung des Verbindungsnetzes zwischen Prozessoren, Speichern und anderen Ressourcen ist ein wichtiges Merkmal von Parallelrechnern, sowohl von SIMD- als auch von MIMD-Architekturen. Ähnlich der Vielfalt

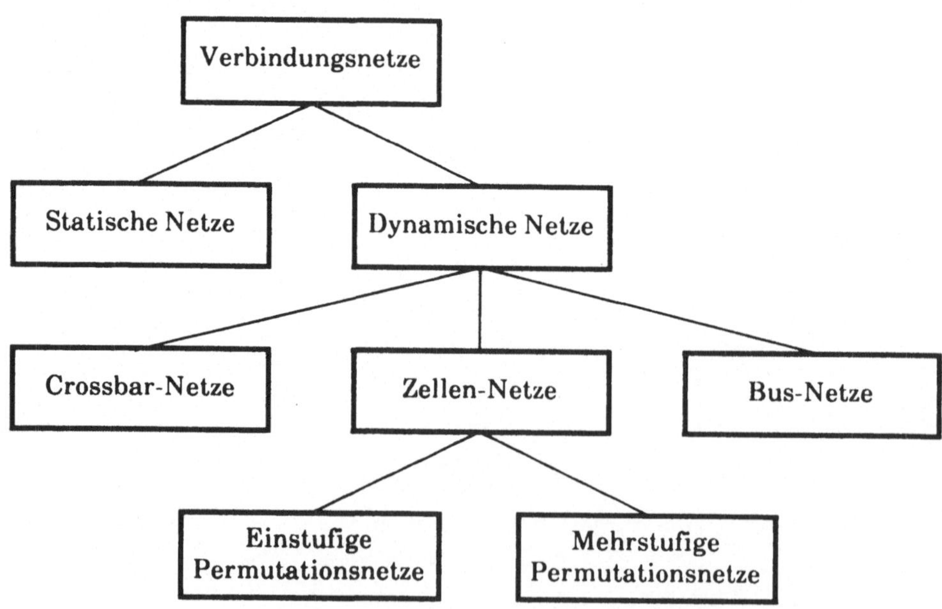

Bild V.1: Einteilung der Verbindungsnetze für Multiprozessor-Systeme

der unterschiedlichen Ansätze für die Parallelrechner im allgemeinen ist die Vielfalt der verschiedenen Verbindungsnetze im speziellen.

Aus der Literatur sind eine große Zahl von möglichen Unterscheidungskriterien für unterschiedliche Netze und zahlreiche Versuche der Klassifikation bzw. Taxonomie bekannt. Keiner der Ansätze ist jedoch geeignet, alle bekannten Netztypen zu erfassen und einzuordnen.

In diesem Anhang wird eine Übersicht der aus der Literatur bekannten Verbindungsnetze gegeben. Die grobe Gliederung dieser Übersicht zeigt Bild V.1. Zahlreiche der betrachteten Netze haben zur Zeit keine praktische Bedeutung, da sie in keinem allgemein bekannten Rechner eingesetzt werden. Der vollständigen Übersicht halber sind jedoch auch diese mit aufgenommen und beschrieben worden.

Die einzelnen Abschnitte der Übersicht enthalten jeweils eine Auswahl der für die betrachtete Netzklasse relevanten Klassifikationsmerkmale sowie die Beschreibung einer Reihe von Vertretern der entsprechenden Klasse.

In den folgenden Abschnitten werden die zu verbindenden Elemente eines Netzes (Speicherbausteine oder Prozessoren) einheitlich mit „Knoten" bezeichnet.

V.1 Klassifikationsmerkmale von Netzen

In diesem Abschnitt sind diejenigen Merkmale von Verbindungsnetzen angegeben, die für alle der im folgenden beschriebenen Netze relevant sind.

Verbindungspartner

Ein Verbindungsnetz verbindet entweder verschiedene Prozessoren direkt miteinander (Bild V.2), oder es verbindet eine Anzahl von Prozessoren mit einer Anzahl von Speicherelementen (siehe auch Abschnitt 1.3.2). Die direkte Kopplung von Prozessoren wird als *lose Kopplung* bezeichnet, die Kopplung über Speicherelemente als *enge Kopplung.* „Lose Kopplung" soll dabei zum Ausdruck bringen, daß der Zugriff eines Prozessors auf die Daten eines anderen nur unter Beteiligung dieses anderen Prozessors möglich ist. Häufig gibt es auch Mischformen der beiden Techniken.

Art des Datentransfers

Für den Datentransfer von einem Prozessor zu einem anderen Prozessor oder zu einem Speichermodul, gibt es zwei unterschiedliche Prinzipien: *Paketvermittlung (packet switching)* und *Durchschaltevermittlung (Leitungsvermittlung, circuit switching).*

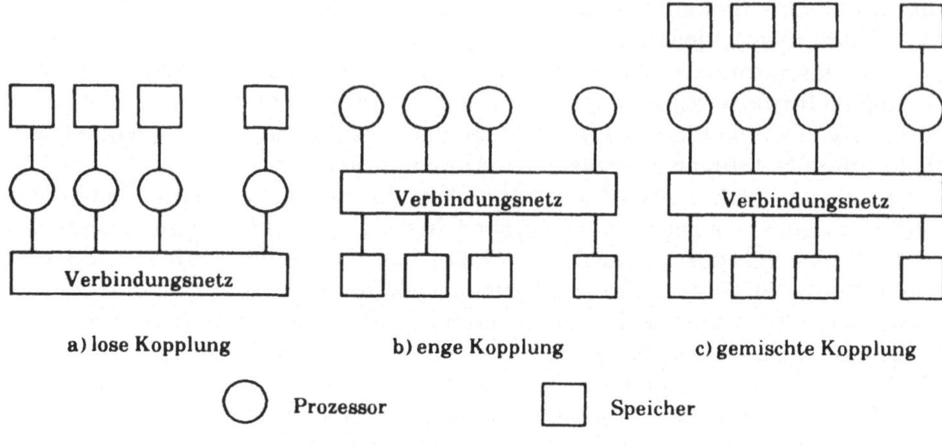

a) lose Kopplung   b) enge Kopplung   c) gemischte Kopplung

◯ Prozessor   ▢ Speicher

Bild V.2: Partner in Verbindungsnetzen [Regenspurg 87]

Paketvermittlung heißt, daß entweder Datenpakete fester Länge oder
Botschaften variabler Länge entsprechend einem Routingalgorithmus vom
Absender zum Empfänger geschickt werden. Die zu übertragenden Daten
müssen vor dem Absenden in einzelne Stücke zerlegt und vom Empfänger
nach dem Eintreffen wieder zusammengesetzt werden. Die Datenübertragung erfolgt in der Regel im sogenannten „store-and-forward"-Modus. Dabei
wird eine zu übertragende Botschaft bzw. ein Paket an den verschiedenen
(Vermittlungs-) Knoten zwischengespeichert, bis wieder ein Pfad zur Verfügung steht, auf dem die Nachricht weiter in Richtung Empfänger transportiert werden kann. In diesem Fall existiert zu keinem Zeitpunkt eine durchgehende Verbindung vom Absender zum Empfänger.

Mit Durchschaltevermittlung wird die Eigenschaft eines Netzes bezeichnet, eine direkte Verbindung zwischen zwei oder mehr Knoten eines Netzes
zu schalten. Das kann eine direkte physikalische oder eine logische Verbindung sein. Durchschaltenetze erreichen im allgemeinen wesentlich höhere
Übertragungsraten als Paketvermittlungsnetze, bei denen die Übertragungsrate oft von der Gesamtbelastung des Netzes abhängt. In Durchschalte-
netzen beeinflußt die Netzbelastung jedoch in der Regel die Möglichkeiten,
überhaupt Verbindungen zwischen Knoten herzustellen.

Da sowohl die Durchschalte- als auch die Paketvermittlung Vorzüge
besitzen, werden in verschiedenen Netzen beide Techniken gleichzeitig angeboten.

Möglichkeit des Verbindungsaufbaus

Ein wichtiges Merkmal von Verbindungsnetzen ist die Fähigkeit, gewünschte Verbindungen zwischen Knoten aufzubauen. Gemeint ist die Möglichkeit,

zu einem beliebigen Zeitpunkt eine beliebige neue Verbindung zusätzlich zu
bereits existierenden Verbindungen zu installieren. Drei Typen von Netzen
werden unterschieden. Ein Netz heißt:

- *nichtblockierend*, wenn zu jedem beliebigen Zeitpunkt jede gewünschte
  Verbindung zwischen beliebigen Knoten ohne Zeitverzug aufgebaut
  werden kann;
- *rearrangierbar*, wenn eine gewünschte neue Verbindung durch bereits
  bestehende Verbindungen kurzzeitig gesperrt, die Sperrung durch Re-
  konfigurierung der existierenden Verbindungen jedoch wieder aufgelöst
  werden kann;
- *blockierend*, wenn es mindestens eine Auswahl bereits existierender Verbindungen gibt, die den zusätzlichen Aufbau neuer Verbindungen verhindert.

Kontrollstrategie

Ein Verbindungsnetz besteht aus einer Anzahl von „Schaltern" („Schalter"
in diesem Sinn können „echte" Schaltelemente (Abschnitt V.3.3) oder auch
die Netzknoten selbst sein) und Verbindungsleitungen. Verbindungen zwischen den Knoten werden durch unterschiedliche Stellung dieser Schalter
hergestellt. Die Funktion der Schalterkontrolle kann durch eine zentrale
Instanz oder gemeinsam durch die Netzknoten selbst erfolgen. Die beiden
Strategien werden *zentrale* bzw. *verteilte Kontrolle* genannt. Das Prinzip der
zentralen Kontrolle korrespondiert dabei mehr mit den in V.3 vorgestellten
dynamischen Netzen, das der verteilten Kontrolle mehr mit statischen
Netzen (V.2).

Fehlertoleranz

Fehlertoleranz eines Netzes bezeichnet die Möglichkeit, Verbindungen
zwischen Knoten selbst dann noch zu schalten, wenn einzelne Elemente des
Netzes (Schaltelemente, Leitungen) ausfallen. Ein fehlertolerantes Netz muß
also zwischen jedem Paar von Knoten mindestens einen redundanten Weg
bereitstellen. Die Eigenschaft eines Systems, bei Ausfall einzelner Komponenten unter deren Umgehung funktionstüchtig zu bleiben (aber evtl. mit
verminderter Leistung), wird mit „graceful degradation" bezeichnet.

Erweiterbarkeit

Eine der häufig geforderten Eigenschaften von Parallelrechnersystemen ist
ihre Erweiterbarkeit, d.h. die Hinzunahme zusätzlicher Prozessorelemente.
In diesem Fall muß auch das verwendete Verbindungsnetz der Prozessoren
entsprechend „mitwachsen". Es ist wünschenswert, eine Vergrößerung zu

erreichen, ohne das bestehende Netz vollständig neu konfigurieren zu müssen. Für sehr viele Netze ist ein „langsames Wachsen" jedoch nicht möglich, beispielsweise können verschiedene Netze nur in Verdoppelungsschritten erweitert werden (z.B. Hypercubes).

Grad des parallelen Datentransfers

Wenn in einem Netz aus N Knoten gleichzeitig m Knoten Daten austauschen können, dann bezeichnet

$$S = \frac{m}{N} \quad 1 \leq m \leq N$$

den Grad der im Netz möglichen Parallelität.

Kosten

Die „Kosten" eines Netzes werden im allgemeinen gleichgesetzt mit der Komplexität des Aufbaus, d.h. der Zahl der notwendigen Schaltelemente und Leitungen. In [Kruskal 84] werden die Netzkosten gleichgesetzt mit der Zahl der Verbindungsleitungen. Andere Autoren nehmen an, daß die Netzkosten proportional zur Zahl und Größe der Schaltelemente sind [Patel 81], [Szymanski 86], [Bhuyan 83].

Art der Verbindung zwischen den Knoten

Hier wird zwischen *statischen* (*link-oriented*) und *dynamischen* Netzen unterschieden. Bei statischen Netzen existieren fest installierte Verbindungen zwischen Paaren von Netzknoten. Dynamische Netze dagegen enthalten eine Komponente „Schaltnetz", an die alle Knoten über Ein- und Ausgänge angeschlossen sind. Direkte Verbindungen zwischen den Knoten existieren nicht.

Der grundsätzliche Unterschied zwischen statischen und dynamischen Netzen besteht in der Art, wie Verbindungen zwischen Knoten hergestellt werden. In dynamischen Netzen sind alle notwendigen Steuerungs- und Kontrollfunktionen in der Komponente „Schaltnetz" konzentriert. Bei statischen Netzen sind Steuerung und Kontrolle des Verbindungsaufbaus (Funktion der „Vermittlung") Teil der Knoten selbst. Dort werden sie von den Prozessoren selbst oder von speziellen Vermittlungsprozessoren, die Teil der Knoten sind, wahrgenommen (Bild V.3).

Die innerhalb von Schaltnetzen angetroffenen Verbindungsstrukturen zwischen einzelnen „Schaltelementen" sind vielfach den Verbindungsstrukturen in statischen Netzen sehr ähnlich. Häufig existieren ähnlich klingende

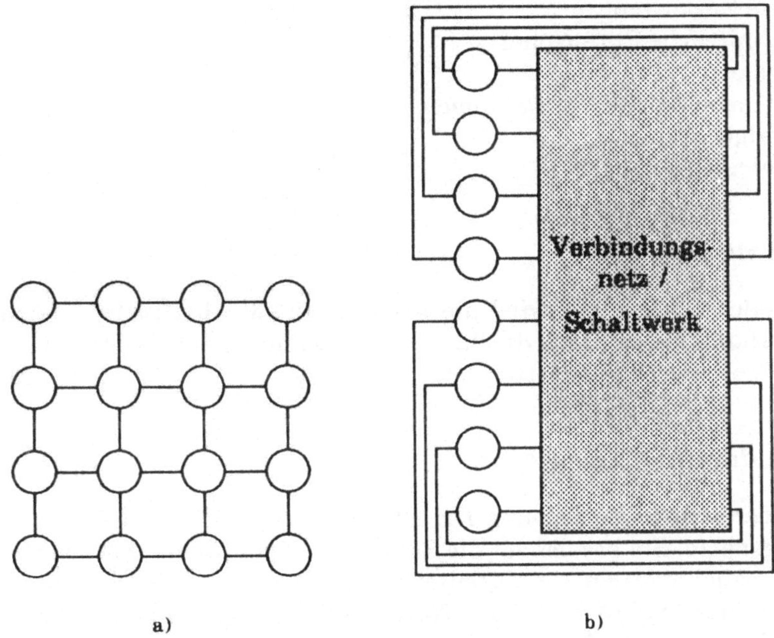

Bild V.3: a) statisches und b) dynamisches Netz

Bezeichnungen für Verbindungstopologien von statischen Netzen und den Schaltelementen im Schaltnetz von dynamischen Netzen.

V.2 Statische Netze

Statische Verbindungsnetze kommen in Multiprozessor-Systemen häufig zum Einsatz. Sie sind vor allem wegen der oft erwähnten und besprochenen Hypercube-, Gitter- und Baumstrukturen bekannt. In diesem Abschnitt werden einige Klassifikationsmerkmale und Kriterien besprochen, die für den Vergleich statischer Verbindungsnetze relevant sind. Außerdem wird eine Übersicht statischer Netzformen gegeben.

V.2.1 Klassifikationsmerkmale für statische Netze

Für Klassifizierung und Vergleich von statischen Netzen werden verschiedene Kriterien benutzt, die sich hauptsächlich auf die Topologie beziehen. Die wichtigsten Vergleichskriterien sind:

- Maximale Entfernung
- Durchschnittliche Entfernung
- Normalisierte Entfernung
- Zahl der notwendigen Verbindungen
- Routingalgorithmus
- Netztopologie

Maximale Entfernung

Mit maximaler Entfernung wird die größte Zahl der berührten Verbindungen (Kanten) bezeichnet, die für die Kommunikation zwischen zwei beliebigen Prozessoren erforderlich ist.

Durchschnittliche Entfernung

Die durchschnittliche Entfernung DE ist ein wichtiges Maß für statische Verbindungsnetze. Sie bezeichnet die Zahl der für die Kommunikation zwischen zwei beliebigen Knoten durchschnittlich berührten Verbindungen. Daher ist es vorteilhaft, DE in einem Netz möglichst klein zu halten. Für ein Netz mit N Knoten wird DE definiert als:

$$DE = \frac{1}{N}\left(\sum_{i=1}^{N} \frac{\sum_{d=1}^{r_i} dN_d^i}{N-1} \right)$$

Dabei sind:

N_d^i: Zahl der Knoten mit Entfernung d von einem speziellen Ausgangsknoten i aus,

r_i: das Maximum der Distanzen zwischen einem speziellen Ausgangsknoten i und beliebigen anderen Knoten.

Hinweis: Die durchschnittliche Entfernung DE wird in mancher Literatur abweichend von der obigen Definition auch als Maß nur für einzelne Netzknoten und nicht für das Gesamtnetz definiert. Wenn diese Definition verwendet wird, differiert DE für die einzelnen Knoten nicht-regulärer Netze. Ein Netz heißt dann *regulär*, wenn jeder Knoten in einem gleichförmigen Muster mit gleich vielen Nachbarknoten verbunden ist; im anderen Fall gilt die Bezeichnung *nicht-regulär* oder *irregulär*.

Normalisierte Entfernung

Die Angabe der durchschnittlichen Entfernung berücksichtigt nicht, wie viele Ports pro Knoten (mögliche Verbindungen zu anderen Knoten) notwendig sind, um eine Netzstruktur aufzubauen. Beispielsweise kann ein Verbindungsnetz mit einer niedrigen durchschnittlichen Entfernung eine große Zahl von Ports pro Knoten erfordern. Um solche Fälle besser unterscheiden zu können, wird die normalisierte Entfernung definiert:

$$NE = DE \times P$$

wobei P die Zahl der im Mittel pro Knoten erforderlichen Ports bezeichnet.

Hinweis: Ähnlich wie die durchschnittliche Entfernung wird auch NE in der Literatur teilweise als Maß für einzelne Netzknoten und nicht als Maß für das Gesamtnetz definiert.

Zahl der notwendigen Verbindungen

Eine weitere wichtige Maßzahl für die Charakterisierung von Verbindungsnetzen ist die Gesamtzahl der Verbindungen (*Verbindungsaufwand*), die zum Aufbau der Struktur notwendig sind.

Routingalgorithmus

Der Weg, der gewählt wird, um eine Nachricht in einem Netz von einem Knoten zu einem anderen zu übertragen, ist abhängig vom benutzten Routingalgorithmus. Es ist wünschenswert, einen „einfachen" Routingalgorithmus verwenden zu können.

Netztopologie

Das augenfälligste Unterscheidungskriterium für statische Verbindungsnetze ist die Netztopologie. Im folgenden werden die wichtigsten Topologien näher beschrieben.

V.2.2 Topologien für statische Netze

In diesem Abschnitt wird eine Auswahl verschiedener Topologien für statische Verbindungsnetze besprochen. Es wird darauf hingewiesen, daß darüberhinaus zahlreiche andere Netzformen existieren, die aber häufig nur leichte Modifikationen der angegebenen Netze darstellen. Speziell gilt dies für Baumstrukturen. Im folgenden werden vorgestellt:

- Ring (V.2.2.1),
- Vollvermaschung (V.2.2.2),
- Binärbaum (V.2.2.3),
- Hyperbaum (V.2.2.4),
- Multibaum (V.2.2.5),
- Hypercube (V.2.2.6),
- Cube-Connected-Cycles (V.2.2.7),

- Two-Wade-Netz (V.2.2.8),
- Gitter bzw. Torus (V.2.2.9),
- Alpha-Netz (V.2.2.10).

V.2.2.1 Ring

Der Ring ist eine der einfachsten Verbindungsstrukturen und in der Vergangenheit ausführlich untersucht worden. Das Hauptanwendungsgebiet von Ringstrukturen liegt jedoch nicht im Bereich der Parallelrechner im engeren Sinn, sondern im Bereich der LANs (Local Area Networks). Darüberhinaus sind einzelne Anwendungen der Struktur in Datenflußrechnern bekannt.

Bei dieser Struktur (Bild V.4) besitzt jede Verarbeitungseinheit zwei Nachbarn. Die meisten Ringe, die in LANs zum Einsatz kommen sind *unidirektional*, was bedeutet, daß der Datenfluß nur in einer Richtung erfolgen kann. Dem gegenüber stehen *bidirektionale* Ringe, bei denen Daten in beiden Richtungen transportiert werden können und die dadurch eine bessere Fehlertoleranz erreichen. Die im folgenden angegebenen Werte für durchschnittliche Entfernung usw. beziehen sich auf bidirektionale Ringe. Außerdem wird angenommen, daß die Zahl N der zu verbindenden Verarbeitungseinheiten ungerade ist, da in diesem Fall die Angaben besonders „einfach" aussehen.

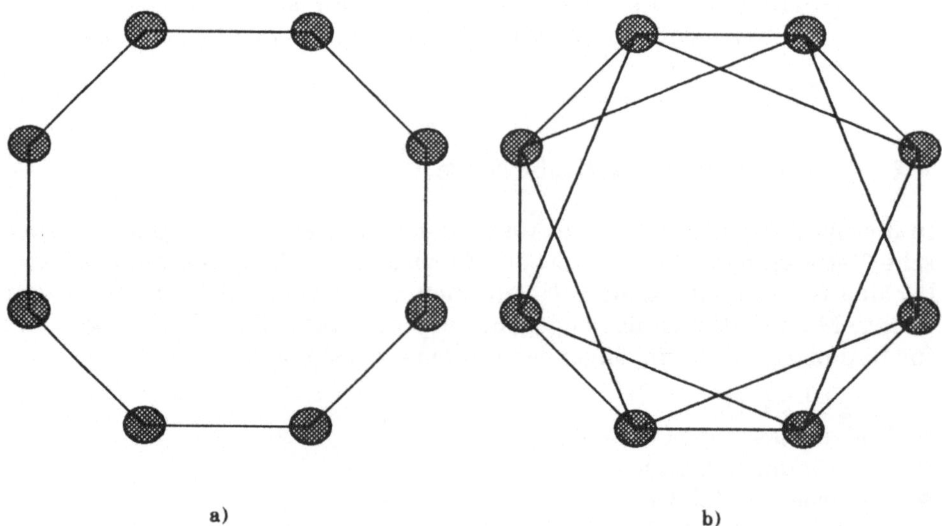

a)   b)

Bild V.4: a) einfacher Ring, b) Ring mit zusätzlichen Verbindungen („Chordaler Ring",
grch. chorda - Sehne)

Die durchschnittliche Entfernung in einem Ring beträgt $(N+1)/4$, die maximale Entfernung $(N-1)/2$. Die normalisierte Entfernung ist $(N+1)/2$, da jede Verarbeitungseinheit zwei Ports (zwei Nachbarn) besitzt. Die lineare Beziehung zwischen N und den Angaben für die Entfernung zeigt, daß für große N die Entfernung der Knoten untereinander unakzeptabel groß wird. Die Zahl der notwendigen Verbindungen ist N. Der Routingalgorithmus für Ringe ist aufgrund der einfachen Struktur simpel, es muß lediglich entschieden werden, auf welchem der beiden möglichen Wege die jeweilige Nachricht transportiert werden soll. Die Fehlertoleranz von Ringen ist offensichtlich schlecht. Der Ausfall von zwei Verbindungen kann das gesamte Netz lahmlegen. Der geringen Fehlertoleranz steht die sehr einfache Erweiterbarkeit der Struktur gegenüber. Prinzipiell kann ein Ring beliebig erweitert werden. Für jeden neuen Knoten, der eingefügt wird, ist nur eine einzige zusätzliche Verbindung notwendig, das ursprüngliche Netz kann nahezu vollständig erhalten bleiben.

Um die Nachteile der Ringstruktur abzumildern, werden häufig zusätzliche Verbindungen zwischen nicht benachbarten Knoten eingefügt (Bild V.4). Solche Konfigurationen werden in der Literatur gelegentlich als „chordale Ringe" bezeichnet ([Regenspurg 87], [Klein 87]). Damit wird die Ausfallsicherheit erhöht und die Entfernung zwischen den Knoten verkürzt, gleichzeitig erhöht sich aber der Verbindungsaufwand. Ein Beispiel, wo ein solches Netz verwendet wird, ist der ELI-Rechner (Abschnitt R.3.3).

V.2.2.2 Vollvermaschung

Ein anderes Extrem eines Verbindungsnetzwerks ist die Vollvermaschung (Bild V.5). Hier ist jede Verarbeitungseinheit direkt mit jeder anderen ver-

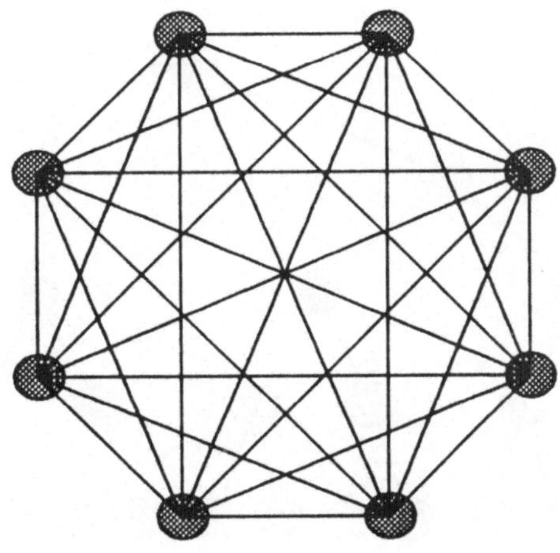

Bild V.5: Vollvermaschtes Netz

bunden. Damit sind sowohl die durchschnittliche Entfernung als auch die
maximale Entfernung im Netz gleich 1. Dagegen ist die normalisierte Entfernung aufgrund der großen Zahl erforderlicher Ports mit $N{-}1$ größer als bei
einem Ring. Die Gesamtzahl der notwendigen Verbindungen von $(N^2{-}N)/2$
verbietet den Einsatz der Struktur für größere N. Der Routingalgorithmus
eines vollvermaschten Netzes ist trivial. Die Fehlertoleranz der Struktur ist
offensichtlich ausgezeichnet, die Erweiterung aufwendig.

V.2.2.3 Binärbaum

In diesem Verbindungsnetzwerk werden die Knoten untereinander in Form
eines binären Baumes verbunden (Bild V.6). Das bedeutet, daß jeder Knoten
(mit Ausnahme der „Wurzel" und der „Blätter") mit drei anderen Knoten
verbunden ist, einem „Vorgänger" und zwei „Nachfolgern". Der Wurzelkno-
ten besitzt keinen Vorgänger, die Blätter keine Nachfolger. Da insgesamt
keine reguläre Verbindungsstruktur besteht (mehr als die Hälfte der Knoten
sind Blätter oder Wurzel), ist die Struktur nur für solche Systeme gut geeignet, die Algorithmen (Auftragsvergabe - Rückmeldung) verarbeiten sollen,
die günstig auf die hierarchische Verbindungstopologie abgebildet werden
können.

Die durchschnittliche Entfernung im Binärbaum steigt logarithmisch mit
der Zahl N der Knoten, die maximale Entfernung ist $2\times[log_2(N+1){-}1]$
(Bemerkung: wenn ein Binärbaum N Knoten enthält, ist $N+1$ eine Zweier-
potenz, d.h. es gilt $N+1 = 2^d$). Für einen Baum mit d Ebenen und damit $2^d{-}1$
Knoten ergibt sich somit als maximale Entfernung $2\times(d{-}1)$ (aufsteigen von
einem Blätterknoten bis zur Wurzel und wieder absteigen bis zu einem
anderen Blatt). Die Anzahl der notwendigen Verbindungen ist $N{-}1$, da jeder

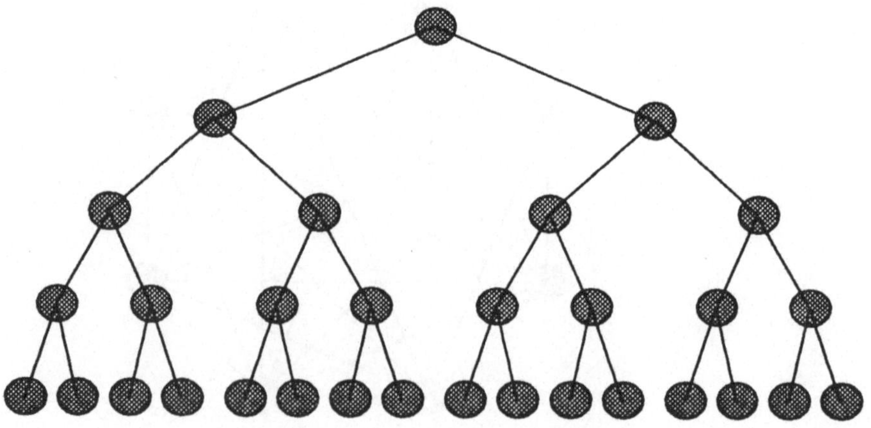

Bild V.6: Binärbaum mit fünf Ebenen und 31 ($=2^5{-}1$) Knoten

Knoten mit einem Vorgänger verbunden wird und die Wurzel keinen Vorgänger besitzt. Binärbäume können nur in Verdoppelungsschritten erweitert
werden (Übergang von N auf $2N+1$ Knoten; zwei Teilbäume plus eine neue
Wurzel), die Erweiterung erfordert jedoch nur minimale Eingriffe in die
ursprüngliche Struktur. Die Fehlertoleranz von Binärbäumen ist sehr
gering, da der Ausfall einer Verbindung oder eines Knotens den „darunter-
liegenden" Teilbaum vom Netz trennt.

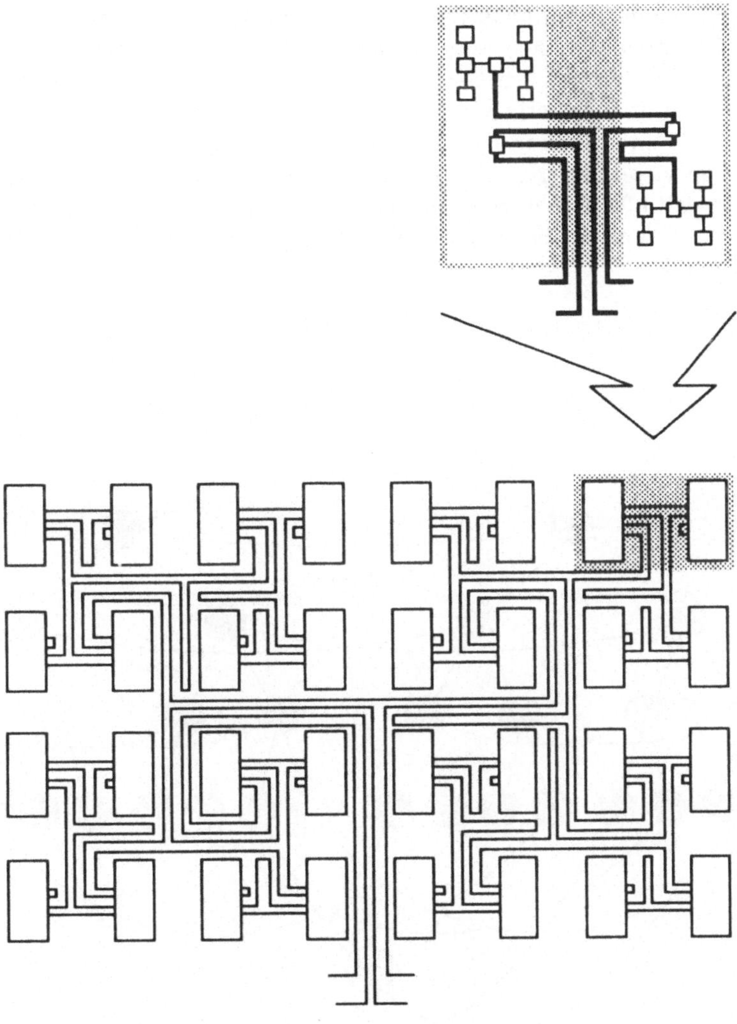

Bild V.7: Realisierung von Binärbaum-Netzen in Form von H-Trees („Leiserson-Chip-Design");
das obere Bild entspricht der schraffierten Fläche im unteren Bild [Stolfo 86]

Binärbäume haben den Vorteil der günstigen Implementierbarkeit (modularer Aufbau, hohe Integrationsdichte erreichbar) in Hardware als sogenannte H-Trees (Bild V.7). Ein bekanntes Beispiel eines Multiprozessor-Systems, bei dem ein Binärbaum-Netz implementiert wurde, ist der DADO-Rechner (Abschnitte 3.3.1 u. R.2.4).

V.2.2.4 Hyperbaum

Hyperbäume sind von der Binärbaumstruktur abgeleitet. Sie enthalten gegenüber „reinen" Binärbäumen zusätzliche Querverbindungen zwischen Knoten der einzelnen Ebenen, um die Schwächen der Ausgangsstruktur abzumildern (Bild V.8). Im Gegensatz zum Binärbaum besitzen die Knoten von Hyperbäumen jeweils vier Ports (mit Ausnahme der Blätter und der Wurzel), drei entsprechen den Binärbaum-Verbindungen, einer erlaubt die Verbindung zu einem Nachbarknoten. Die Gesamtzahl der Verbindungen beträgt $(N-1)(3/2)$. Die durchschnittliche und die normalisierte Entfernung sind nicht einfach zu berechnen. Für entsprechende Angaben siehe z.B. [Goodman 81].

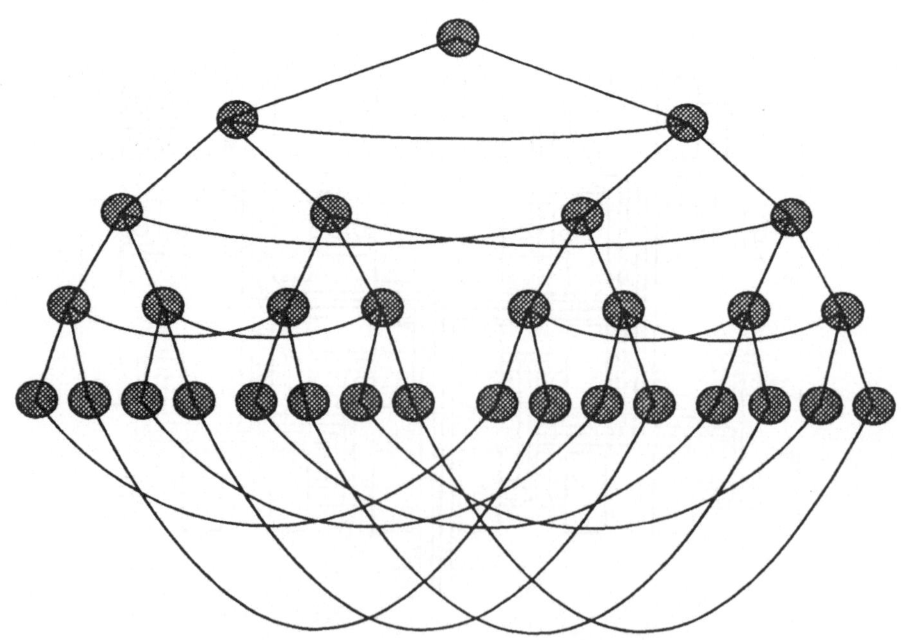

Bild V.8: Hyperbaum mit 31 Knoten [Agrawal 86]

V.2.2.5 Multibaum

Ähnlich den Hyperbäumen ist die Multibaum-Struktur eine weitere Netztopologie, die Querverbindungen einsetzt, um die durchschnittliche Distanz
der Knoten zu verringern. Multibäume bestehen aus mehreren identischen
Unterbäumen, deren Wurzeln und Blätter zirkulär verkettet sind (Bild V.9).

Für die Angabe der durchschnittlichen und normalisierten Entfernungen
der Knoten in Multibäumen sind keine geschlossenen Formeln bekannt. Im
Vergleich zu den Binärbaum- und Hyperbaumstrukturen sind Multibäume
schwierig zu erweitern, da hierfür mehr Eingriffe in die ursprüngliche Struktur notwendig sind. Da in dieser Netzstruktur redundante Pfade vorhanden
sind, ist sie gegenüber dem Ausfall einzelner Komponenten fehlertolerant.

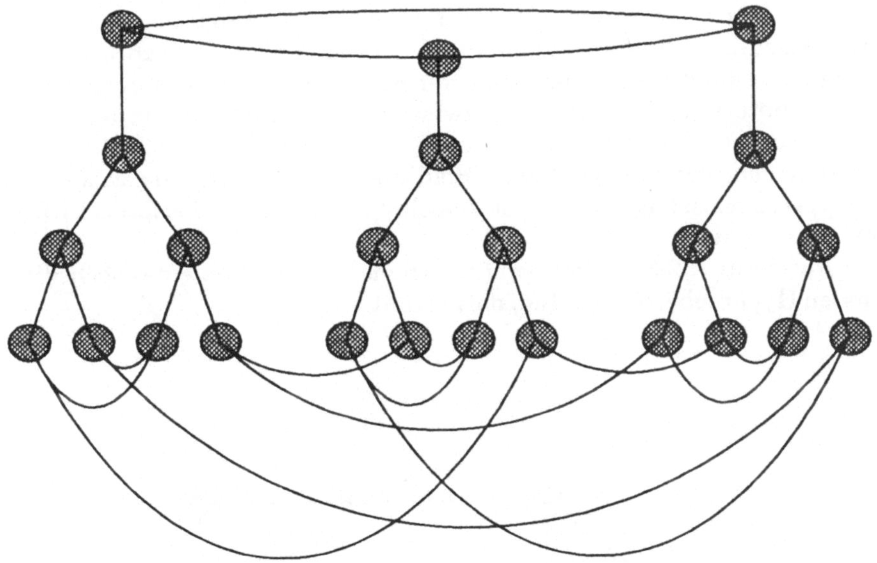

Bild V.9: Multibaum [Agrawal 86]

V.2.2.6 Hypercube

Die Hypercube-Struktur (und davon abgeleitete Strukturen) ist eine der
bekanntesten Verbindungsstrukturen und kommt in verschiedenen Systemen zum Einsatz. Der Name Hypercube leitet sich von der anschaulichen
Repräsentation eines Netzes von acht Knoten in Form eines Würfels ab.
Jeder Knoten bildet einen der Eckpunkte des Würfels und ist „in jeder
Dimension" mit einem Nachbarknoten verbunden, in diesem Fall also mit
drei Nachbarknoten. Die Struktur ist allgemein geeignet für Knotenzahlen

N, wobei $N = 2^d$ gilt. Im allgemeinen Fall besetzen die Knoten die Eckpunkte eines d-dimensionalen Würfels und sind mit d benachbarten Knoten verbunden (Bild V.10).

Die maximale Entfernung zweier Knoten in einer Hypercube-Struktur ist d, der mittlere Abstand ist näherungsweise $d/2$. Beide Werte wachsen somit logarithmisch mit der Zahl N der Knoten. Die normalisierte Entfernung beträgt mit den obigen Angaben also näherungsweise $d^2/2$ (jeder Knoten ist mit d anderen verbunden). Die Gesamtzahl der notwendigen Verbindungen beträgt $d(N/2)$, wächst also mit der Ordnung $O(N log_2 N)$, was einen vergleichsweise ungünstigen Wert darstellt. Die relativ hohe Zahl von Verbindungen bringt aber den Vorteil der kurzen Entfernungen zwischen den Knoten und eine gute Fehlertoleranz aufgrund zahlreicher alternativer Routen zwischen je zwei Knoten.

Als weiterer Vorteil der Hypercubestruktur gilt das einfache Routingverfahren zwischen den Knoten. Wenn die Knoten mit Binärzahlen numeriert werden (d-stellige Zahlen), so können die einzelnen Knoten so adressiert werden, daß sich die Adressen benachbarter Knoten in jeweils nur einer einzigen Bitstelle unterscheiden. Der Weg zwischen zwei Knoten kann dann so bestimmt werden, daß für jede Bitstelle, in der sich Quell- und Zieladresse unterscheiden, der entsprechende Pfad ausgewählt wird. Die Erweiterung von Hypercubes erfolgt nur in Verdoppelungsschritten und erfordert Eingriffe an allen Knoten.

In Abschnitt R.2.3 ist die zweidimensionale Projektion eines sechsdimensionalen Hypercube (64 Knoten) dargestellt.

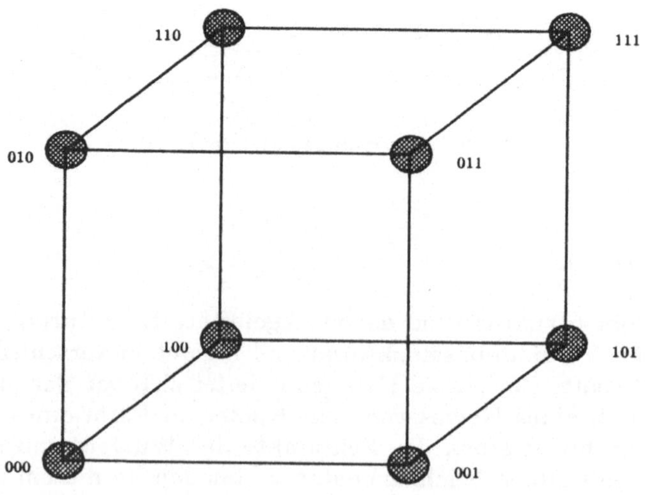

Bild V.10: Hypercube mit Dimension 3

V.2.2.7 Cube Connected Cycles (CCC)

Diese Struktur ist vom Hypercube abgeleitet mit dem Ziel, die hohe Zahl not-
wendiger Verbindungen dieser Topologie zu verringern. Das CCC-Netzwerk
kann wie der Hypercube als Würfel aufgefaßt werden, nur daß die einzelnen
Ecken nicht durch einzelne Verarbeitungseinheiten, sondern durch Gruppen
von Verarbeitungseinheiten besetzt werden. Das Netzwerk (Bild V.11) verbindet $N = r \times 2^d$ Knoten derart, daß 2^d Gruppen von je r Knoten in Form
eines d-dimensionalen Hypercubes vernetzt sind. Die Knoten einer Gruppe
sind jeweils in Form eines Rings verbunden.

Für die Angabe der Kenngrößen bzgl. Abstand etc. wird der Einfachheit
halber angenommen, daß die Dimension des Würfels und die Zahl der Knoten
in den einzelnen Gruppen übereinstimmen ($d = r$), d.h. die Knotenzahl kann
dann angegeben werden als $N = d \times 2^d$. Die Gesamtzahl der Verbindungen ist
$3 \times N/2$. Der mittlere Abstand zweier Knoten beträgt $7 \times d/4 - 3 + (d + 1)/2^{d-1}$
(was für große d angenähert $7 \times d/4 - 3$ ergibt), der maximale Abstand ist
$5 \times d/2 - 2$. Das Routing in CCC-Netzen ist einfach, bei Ausfall von Komponenten können ohne weiteres Alternativrouten bestimmt werden.

Die Erweiterung der Struktur ist schwierig. Neben der Notwendigkeit, in
Verdoppelungsschritten zu erweitern, muß das Netz bei Vergrößerung
jeweils vollständig neu strukturiert werden. Ein Vorteil der Topologie ist der
einfache modulare Hardwareaufbau.

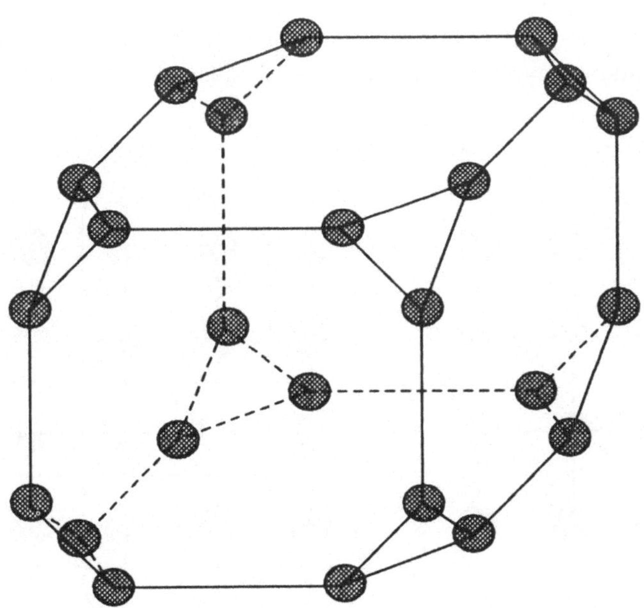

Bild V.11: Cube Connected Cycles mit $d = r = 3$

V.2.2.8 Two-Wade-Netz

Die Two-Wade-Netzstruktur (<u>Two</u> <u>Way</u> <u>D</u>igit <u>E</u>xchange) ist eine Modifikation der Cube Connected Cycles. Dabei liegt die Ähnlichkeit nicht unmittelbar in der anschaulichen, mehrdimensionalen Darstellung, sondern im zweidimensionalen Hardware-Layout der Strukturen. Das Two-Wade-Netz enthält im Gegensatz zum CCC-Netz nur unidirektionale Leitungen und benötigt pro Knoten weniger Ports.

Die durchschnittliche Entfernung in diesem Netz beträgt $3 \times (d-1)/2$, wobei d die Dimension der Struktur bezeichnet (ähnlich der Dimension des CCC-Netzes). Damit ist die durchschnittliche Entfernung für große d beim Two-Wade günstiger als beim CCC-Netz. Bei kleinen d hat das CCC-Netz Vorteile. Die maximale Entfernung im Two-Wade beträgt $2d-1$. Der Routingalgorithmus entspricht in etwa dem des CCC-Netzes. Die Struktur ist fehlertolerant, da es zwischen jedem Knotenpaar mehrere Wege gibt, die allerdings nicht gleich lang zu sein brauchen.

V.2.2.9 Gitter bzw. Torus

Die zweidimensionale Gitterstruktur aus orthogonal verlaufenden Pfaden (Bild V.12) ist eine vergleichsweise einfache und homogene Netztopologie. Beispielsweise sind die Transputer-Bausteine der Firma INMOS so angelegt, daß sie günstig zu Gitterstrukturen zusammengesetzt werden können. Wenn die einzelnen Pfade des Gitters in sich ringförmig geschlossen sind, ist diese Topologie ein Torus.

Ein (quadratisches) Gitter bzw. Torus verbindet $N = n^2$ Knoten miteinander. Die folgenden Angaben bzgl. der Kenngrößen der Topologie beziehen

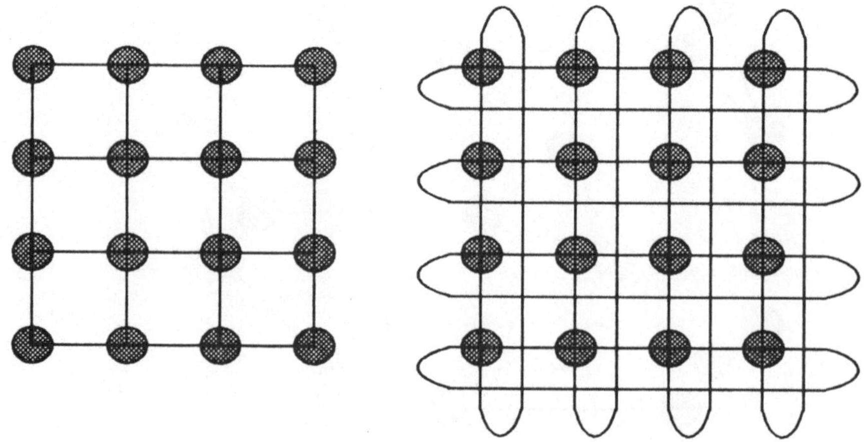

Bild V.12: Gitter- bzw. Torus-Struktur mit jeweils 16 Knoten

sich auf den Torus. Jeder Knoten ist mit jeweils vier Nachbarknoten über
bidirektionale Kanten gekoppelt. Die maximale Entfernung ist somit n
(halbe Seitenlänge in jeder Richtung). Der mittlere Abstand zweier Knoten
ist annähernd $n/2$. Die Gesamtzahl der notwendigen Verbindungen ist $2N$.
Das Routingverfahren in Gittern ist einfach, da für die Übertragung einer
Nachricht von einem Quell- zu einem Zielknoten alle Wege offenstehen, die
in einem Schritt die Differenz zwischen Quell- und Zielkoordinate um eins
verringern. Aufgrund der zahlreichen alternativen Wege zwischen Knoten-
paaren hat die Struktur gute Fehlertoleranz-Eigenschaften.

Gelegentlich werden auch mehrdimensionale Gitter eingesetzt, d.h.
Strukturen, die aus mehreren „übereinander" geschichteten zweidimensionalen Gittern aufgebaut sind. Zusätzlich zu den Verbindungen in jedem der
zweidimensionalen Gitter bestehen hier Verbindungen der Knoten, die
„übereinander" liegen.

V.2.2.10 Alpha-Netz

Das Alpha-Netz [Bhuyan 82] kann als Verallgemeinerung sowohl von
mehrdimensionalen Gittern als auch von Hypercube-Strukturen aufgefaßt
werden. Mit einem Alpha-Netz werden $N = m_r m_{r-1} ... m_1$ Knoten in einem r-
dimensionalen Gitter verknüpft. Jeder Knoten ist mit der gleichen Zahl von
Nachbarknoten verbunden. Die Numerierung der Knoten erfolgt in einem
matrixartigen Schema mit Zahlen $x_r x_{r-1} ... x_1$ mit $0 \leq x_i \leq m_i - 1$.

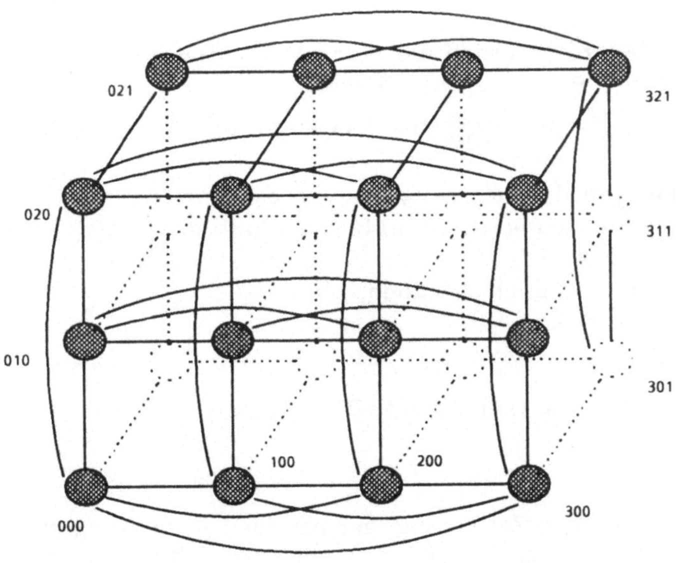

Bild V.13: Alpha-Netz [Bhuyan 82]

Die Knoten im „Inneren" der Struktur sind in einem regelmäßigen Muster untereinander verknüpft, während die Knoten am Rand davon abweichend mit anderen Randknoten verbunden sind (Bild V.13).

Die Gesamtzahl GZ der Verbindungen in einem Alpha-Netz beträgt:

$$GZ = \frac{N}{2} \sum_{i=1}^{r} m_i - 1$$

Die maximale Entfernung zweier Knoten im Alpha-Netz ist r. Die durchschnittliche Entfernung DE ist als Ausdruck schwierig darzustellen. Für Netze mit $N = w^d$ Knoten beträgt sie:

$$DE = \frac{d\left(w-1\right)w^{d-1}}{N-1}$$

Die Vorzüge von Alpha-Netzen sind die Anwendbarkeit der Topologie auf fast „beliebige" Zahlen N von Knoten (im Gegensatz beispielsweise zu Hypercubes, wo $N = 2^d$ verlangt ist), die gute schrittweise Erweiterbarkeit und gute Fehlertoleranz-Eigenschaften.

Eine verallgemeinerte Darstellung dieses Netztyps unter der Bezeichnung „Generalized Shuffle Network" findet sich in [Bhuyan 83], eine andere Bezeichnung („Generalized Hypercube") in [Bhuyan 84].

V.3 Dynamische Netze

In diesem Abschnitt werden die unter V.1 definierten dynamischen Netze behandelt. Der Abschnitt enthält folgende Teile:

- Angabe einer Reihe möglicher Klassifikationsmerkmale für dynamische Netze;
- Definition von drei Grundtypen von dynamischen Netzen und deren nähere Beschreibung in getrennten Abschnitten:
  - Crossbar-Netze,
  - Netze, die auf Zellen aufbauen, und
  - Busstrukturen.

V.3.1   Klassifikationsmerkmale für dynamische Netze

Delay

Delay bezeichnet den Zeitverzug, der bei der Übertragung einer Nachricht von einer Quelle zu einem Ziel entsteht. Der Zeitverzug ist in der Regel proportional zu der Zahl der Schaltelemente, die am Aufbau einer Verbindung beteiligt sind.

Einseitige bzw. Zweiseitige Netze

Diese Unterscheidung bezieht sich auf die Art der Ports, über die die Prozessoren oder Speicher mit dem Netzwerk verbunden sind (Bild V.14). Es ist nicht immer eindeutig, ob ein Netz als einseitig oder zweiseitig zu betrachten ist.

Einseitige Netze haben eine Anzahl von Ports, die alle gleich behandelt werden. Die Verbindungen, die mit den Ports eines einseitigen Netzes verknüpft sind, müssen alle bidirektional sein, da die Ports sowohl Quelle als auch Ziel einer Nachricht sein können. Einseitige Netze spielen gegenüber den zweiseitigen Netzen nur eine untergeordnete Rolle.

Zweiseitige Netze verbinden zwei unterschiedliche Portmengen, die als „Eingänge" bzw. „Ausgänge" (Inputs bzw. Outputs) bezeichnet werden. Die Bezeichnung Ein-/Ausgang wird zwar allgemein verwendet, ist aber teilweise recht mißverständlich, da sie nicht immer in Einklang mit der Richtung eines möglichen Datentransfers steht. Gemeint ist lediglich, daß die Verbindung immer von einem Eingang zu einem Ausgang hin aufgebaut wird.

Zweiseitige Netze werden anhand der vorhandenen Durchschaltemöglichkeiten gelegentlich weiter unterschieden, obwohl für Multiprozessoren nur eine der Klassen (die Konnektornetze) wesentliche Bedeutung hat. Es gibt folgende Netzklassen: Konnektornetze, Konzentratornetze und Expansionsnetze.

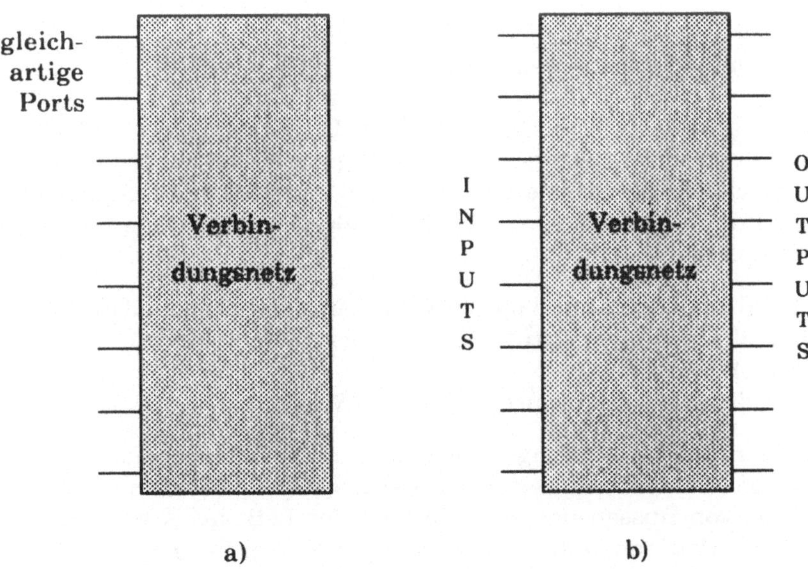

Bild V.14: a) Einseitiges Netz, b) Zweiseitiges Netz [Broomell 83]

Konnektornetze

Dies sind Netze, bei denen ein nicht belegter Eingang jederzeit mit *jedem* einzelnen zur Zeit nicht belegten Ausgang verbunden werden kann. Ein anschauliches Beispiel sind Fernsprechnetze: Jeder Telefon-Teilnehmer (der nicht bereits spricht) kann unter allen nicht belegten Anschlüssen einen einzelnen auswählen und eine Verbindung dorthin aufbauen.

Konzentratornetze

Dies sind Netze, wo jeder nicht belegte Eingang jederzeit mit *irgendeinem* zur Zeit nicht belegten Ausgang verbunden werden kann. Ein Beispiel für ein „Konzentratornetz" ist der Anschluß der Fernsprechteilnehmer an die Auskunft. Ein anrufender Teilnehmer wird mit irgendeinem freien „Fräulein vom Amt" verbunden, er selbst hat keinen Einfluß auf die Auswahl des Auskunfts-Anschlusses.

Expansionsnetze

Das sind Netze, wo jeder, nicht notwendigerweise unbenutzte Eingang mit jedem ausgewählten, zur Zeit nicht belegten Ausgang verbunden werden kann. Ein solches Netz bietet z.B. die Möglichkeit, Nachrichten gleichzeitig an mehrere Ausgänge zu schicken („Broadcast", Bild V.20 i) und m)).

Grundtypen von dynamischen Netzen

Verbindungsnetze sind aus gleichartigen Grundelementen aufgebaut. Je nach der Betrachtung unterschiedlicher Eigenschaften werden in der Literatur unterschiedliche Gruppen-Einteilungen getroffen, die meistens überlappend sind. Im folgenden werden drei Grundtypen von Netzen unterschieden und näher beschrieben:

- Netze, die auf der Grundlage von Crossbars entwickelt sind (V.3.2);
- Netze, die aus gleichartigen Zellen (Schaltelementen) aufgebaut sind (V.3.3 - V.3.5);
- Netze, die auf Busstrukturen aufsetzen (V.3.6).

Die getroffene Einteilung ist ebenfalls nicht überschneidungsfrei. Beispielsweise können ohne weiteres crossbar-artige Verbindungsnetze auf der Grundlage von Bussen implementiert werden (z.B. iAPX 432, [Geyer 82]). Außerdem existieren Netze, die sowohl der Kategorie „Crossbar" als auch der Kategorie „Zellen-Netz" zugeordnet werden können (Beispiel: Beneš-Netz, Abschnitt V.3.4.4).

V.3.2 Crossbar-Netze

Crossbar-Netze wurden ursprünglich für Telefon-Vermittlungsanlagen entwickelt, wo der elektromechanische „Kreuzschienenverteiler" starke Bedeutung erlangte. Das Konzept sieht vor, ein eigenes Schaltelement („Kontaktpaar") für jede mögliche Input-Output-Kombination bereitzustellen. Diese Eigenschaft bringt sowohl den größten Vorteil als auch den größten Nachteil für diesen Netztyp: nicht blockierender Verbindungsaufbau bei einfacher Steuerung der Schaltelemente gegenüber hohen Kosten. Im weiteren werden folgende Typen von Crossbar-Netzen vorgestellt:

- Einstufiges Crossbar-Netz (V.3.2.1),
- Clos-Netze (V.3.2.2),
- Triangular Crosspoint Array (V.3.2.3),
- Binomial Concentrator von Masson (V.3.2.4).

V.3.2.1 Einstufige Crossbar-Netze

Das einstufige Crossbar-Netz ist die ursprüngliche Form dieses Netztyps. Es ist eine rechteckige Anordnung individuell kontrollierter Schaltelemente, wobei für jede Input-Output-Kombination ein eigenes Element vorhanden ist. Ein Crossbar-Netz (Bild V.15) heißt „quadratisch" ($N \times N$), wenn die Zahl der Eingänge und die Zahl der Ausgänge übereinstimmt, andernfalls „rechteckig" ($N \times M$). Das einstufige Crossbar-Netz ist die wohl bekannteste Struktur, die strikt nichtblockierend ist, und die einzige mit einem für alle möglichen Verbindungen geltenden Delay von 1. Das einstufige Crossbar-Netz wird als Konnektornetz betrachtet, kann jedoch mit geeigneten Kontroll-

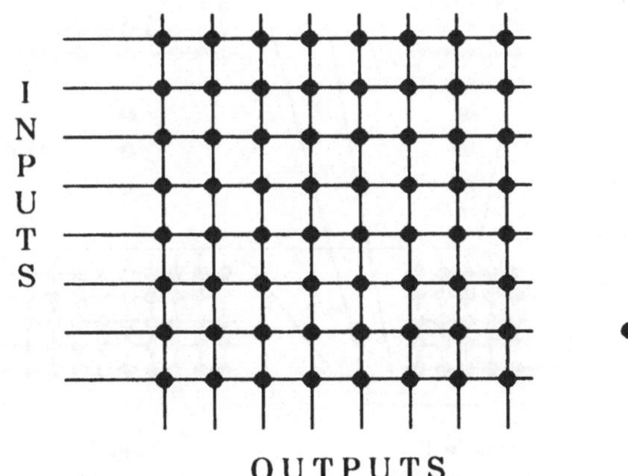

Bild V.15: Einstufiges 8×8 - Crossbar-Netz

funktionen auch ohne weiteres als Konzentrations- bzw. Expansionsnetz realisiert werden.

Diese günstigen Eigenschaften werden durch hohe Kosten erkauft. Die Zahl der erforderlichen Schaltelemente für quadratische Netze ist N^2, wächst also mit der Ordnung von $O(N^2)$, bzw. NM und $O(NM)$ für rechteckige Netze.

Das einstufige Crossbar-Netz gilt als sehr brauchbare Struktur, wenn die Anzahl der vernetzten Komponenten „klein" ist (ca. < 20). Ein Beispiel eines Rechners mit Crossbar-Netz ist der S1 (Abschnitt R.3.3).

V.3.2.2 Clos-Netze

Von Clos wurde 1953 eine Klasse von Netzstrukturen vorgeschlagen (wiederum für Telefon-Vermittlungsanlagen), die die Vorteile des einstufigen Crossbar-Netzes erhalten und dabei die Kosten reduzieren sollte [Clos 53]. Das Gesamt-Netz wird hier in Stufen zerlegt, wobei jede Stufe aus mehreren kleinen einstufigen Crossbars besteht. Wie das einstufige Crossbar-Netz sind Clos-Netze nichtblockierend (bei sorgfältiger Wahl von Zahl und Größe der

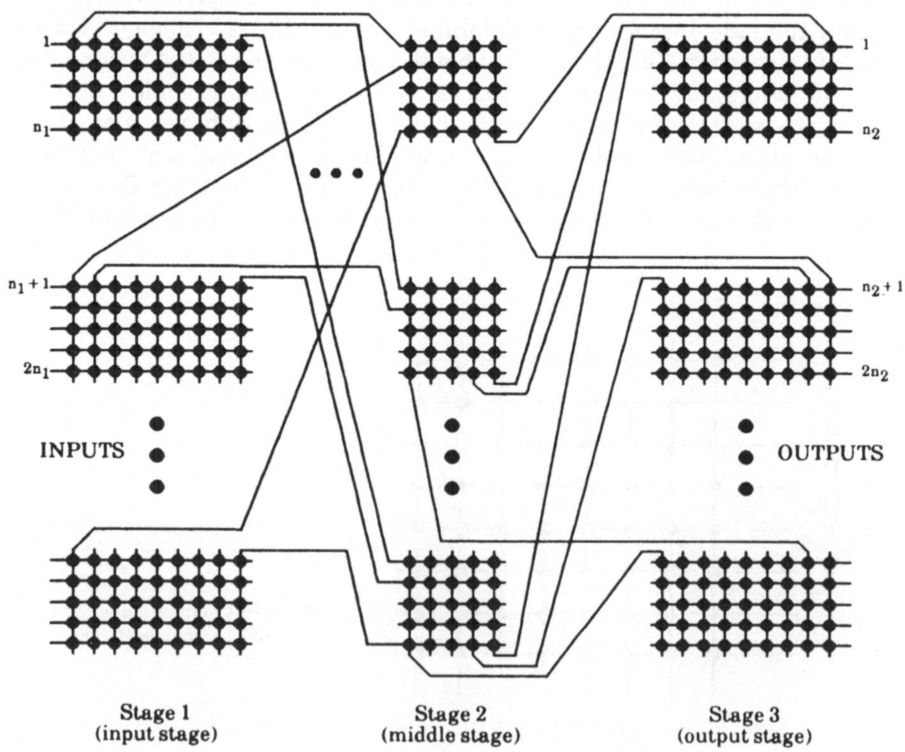

Bild V.16: Dreistufiges Clos-Netz in detaillierter Darstellung [Broomell 83]

Einzel-Crossbars), jedoch erhöht sich das Delay mit der Zahl der zu durch-
laufenden Stufen. Die Netzstruktur, die in der Literatur häufig als *das* Clos-
Netz bezeichnet wird, umfaßt drei Stufen und ist in Bild V.16 und V.17
dargestellt.

Bei quadratischen Clos-Netzen wächst die Zahl der notwendigen Schaltelemente wesentlich langsamer als mit Ordnung $O(N^2)$. Die Gesamtzahl GZ
der Schaltelemente beträgt im Spezialfall $n_1 = n_2 = n$:

$$GZ = \left(2n - 1\right)\left(2N + \frac{N^2}{n^2}\right)$$

Die Bedeutung von n_1 und n_2 ist Bild V.17 zu entnehmen.

Clos-Netze sind nur günstiger als einstufige Crossbars, wenn die Zahl der
Anschlüsse größer als ca. 25 wird. Bei Anschlußzahlen, die darunter liegen,
ist die Zahl der notwendigen Schaltelemente höher als beim einstufigen
Netz. Bei großen Anschlußzahlen sind Clos-Netze jedoch sehr viel günstiger
als einstufige Crossbars.

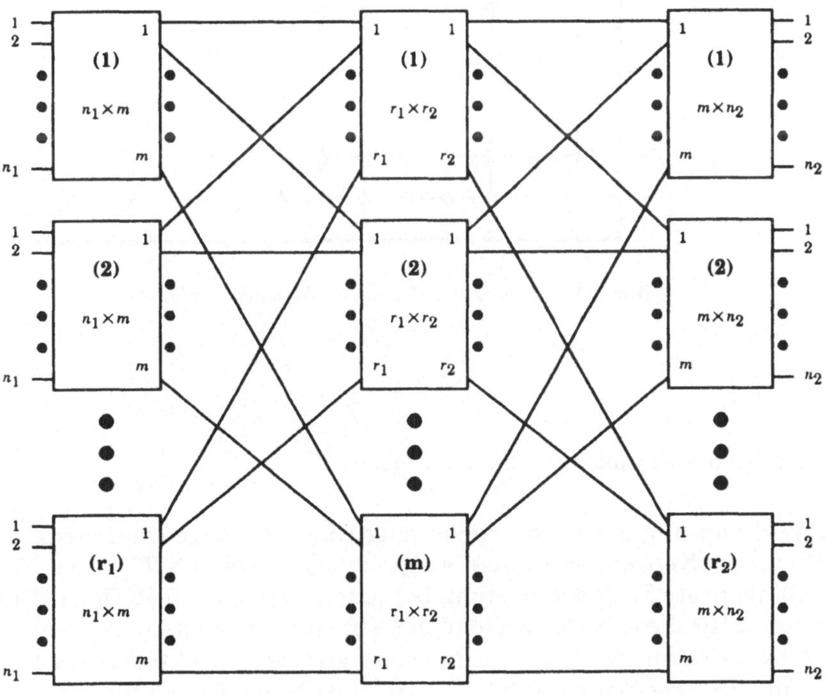

Bild V.17:   Dreistufiges Clos-Netz in Blockform [Broomell 83]

V.3.2.3 Triangular Crosspoint Array

Wenn ein Crossbar-Netz als einseitiges Netz realisiert wird, reduziert sich
das Feld der Schaltelemente auf Dreiecksform (Bild V.18). Entsprechend dem
zweiseitigen Crossbar-Netz stellt diese Netzstruktur für jedes mögliche Ver-
bindungspaar ein eigenes Schaltelement zur Verfügung und ist entsprechend
das kostenträchtigste nichtblockierende einseitige Netz. Wie andere einseitige Netze hat diese Netzform jedoch kaum praktische Bedeutung.

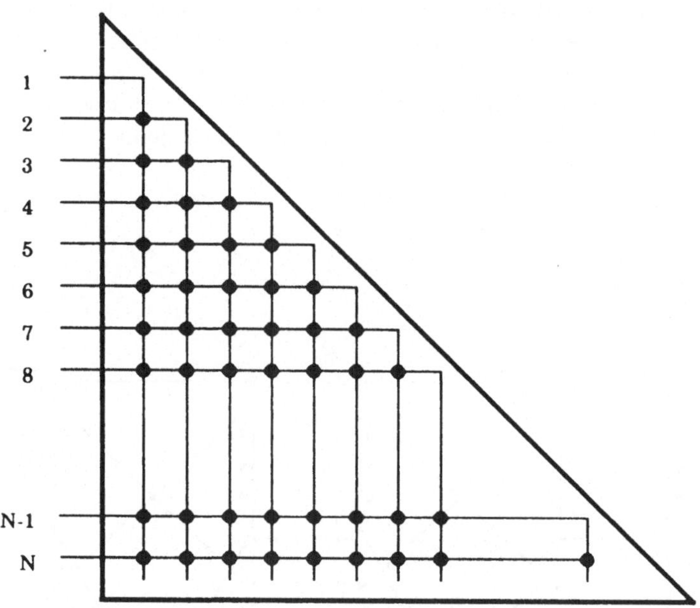

Bild V.18: Triangular Crosspoint Array [Broomell 83]

V.3.2.4 Binomial Concentrator von Masson

Zur Verknüpfung unterschiedlich vieler Ein-/Ausgänge wurden von Masson
mehrstufige Konzentratornetze vorgeschlagen [Masson 77]. Die Netzform
umfaßt mehrere Stufen von „dünn besetzten" (*sparse*) einstufigen Crossbars.
Der Name für diese Netze bezieht sich auf eine von Masson hergestellte Verbindung zwischen der Binomialfunktion und dem strukturellen Aufbau der
von ihm eingesetzten Crossbars. Diese Netzform ist rearrangierbar. In Bild
V.19 ist eine Variante mit 15 Ein- und 4 Ausgängen dargestellt.

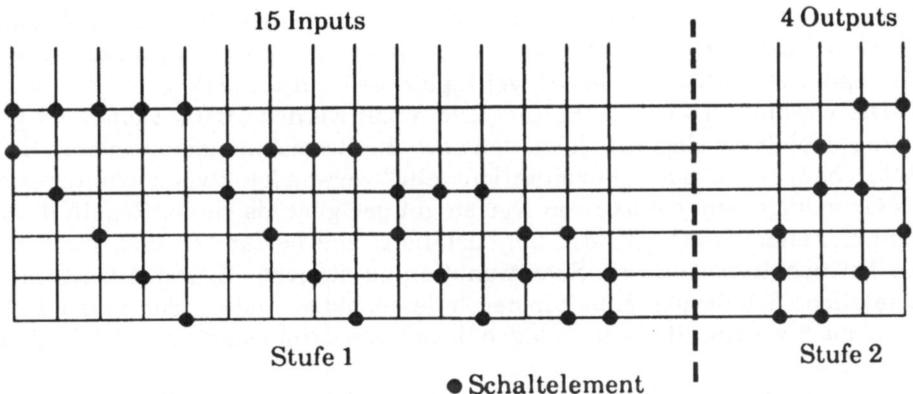

Bild V.19: Binomial Concentrator - Netz mit 15 Ein- und vier Ausgängen [Masson 79]

V.3.3 Netze, die aus Zellen aufgebaut sind

Nahezu alle dynamischen Netze sind aus ähnlichen oder identischen Grundelementen, den *Zellen*, aufgebaut. Eine spezielle Gruppe von Netzen verwendet als Grundlage Zwei-Input/Zwei-Output-Zellen. Wenn von zellenbasierten

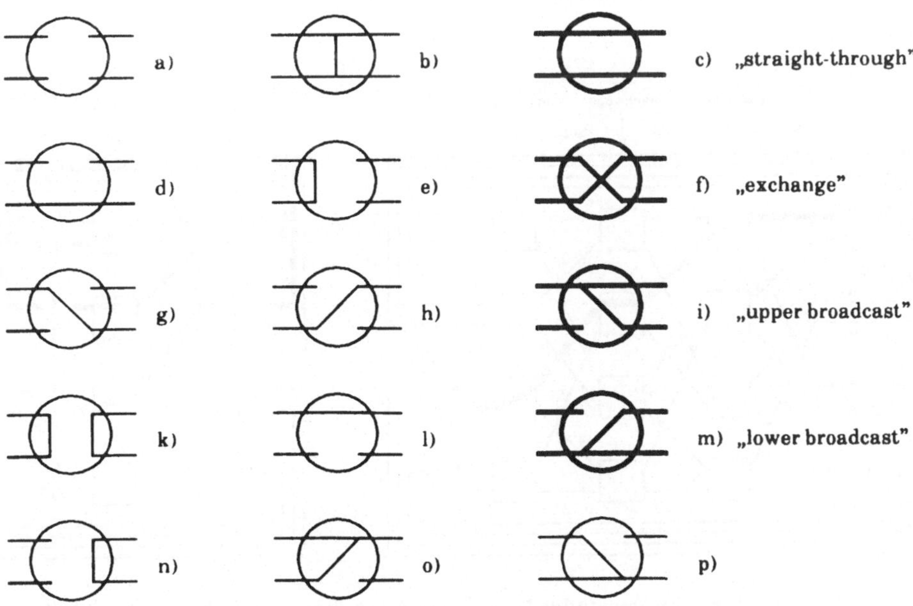

Bild V.20: Prinzipielle Schaltmöglichkeiten von Zweier-Schaltelementen [Broomell 83]

Netzen die Rede ist, ist i.a. diese Gruppe von Netzen gemeint. Alle in diesem
Abschnitt behandelten Netze mit Ausnahme der Data-Manipulator-Netze
verwenden als Schaltelemente Zwei-Input/Zwei-Output-Zellen.

Die erwähnten Zweierschalter (Bild V.20) werden „Beta-Elemente" genannt [Joel 68]. Gelegentlich werden auch die Bezeichnungen „Kautz-Zelle",
„interchange-box" oder „Permutationszelle" verwendet. Zweierschalter sind
als Grundlage zum Aufbau von Netzen gut geeignet, da sie im Regelfall nur
zwei Zustände kennen (Bild V.20, Zustand c) und Zustand f)) und somit nur
ein Bit benötigen, um die Schaltfunktion zu steuern. Grundsätzlich sind
zusätzliche Schaltmöglichkeiten der Zellen denkbar und werden in der Literatur auch vereinzelt vorgeschlagen, benötigen dann jedoch eine umfangreichere Steuerlogik.

Die Topologie der meisten Netze, die auf Beta-Zellen aufbauen, ist sehr
ähnlich. Alle diese Netze operieren mit der gleichen Zahl von $N = 2^i$ Ein- und
Ausgängen. Diese Netze leisten den Aufbau von Verbindungen von jedem der
Eingänge zu einem bestimmten Ausgang (Permutation). Aus diesem Grund
wird dieser Netztyp auch häufig als *Permutationsnetz* bezeichnet.

Zwei Klassen von Permutationsnetzen werden unterschieden: *einstufige*
und *mehrstufige* Permutationsnetze. Einstufige Netze enthalten eine einzelne Spalte von Beta-Elementen. Die Ausgänge werden versetzt auf die Eingänge zurückgeführt. Um eine bestimmte Verbindung zu schalten, sind hier
mehrere Durchläufe durch das Netz erforderlich. Mehrstufige Netze leisten
jeden gewünschten Verbindungsaufbau in einem Netzdurchlauf, benötigen
dafür aber mehrere hintereinandergeschaltete Spalten von Zellen. Bild V.21
zeigt den Unterschied am Beispiel von „Shuffle-Exchange-Netzen".

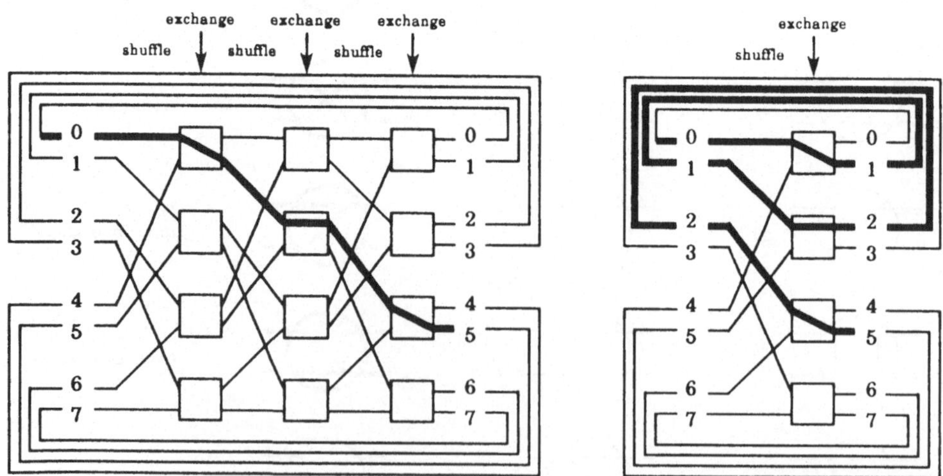

Bild V.21: Mehrstufige und einstufige Netze; links: dreistufiges Shuffle-Exchange-Netz (Omega-Netz (Abschnitt V.3.4.5)); rechts: einstufiges Shuffle-Exchange-Netz (vgl. Abschnitt V.3.5.3);
in beiden Fällen ist der Durchschaltevorgang von „Eingang" 0 zu „Ausgang" 5 eingezeichnet

V.3.4 Mehrstufige Permutationsnetze

Aus Zellen aufgebaute mehrstufige Permutationsnetze werden seit den sechziger Jahren diskutiert, wobei anfangs nur an den Einsatz in Telefonvermittlungsanlagen gedacht war. Mittlerweile hat dieser Netztyp auch für die Vernetzung der Knoten (speziell für große Knotenzahlen) in Multiprozessor
Systemen Bedeutung erlangt. Bis heute wurde eine große Zahl von mehrstufigen Permutationsnetzen vorgeschlagen, die häufig jedoch sehr ähnlich sind.

In diesem Abschnitt werden neben einigen Klassifikationsmerkmalen für
diesen Netztyp eine Auswahl bekannter Netzformen besprochen:

- Waksman-Netze (V.3.4.2),
- Joel-Netze (V.3.4.3),
- Beneš-Netze (V.3.4.4),
- Omega-Netze (V.3.4.5),
- Flip-Netze (V.3.4.6),
- Indirect Binary n-Cube (V.3.4.7),
- Banyan-Netze (V.3.4.8),
- Baseline-Netze (V.3.4.9),
- Delta-Netze (V.3.4.10),
- Data-Manipulator-Netze (V.3.4.11).

Der Abschnitt bringt darüberhinaus einige Bemerkungen zur Fehlertoleranz
(V.3.4.12) von Permutationsnetzen und zur topologischen Ähnlichkeit der
vorgestellten Strukturen (V.3.4.13).

V.3.4.1 Klassifikationsmerkmale für mehrstufige Permutationsnetze

Reguläre bzw. Irreguläre Netze

Von der strukturellen Anordnung der Zweierschalter her werden zwei Netztypen unterschieden: *reguläre* und *irreguläre* Netze. Reguläre Netze lassen
sich als gleichmäßige, rechteckige Anordnung von Schaltelementen darstellen. Irreguläre Netze weisen gegenüber der „vollen" regulären Struktur
Lücken auf. Fast alle bekannten Netze sind von regulärer Form.

Typ der Permutation zwischen den Schaltstufen

Die einzelnen Stufen (Spalten von Zweierschaltern) von mehrstufigen Permutationsnetzen werden von den Ausgängen der Stufe i zu den Eingängen
der Stufe $i+1$ hin ein-eindeutig verknüpft (jeder Ausgang ist mit genau
einem Eingang verbunden und umgekehrt). Die Verbindung zwischen den
einzelnen Stufen ergibt somit eine bestimmte Permutation. Obwohl hier
beliebige Permutations-Muster denkbar sind, werden hauptsächlich zwei
Grundmuster verwendet: die *Mischungspermutation* (*perfect shuffle*, Bild

V.22) und die *Kreuzungspermutation* (*butterfly*, Bild V.22). Der Name
„perfect shuffle" bezieht sich auf eine anschauliche Beschreibung der Permutation. Nimmt man einen Stapel aus 2^n Spielkarten und teilt ihn genau in
der Mitte, so erhält man nach der „perfekten Mischung" der beiden Teilstapel
als Ergebnis einen neuen Stapel, der die Mischungspermutation widerspie-
gelt: Abwechselnd liegen Karten vom einen und vom anderen Stapel aufein-
ander. In verschiedenen Netzen tritt auch die inverse Mischungspermutation
auf, die Entmischung.

Technisch sind sowohl die Mischungs- als auch die Kreuzungspermutation einfach zu erzeugen. Denkt man sich die 2^n Karten des Stapels mit n-
stelligen Binärzahlen $b_{n-1}...b_1 b_0$ durchnumeriert, so erhält man die Zuordnung Ausgangsposition - Ergebnisposition im Stapel durch:

$$M\left(b_{n-1}...b_1 b_0\right) = b_{n-2}...b_1 b_0 b_{n-1}$$

einen einfachen Kreisshift der Bits. Die Kreuzungspermutation erhält man
durch Vertauschung des höchstwertigen und des niederwertigsten Bits:

$$K\left(b_{n-1}...b_1 b_0\right) = b_0 b_{n-2}...b_1 b_{n-1}$$

Weitere Angaben zu Permutationen finden sich in [Regenspurg 87].

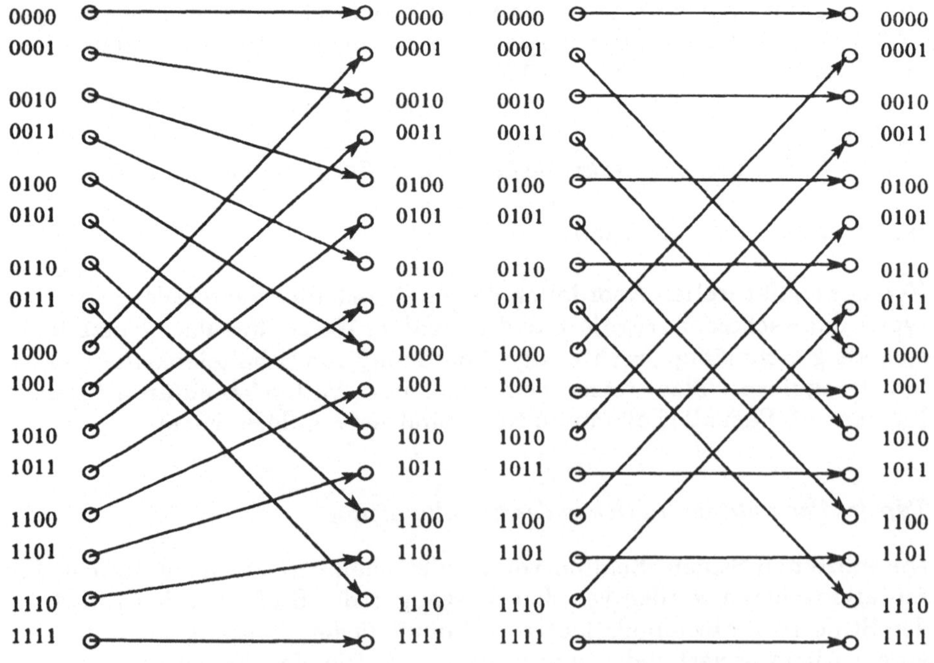

a)   Mischungspermutation   b)   Kreuzungspermutation

Bild V.22: In Permutationsnetzen häufig verwendete Permutationsmuster

V.3.4.2 Waksman-Netze

Weil jede denkbare Permutation von $N = 2^n$ Eingängen auf die gleiche Zahl von Ausgängen auf eine Folge von Permutationen zwischen zwei Ein- und Ausgängen reduziert werden kann, schlug Waksman [Waksman 68] eines der ersten mehrstufigen Permutationsnetze vor (Bild V.23). Dieses Netz entspricht dem *rearrangeable array* von Kautz et al. [Kautz 68]. Die Struktur kann durch rekursive Erweiterung des Grundmusters in Verdoppelungsschritten erweitert werden, indem jeder Ein-/Ausgang mit zwei Kopien des ursprünglichen Netzes verbunden wird.

Waksman zeigte, daß diejenigen Zellen, die die Struktur „vervollständigen" würden, nicht notwendig sind, um alle beliebigen Permutationen zu erzeugen. Dieser Netztyp ist somit eines der ganz wenigen Beispiele für irreguläre Netze. Die Zahl der notwendigen Schaltelemente im Waksman-Netz ist $N(log_2 N) - N + 1$. Waksman vermutet, daß diese Zahl eine untere Schranke darstellt für die Zahl der Zellen, die notwendig sind, um in einem Netz jede beliebige Permutation zwischen Ein-/Ausgängen zu erzielen.

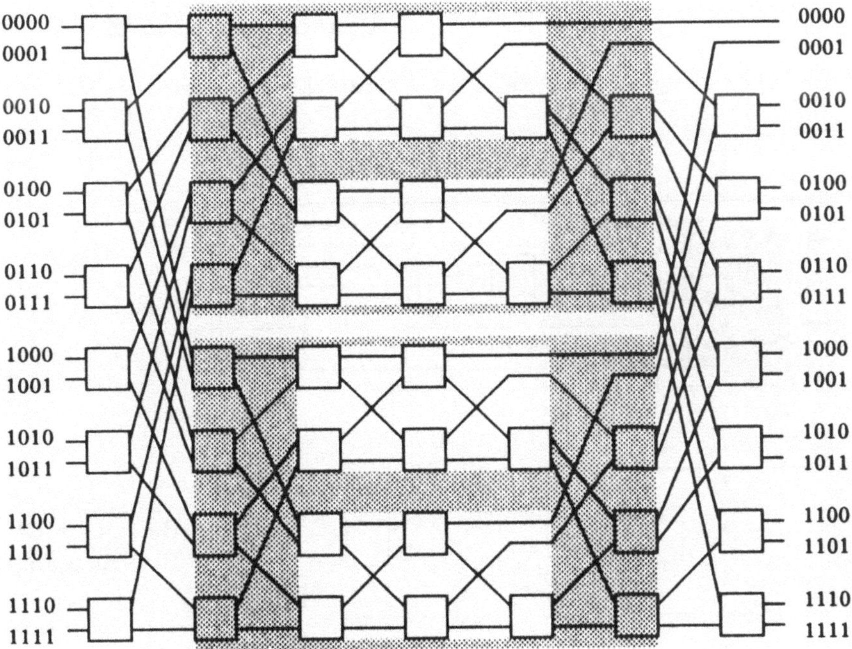

Bild V.23: Waksman-Netz mit 16 Ein-/Ausgängen [Waksman 68]

V.3.4.3 Joel-Netze

Joel veröffentlichte 1968 mehrere Strukturen für zellenbasierte, rearrangier-
bare Permutationsnetze (siehe [Joel 68]). Die von Joel mit *serielles Permutationsnetz* (*serial permutation network*) bezeichnete Netzform ist ein seltenes
Beispiel eines nicht-symmetrischen Netzes. Grundgedanke für diese Netzstruktur ist der rekursive Aufbau eines Netzes mit N Ein-/Ausgängen aus
einem Netz mit $N–1$ Ein-/Ausgängen und zusätzlichen $N–1$ Zweierschaltern.
Diese zusätzlichen, nachgeschalteten Schaltelemente erlauben die Verzwei-
gung des neuen Eingangs auf alle möglichen Ausgänge (Bild V.25).

Andere von Joel veröffentlichte Netzformen entsprechen dem Beneš-Netz
(Abschnitt V.3.4.4) und eine von ihm mit *nested tree network* bezeichnete
Struktur (Bild V.24) letztendlich dem Waksman-Netz.

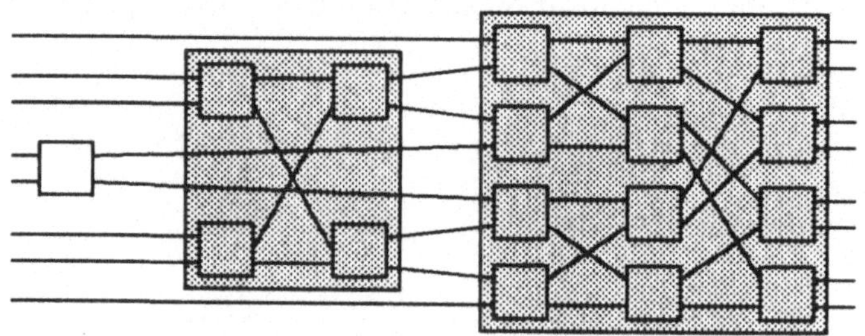

Bild V.24: „nested tree"-Netz von Joel mit acht Ein-/Ausgangen [Joel 68]

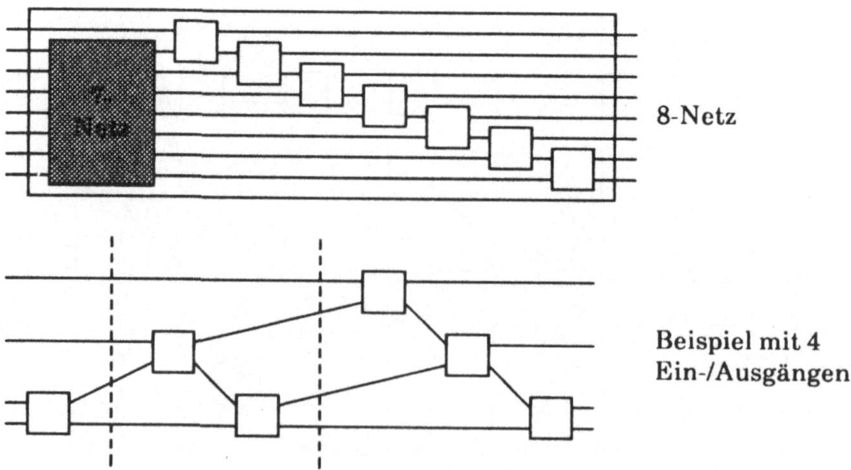

Bild V.25: Rekursiver Aufbau serieller Permutationsnetze nach Joel [Joel 68]

V.3.4.4 Beneš-Netze

Die von Beneš Anfang der sechziger Jahre eingeführten Netzformen sind die ersten Strukturen, die als zellenbasierte, mehrstufige Permutationsnetze bezeichnet werden können [Beneš 64a], [Beneš 64b]. Aufgrund der Entwicklungsgeschichte und des geplanten Einsatzes in Telefon-Vermittlungsanlagen werden diese Netze häufig auch den Crossbar-Netzen zugeordnet (Zweierschalter als Minimalform eines einstufigen 2×2-Crossbar-Netzes).

Obwohl Beneš verschiedene Netzformen untersuchte, ist hauptsächlich die in Bild V.26 gezeigte Struktur mit seinem Namen verbunden. Dieses Netz hat eine rekursiv aufgebaute, in Verdoppelungsschritten zu erweiternde Struktur, die symmetrisch zur mittleren Stufe von Schaltern angeordnet ist. Die einzelnen Schaltstufen sind nach dem Muster der shuffle-Permutation untereinander verbunden. Die Zahl der Zweierschalter im Beneš-Netz ist $N(log_2N)-N/2$. Mit dieser Schalterzahl erlaubt das Netz insgesamt mehr Zustände, als Permutationen der Eingänge möglich sind. Mit dieser Eigenschaft ist die Netzform zwar nicht vollständig blockierungsfrei, aber doch rearrangierbar. Ein Beispiel, wo ein Beneš-Netz zum Einsatz kommt, ist der Rechner GF11, ein Forschungsprojekt von IBM (Abschnitt R.3.3).

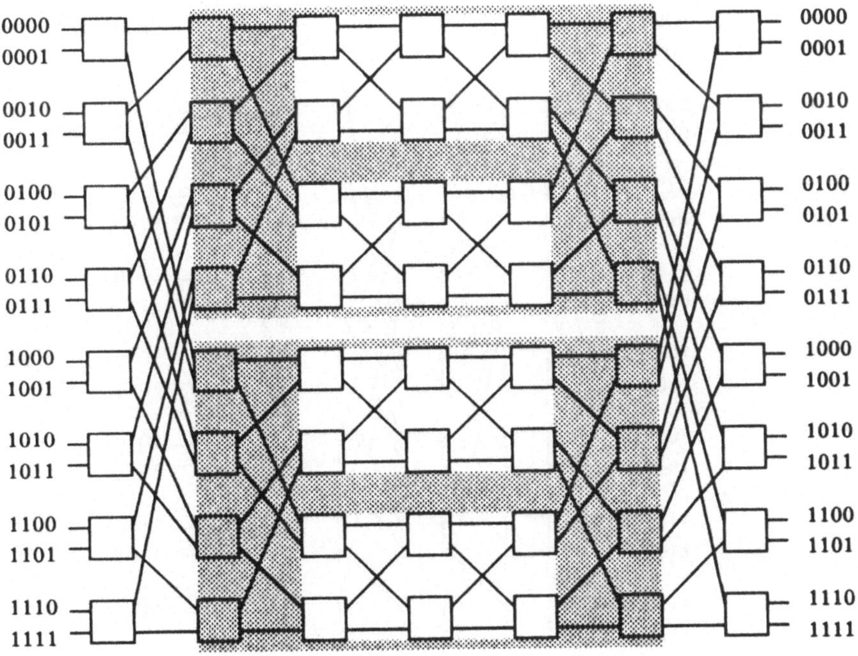

Bild V.26: Beneš-Netz mit 16 Ein-/Ausgängen

V.3.4.5 Omega-Netze

Eine der bekannten Netzformen ist das *Omega-Netz* [Lawrie 75], das von
Lawrie ursprünglich für den Einsatz in Array-Prozessoren gedacht war. Die
Omega-Netzform ist ein markantes Beispiel für die Anwendung der perfect
shuffle-Permutation (Abschnitt V.3.4.1). Das Netz für $N = 2^n$ Ein-/ Ausgänge
umfaßt $n = log_2 N$ Stufen von Schaltelementen (Bild V.27), die untereinander
jeweils nach dem Muster der Mischungspermutation verknüpft sind. Das
Omega-Netz kann deshalb auch als n hintereinandergeschaltete einstufige
Shuffle-Exchange-Netze betrachtet werden (Abschnitt V.3.5.3 u. Bild V.21).

Die Gesamtzahl der Schalter ist $(N/2)log_2 N$. Diese relativ geringe Anzahl
von Schaltern ist der Grund, daß das Omega-Netz blockierend ist, wenn es als
Durchschaltenetz betrieben wird. Beispielsweise erlaubt ein Netz mit acht
Eingängen nur $2^{12} = 4096$ (12 Schaltelemente) unterschiedliche Zustände
(entspricht Permutationen) gegenüber der Gesamtzahl von $8! = 40320$ insgesamt möglichen Permutationen von acht Eingängen. Dieser Nachteil bleibt
auch dann erhalten, wenn das Netz mit Schaltern betrieben wird, die vier Zustände ermöglichen, wie es von Lawrie vorgeschlagen wurde (upper und
lower broadcast, Bild V.20 Zustände i) und m)).

Der Hauptvorteil dieser Netzform ist der sehr einfache Kontrollalgorith-
mus. Von jedem beliebigen Eingang aus steuert die Nummer des gewünsch-

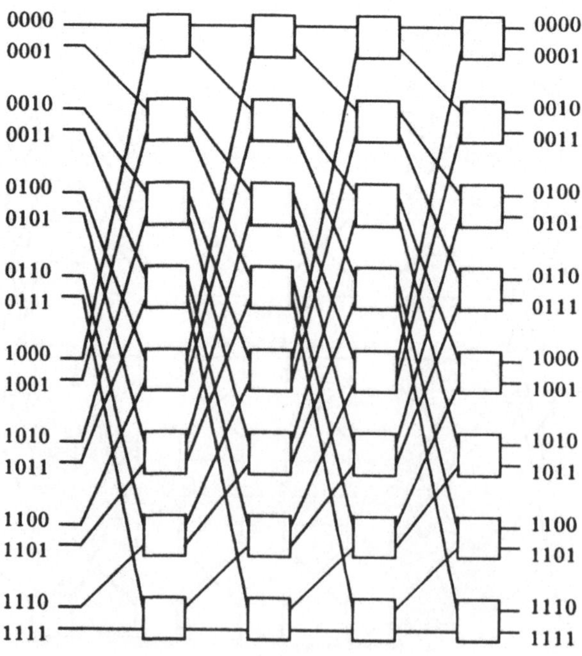

Bild V.27: Omega-Netz mit 16 Ein-/Ausgängen [Lawrie 75]

ten Ausgangs als Binärzahl die Schalterstellung derart, daß der i-te durchlaufene Schalter den „oberen" Ausgang schaltet, wenn die i-te Binärziffer 0
entspricht, und den „unteren" Ausgang im umgekehrten Fall. Ein Beispiel
eines Multiprozessors, der mit einem Omega-Netz betrieben wird, ist der
Ultracomputer (Abschnitte R.3.3 u. R.2.8).

V.3.4.6 Flip-Netze

Das Flip-Netz [Batcher 76] ist eine Netzstruktur, die dem Omega-Netz sehr
ähnlich ist (Bild V.28). Dieser Netztyp wurde im STARAN-Parallelrechner
implementiert (Abschnitt R.3.3). Wie das Omega-Netz besteht das Flip-Netz
aus log_2N Stufen von Zweierschaltern und benötigt insgesamt $(N/2)log_2N$
Schaltelemente. Der Unterschied der beiden Netze liegt in der Art der vorgeschlagenen Kontrolle der Schaltelemente. Während beim Omega-Netz jedes
einzelne Schaltelement individuell kontrolliert wird, sind die Schalter beim
Flip-Netz gruppenweise zusammengefaßt und werden gruppenweise durch
ein einziges Bit kontrolliert. Das bedeutet, daß alle Schalter einer Gruppe
entweder „durchgeschaltet" oder „gekreuzt" geschaltet sind. Damit wird
zwar die Netzkontrolle stark vereinfacht (z.B. insgesamt sechs Bits für ein
Netz mit acht Ein-/Ausgängen), die Zahl der möglichen Netzzustände jedoch
gegenüber dem Omega-Netz noch einmal reduziert. Das Flip-Netz ist somit
noch stärker blockierend als das Omega-Netz. Allerdings wird behauptet
([Batcher 76], [Broomell 83]), daß gerade diejenigen Permutationen, die für
die Parallelverarbeitung wesentlich sind, durch das Netz ausgeführt werden
können und andere durch mehrfache Netzdurchläufe möglich werden.

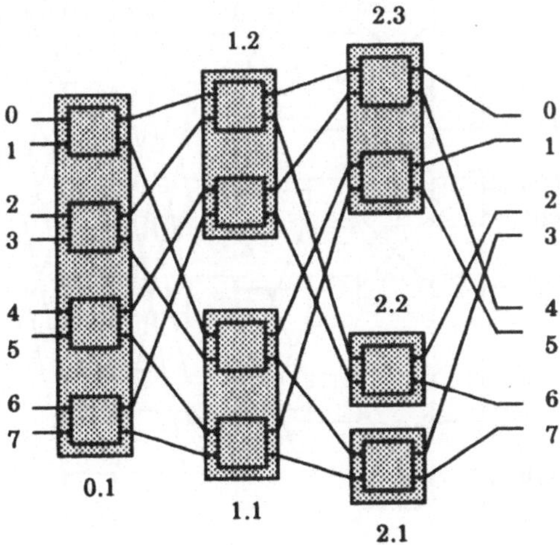

Bild V.28: Flip-Netz mit acht Ein-/Ausgängen [Batcher 76]

V.3.4.7 Indirect Binary n-Cube

Diese Netzstruktur wurde 1977 von Pease [Pease 77] vorgeschlagen und war als Netz zur Prozessor-Prozessor-Kopplung gedacht. Das Netz ist aus Blöcken rekursiv aufgebaut. Die einzelnen Blöcke sind nach dem Muster der Kreuzungspermutation miteinander gekoppelt (Bild V.29). Topologisch ist diese Netzform dem Omega-Netz sehr ähnlich. Durch Umstrukturieren und Umnumerieren der Ein-/Ausgänge kann erreicht werden, daß das Netz dem Omega-Netz gleicht.

Der Name dieser Netzform geht auf die Struktur der Vernetzung der Zweierschalter und - damit verbunden - der Wegesuche zurück. Die Wegesuche erinnert hier stark an die Wegesuche in einem statischen Hypercube (Abschnitt V.2.2.6). Alle „Bewegungen" in Richtung einer Dimension des statischen Hypercube werden hier entsprechend nachvollzogen, indem alle Schaltelemente einer Stufe auf „gekreuzt" gestellt werden und alle anderen auf „durchgeschaltet". Die Wegesuche von einem Quellknoten zu einem Zielknoten erfolgt über die Binärcodierung der Knotennummern. Wenn die Zieladresse und die Quelladresse in Bit i differieren, dann wird der in Stufe i durchlaufene Zweierschalter auf „gekreuzt" gestellt, sonst auf „durchgeschaltet".

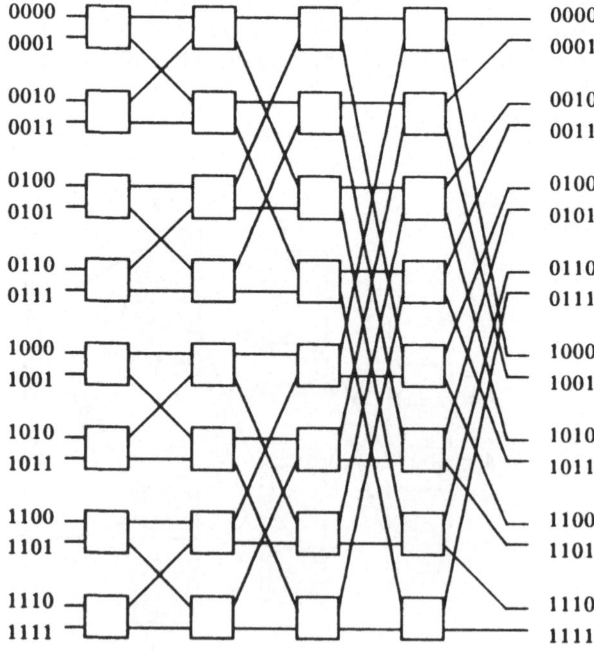

Bild V.29: Indirect Binary n-Cube mit 16 Ein-/Ausgängen [Pease 77]

Wie Omega- und Flip-Netz ist der Binary n-Cube blockierend. Pease zeigt aber in seiner Veröffentlichung, daß die im Netz möglichen Permutationen für viele der „gängigen" Parallelrechner-Anwendungen geeignet sind.

V.3.4.8 Banyan-Netze

Mit Banyan-Netz [Goke 73] wird ursprünglich eine große Klasse von Netzen bezeichnet. Genaugenommen ist damit jedes Netz angesprochen, das genau einen Pfad zwischen Paaren von Ein- und Ausgängen zuläßt. Banyan-Netze wurden zum ersten Mal 1970 von Lipovski beschrieben, damals noch ohne den Namen „Banyan". Banyan ist die Bezeichnung des indischen Feigenbaums, dessen Wuchs die Namensgebung für diesen Typ Netz inspirierte.

Das am häufigsten behandelte Banyan-Netz ist das sogenannte *SW-Banyan-Netz* (<u>sw</u>itching banyan, Bild V.30). Diese spezielle Netzform baut auf der Kreuzungspermutation auf und ähnelt dem Indirect Binary n-Cube. Von diesem unterscheidet sich das SW-Banyan-Netz nur durch die fehlende Entmischungspermutation am „Ende".

Banyan-Netze werden statt mit 2×2-Schaltern auch mit anderen Schaltzellen aufgebaut. Ein Beispiel für eine Konfiguration eines Netzes mit 2×3-Zellen ist der TRAC-Rechner der Universität Texas (Abschnitt R.3.3). Ein

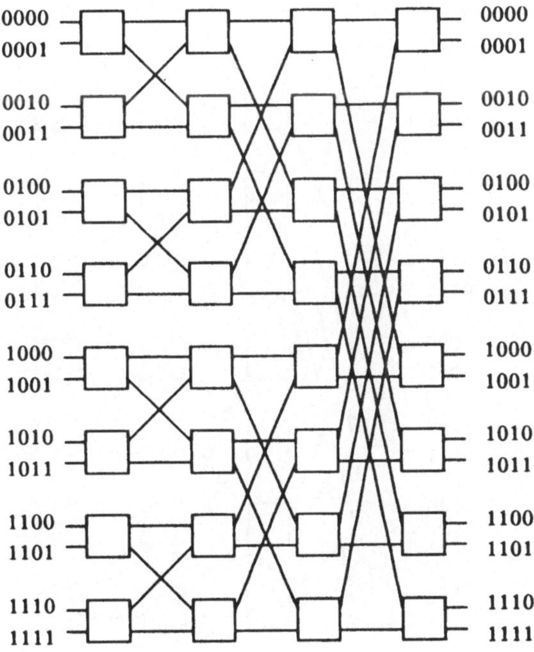

Bild V.30: SW-Banyan-Netz mit 16 Ein-/Ausgängen [Goke 73]

weiteres Beispiel für einen Rechner mit Banyan-Netz ist der RP3 von IBM, wo das Netz zusätzlich auch als Omega-Struktur ausgebildet ist (Abschnitte R.2.8 und 3.3.2). Hier werden 4×4-Zellen eingesetzt.

Zu den verschiedenen Formen von Banyan-Netzen gibt es zahlreiche Veröffentlichungen. Eine ausführliche Darstellung ist in [Lipovski 87] zu finden, Spezialformen von Banyans werden z.B. in [Cherkassy 86] und [Melo 86] behandelt.

V.3.4.9 Baseline-Netze

Das Baseline-Netz [Wu 80] ist eine aus Blöcken rekursiv aufgebaute Struktur (Bild V.31) zur Verbindung von $N = 2^n$ Knoten. Die erste Stufe des Netzes enthält einen $N \times N$-Block, die zweite Stufe zwei $(N/2) \times (N/2)$-Blöcke usw. Diese Rekursion wird solange weitergeführt, bis man bei 2×2-Blöcken angelangt ist. Die einzelnen Blöcke sind in Form der Entmischungspermutation (Abschnitt V.3.4.1) miteinander gekoppelt.

Das Baseline-Netz wird als „Referenzstruktur" zum Vergleich mit anderen Netzwerken herangezogen. Die Baseline-Struktur kommt jedoch verschiedentlich als Teil anderer Netzkonfigurationen vor. So kann man sich beispielsweise das Beneš-Netz (Abschnitt V.3.4.4) aus zwei gespiegelt mit-

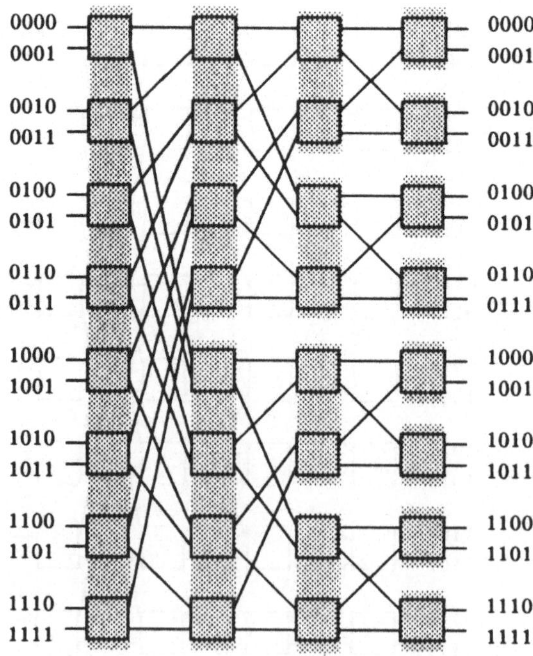

Bild V.31: Baseline-Netz mit 16 Ein-/Ausgängen [Wu 80]

einander verbundenen Baseline-Netzen zusammengesetzt denken. Das Baseline-Netz umfaßt log_2N Stufen umd damit $(N/2)log_2N$ Schaltelemente. Damit ist es als Durchschaltenetz stark blockierend.

Das *Inverse* (auch *Reverse*) *Baseline-Netz* [Wu 80] entspricht dem Baseline-Netz. Gegenüber diesem ist jedoch die Anordnung der Schaltstufen und der Verknüpfungen unter den Schaltstufen umgekehrt („invertiert").

V.3.4.10   Delta-Netze

Die Klasse der Delta-Netze wurde 1981 von Patel definiert. Aufgrund der allgemeinen Definition, die in [Patel 81] angegeben ist, kann dieser Netztyp auch als Crossbar-Netz eingestuft werden, da die einzelnen Zellen des Netzes nicht nur Zweierschalter, sondern beliebige einstufige $a \times b$-Crossbars sein können. Da in der Praxis aber fast ausschließlich mit Zweierschaltern (2×2-Crossbar) gearbeitet wird, ist die Delta-Netzstruktur hier unter den zellenbasierten Permutationsnetzen angesiedelt.

Im allgemeinen Fall ist ein Delta-Netz ein $a^n \times b^n$-Netz mit n Stufen, die aus $a \times b$-Crossbars aufgebaut sind. Zwischen Paaren von Ein-/Ausgängen besteht jeweils ein eindeutiger Pfad. Die Wegesuche muß derart erfolgen können, daß die Stellung der durchlaufenen Schaltelemente jeweils nur von

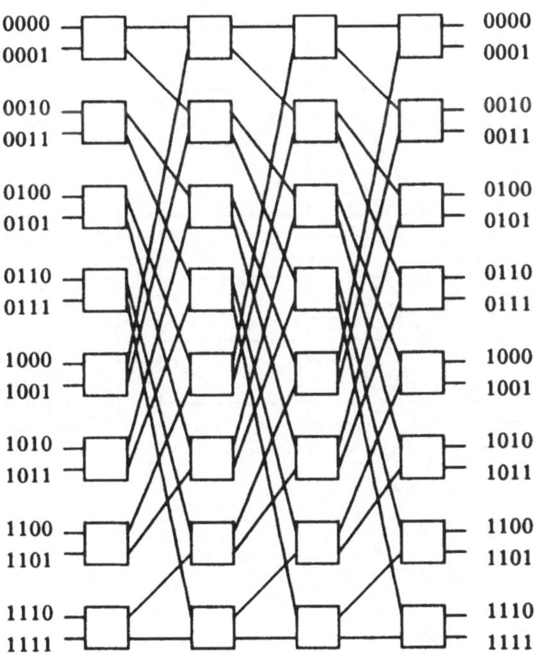

Bild V.32: Delta-Netz mit 16 Ein-/Ausgängen [Patel 81]

einer einzigen Basis-b-Ziffer der Zieladresse abhängt, wenn diese als Basis-b-Zahl geschrieben ist.

Die bekannteste spezielle Delta-Netzstruktur, die auch direkt mit dem Namen Delta-Netz gleichgesetzt wird, ist ein $2^n \times 2^n$-Netz mit n Stufen, die untereinander im Muster der Mischungspermutation gekoppelt sind (Bild V.32). Dieser spezielle Netztyp ist wiederum sehr ähnlich zum Omega- bzw. Flip-Netz.

V.3.4.11   Data-Manipulator-Netze

Data-Manipulator-Netze sind eine Form mehrstufiger Permutationsnetze, die nicht mit Beta-Zellen, sondern mit 3-Input-/3-Output-Schaltzellen arbeiten. Die Netzform wurde erstmals von Feng [Feng 74] untersucht. Ziel war,

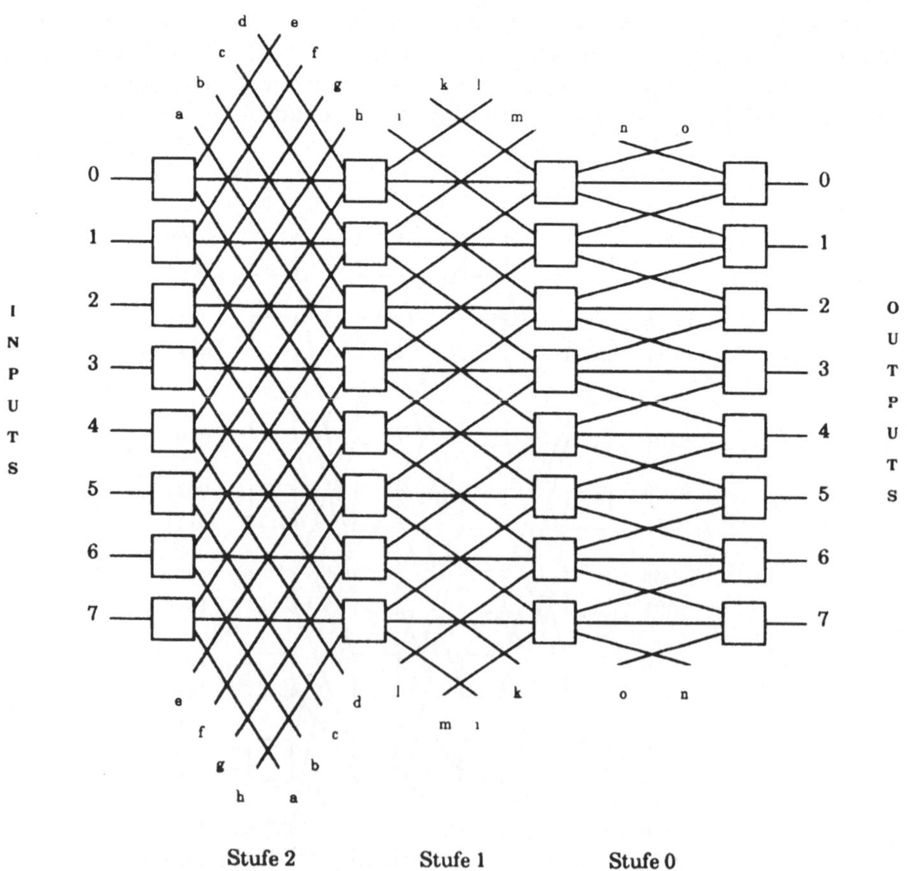

Bild V.33: Data-Manipulator-Netz mit acht Ein-/Ausgängen [Feng 74]

eine Netzstruktur bereitzustellen, die speziell die Durchführung von String-
operationen durch Parallelrechner unterstützt.

Data-Manipulator-Netze verbinden $N = 2^n$ Knoten in n Stufen, die aus
$n+1$ Spalten von 3×3-Schaltelementen aufgebaut sind (Bild V.33). Die
Stufen werden von 0 bis n-1 numeriert. Das Verknüpfungsmuster der Schaltelemente untereinander hängt von der entsprechenden Stufe ab. Ein Schaltelement ist mit jeweils drei anderen Zellen auf folgende Weise verbunden:

a) Zelle j von Spalte i ist mit Zelle $(j + 2^i)$ mod N von Spalte $i + 1$ verknüpft,
b) Zelle j von Spalte i ist mit Zelle $(j - 2^i)$ mod N von Spalte $i + 1$ verknüpft,
c) Zelle j von Spalte i ist mit Zelle j von Spalte $i + 1$ verknüpft.

Das angegebene Verknüpfungsmuster der Schaltelemente einer Stufe ist
damit jeweils eine Ausprägung eines einstufigen PM2I-Netzes (Abschnitt
V.3.5.2).

Die Kontrolle des von Feng vorgeschlagenen Originalnetzes erfolgt so,
daß ein Schaltelement jeweils von einem der drei „Vorgänger"-Elemente
Daten empfangen und an ein, zwei oder drei „Nachfolger"-Zellen weitergeben
kann. Alle Zellen einer Stufe müssen jeweils die gleiche Durchschaltfunktion
ausführen.

Das *Augmented Data Manipulator*-Netz ist eine Verallgemeinerung der
Originalstruktur, wo jedes einzelne Schaltelement getrennt gesteuert werden kann. *Inverse Augmented Data Manipulator*-Netze entsprechen prinzipiell den Augmented Data Manipulator-Netzen, durchlaufen jedoch die einzelnen Stufen in umgekehrter Reihenfolge. Ein Data-Manipulator-Netz wurde als Konzept für den Einsatz im PASM-Rechner untersucht (Abschnitt
R.2.7).

V.3.4.12   *Fehlertoleranz von mehrstufigen Permutationsnetzen*

Fast alle der im Abschnitt V.3.4 vorgestellten Netzformen sind in der
„reinen" Form offensichtlich nicht fehlertolerant. Der Ausfall bereits einer
Verbindung oder eines Schaltelements macht die Erreichbarkeit verschiedener Ausgänge von bestimmten Eingängen aus unmöglich. Aus diesem Grund
gibt es für zahlreiche der vorgestellten Netztypen modifizierte Versionen, die
bei Ausfall einzelner Komponenten funktionsfähig bleiben. Auf die unterschiedlichen Definitionen des Begriffs „Fehlertoleranz" im Zusammenhang
mit Netzen oder spezielle fehlertolerante Netzformen kann hier jedoch nicht
detailliert eingegangen werden.

Um Fehlertoleranz bei mehrstufigen Permutationsnetzen zu erreichen,
gibt es zwei hauptsächliche Ansätze:

- zusätzliche Schaltstufen zur „reinen" Netzform,
- zusätzliche Verbindungen zwischen den Schaltstufen und erweiterte
  Schaltmöglichkeiten der einzelnen Schaltelemente.

Eine andere Technik zur Gewährleistung von Fehlertoleranz ist in [Dugar 86] beschrieben. Hier wird jede Nachricht auf getrennten Pfaden mehrfach durch das Netz geschickt und die eintreffenden Nachrichten anschließend verglichen.

Ein bekanntes Beispiel einer fehlertoleranten Netzform zeigt Bild V.34, das Extra-Stage-Cube-Netz. Mit Multiplexer- bzw. Demultiplexer-Stufen kann bei diesem Netz die Ein- bzw. Ausgangsstufe aktiviert oder deaktiviert werden. Im Normalbetrieb wird Stufe 0 umgangen. Wenn in Stufe n ein Ausfall auftritt, wird diese deaktiviert und dafür Stufe 0 aktiviert. Bei Ausfällen im „Inneren" des Netzes werden sowohl die Eingangs- als auch die Ausgangsstufe aktiv geschaltet. In allen Fällen bleibt von jedem Eingang zu jedem Ausgang ein Pfad erhalten. Näheres zum Extra Stage Cube ist in [Siegel 87] zu finden.

Einen guten Überblick über fehlertolerante mehrstufige Permutationsnetze gibt [Adams 87], weitere Angaben bieten [Raghavendra 86], [Jin 86] und [Padmanabhan 83].

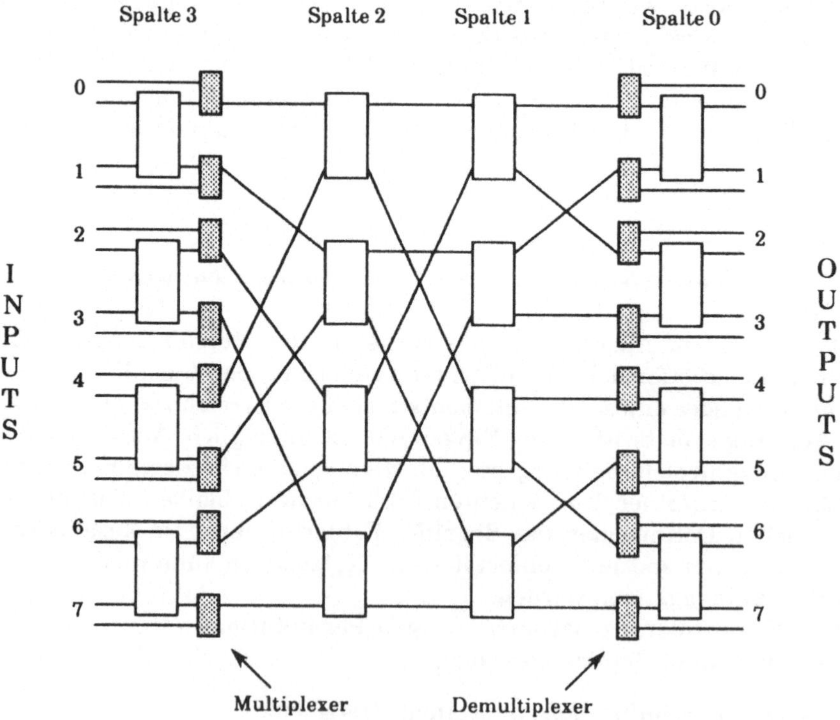

Bild V.34: Extra Stage Cube mit vier Spalten von Schaltelementen ($n=3$) und acht Ein-/Ausgängen [Adams 87]

V.3.4.13   Topologische Ähnlichkeit mehrstufiger Permutationsnetze

Viele der im Abschnitt V.3.4 vorgestellten Netze wirken auf den Betrachter
ausgesprochen ähnlich. Dies ist in der Tat so. In [Wu 80] wird gezeigt, daß
Baseline-, Indirect Binary n-Cube-, SW-Banyan-, Data-Manipulator- (eine
modifizierte Version) und Flip-Netze topologisch äquivalent sind und durch
Umstrukturierung ineinander überführt werden können. Weitere Hinweise
zur Ähnlichkeit der Netzformen sind in [Kruskal 86] zu finden.

V.3.5   Einstufige Permutationsnetze

Als Alternative zu mehrstufigen Netzen aus mehreren hintereinanderge-
schalteten Stufen von Zellen bieten sich einstufige Netze an, die aus einer
einzigen Spalte von Zellen aufgebaut sind.

Vom Konzept her können einstufige Netze als Mengen von *N Input-Selek-
toren* und *N Output-Selektoren* betrachtet werden (Bild V.35). Die Art und
Weise, in der die Input- mit den Output-Selektoren verknüpft sind, bestimmt
dann die möglichen Verschaltungen der Ein-/Ausgänge.

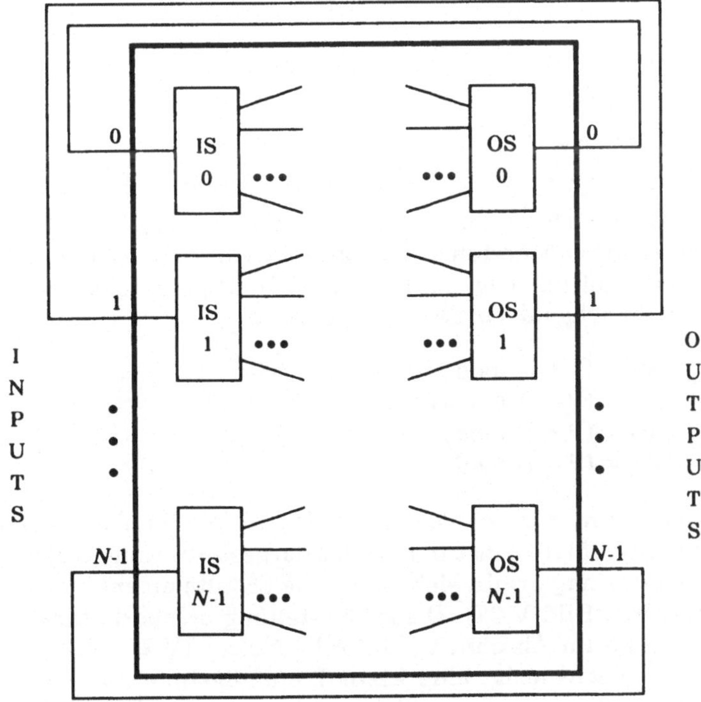

Bild V.35: Darstellung einstufiger Netzstrukturen [Siegel 79]

Im Unterschied zu mehrstufigen Netzen müssen in einstufigen Netzen Daten im allgemeinen mehrfach durch das Netz geführt werden (*recirculating networks*), um vom Senderknoten zum Empfängerknoten zu gelangen. Mehrmalige Netzdurchläufe verursachen im Vergleich zu mehrstufigen Netzen größere Zeitverzüge. Demgegenüber ist der Hardware-Aufwand von einstufigen Netzen durch die niedrigere Zahl von Zellen und internen Verbindungen geringer. Die Bedeutung von einstufigen Netzen liegt weniger in der praktischen Anwendung als in der Darstellung von Grundmustern, die als Basis für unterschiedliche mehrstufige Netzstrukturen dienen.

Die in den folgenden Abschnitten beschriebenen Grundtypen von einstufigen Netzen:

- ILLIAC-Netze (V.3.5.1),
- PM2I-Netze (V.3.5.2)
- Shuffle-Exchange-Netze (V.3.5.3)
- Cube-Netze (V.3.5.4)

können als Grundlage fast aller mehrstufigen Netze betrachtet werden. Zum Beispiel kann das mehrstufige Omega-Netz als Hintereinanderschaltung von mehreren einstufigen Shuffle-Exchange-Netzen angesehen werden. Näheres über den Zusammenhang zwischen den hier angegebenen einstufigen und einer Vielzahl von mehrstufigen Netztypen ist in [Siegel 85] zu finden.

V.3.5.1 ILLIAC-Netze

Diese Netzform erhielt ihren Namen von dem Parallelrechner ILLIAC IV [Giloi 81], wo sie zum ersten Mal eingesetzt wurde. Das Netz verbindet $N = n^2$ Knoten und baut auf vier Verknüpfungsfunktionen („interconnection functions") auf, die folgendermaßen definiert sind:

$$\text{illiac}_{+1}(P) = (P + 1) \bmod N$$
$$\text{illiac}_{-1}(P) = (P - 1) \bmod N$$
$$\text{illiac}_{+n}(P) = (P + n) \bmod N$$
$$\text{illiac}_{-n}(P) = (P - n) \bmod N$$

Die Netzstruktur, die sich daraus ergibt, ist in Bild V.36 nach dem Grundmuster (Bild V.35) für einstufige Netze dargestellt. Eine wesentlich anschaulichere Darstellung ergibt sich, wenn die Schaltelemente quadratisch angeordnet werden (Bild V.37). Diese Darstellung erinnert stark an die Gitterstrukturen, die im Abschnitt „Statische Netze" (V.2) behandelt wurden. In der Tat ist es schwierig, eine klare Trennungslinie zwischen der ILLIAC-Netzstruktur als einstufigem dynamischen Netz und den statischen Gitterstrukturen zu ziehen.

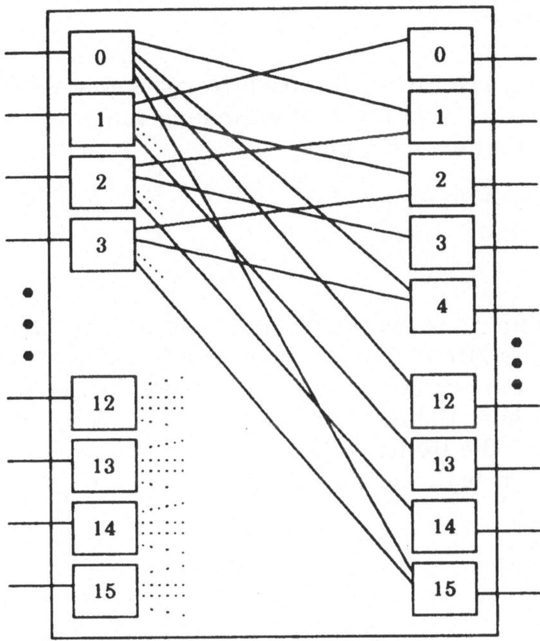

Bild V.36:   ILLIAC-Netz mit 16 Ein-/Ausgangen in Standard-
Darstellung [Siegel 85]

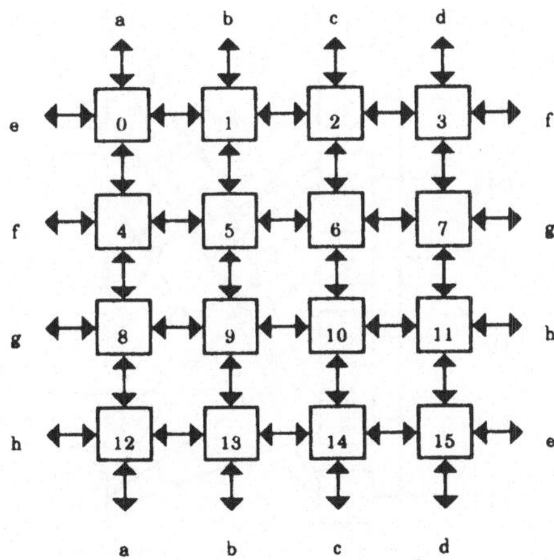

Bild V.37: ILLIAC-Netz mit 16 Ein-/Ausgängen in Gitter-
Darstellung [Siegel 85]

V.3.5.2 PM2I-Netze

Die PM2I-Netzstruktur (Plus-Minus-2^i-Netz) ist eine Verallgemeinerung des
ILLIAC-Netzes. Das Netz für die Verbindung von $N=2^n$ Knoten ist über 2n
Verknüpfungsfunktionen der Form:

$$pm2_{+i}(P) = (P + 2^i) \bmod N$$
$$pm2_{-i}(P) = (P - 2^i) \bmod N$$

definiert.

Die Verbindungsstruktur heißt aufgrund des Berechnungsschemas der
Zieladressen Plus-Minus-2^i-Netz. Wenn die Ein-/Ausgänge mit Binärzahlen
adressiert werden, ergibt sich als Zieladresse immer eine Binärzahl, die
durch Addition oder Subtraktion von 1 an irgendeiner Bitstelle der Quelladresse entsteht. Die Bilder V.38 und V.39 zeigen die Verbindungsstruktur
für acht Knoten in verschiedenen Darstellungsformen.

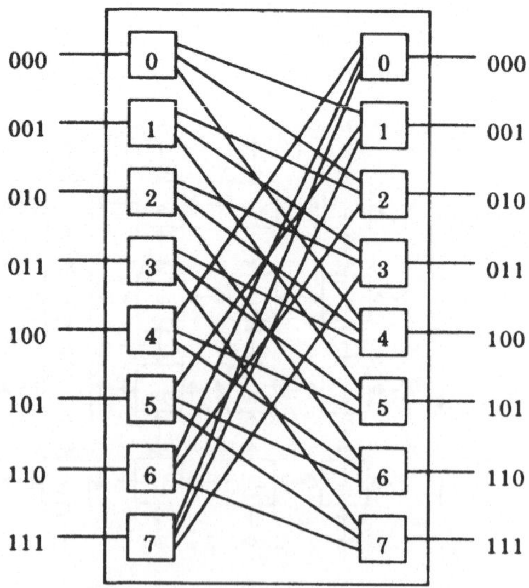

Bild V.38: PM2I-Netz mit acht Ein-/Ausgängen
in Standarddarstellung [Siegel 85]

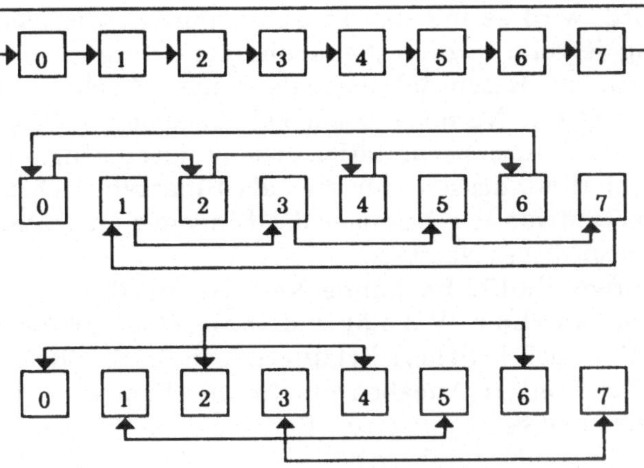

Bild V.39: PM2I-Netz mit acht Ein-/Ausgängen. Nur die +2-Verbindungen sind eingezeichnet; die –2-Verbindungen erhält man durch Umkehrung der Pfeilrichtung [Siegel 85]

V.3.5.3 Shuffle-Exchange-Netze

Die Shuffle-Exchange-Netzstruktur baut auf der Mischungspermutation auf (Abschnitt V.3.4.1). Wenn dieses Permutationsmuster als einstufiges Netz

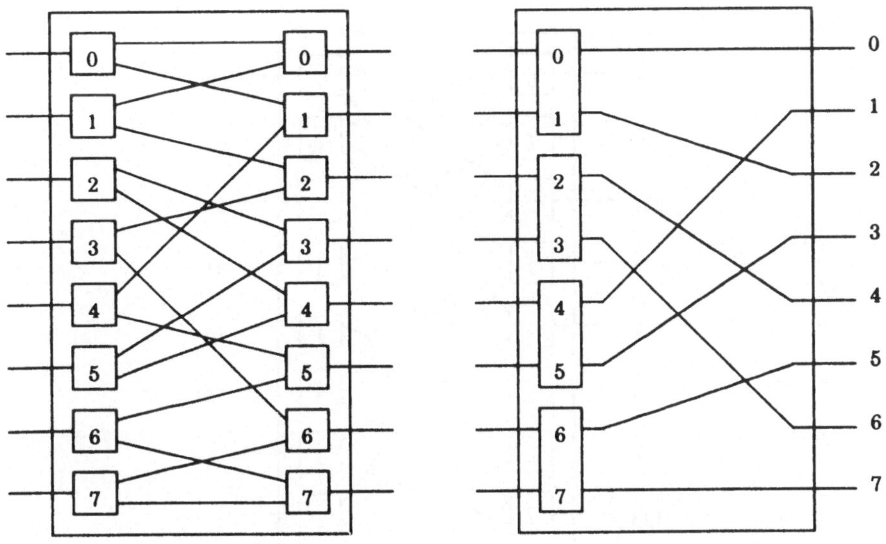

Bild V.40: Einstufiges Shuffle-Exchange-Netz mit acht Ein-/Ausgängen; rechts: Darstellung mit eingezeichneten Zweierschaltern

eingesetzt wird, wird es mit der Tauschpermutation (*exchange connection*, Vertauschung jeweils zweier „benachbarter" Eingänge) verknüpft. Der Grund dafür sind die Beschränkungen der reinen Mischungspermutation, wo z.B. der Eingang mit Nummer 0 auf keinen anderen Ausgang geschaltet werden kann. Die Tauschpermutation erlaubt, jeden Eingang auf denjenigen Ausgang zu schalten, dessen Nummer als Binärzahl sich nur in der niedrigsten Bitposition von der Nummer des Eingangs unterscheidet. Bild V.40 zeigt die Struktur dieses Netztyps.

Das einstufige Shuffle-Exchange-Netz ist die Basis des mehrstufigen Omega-Netzes (Abschnitt V.3.4.5) und zahlreicher anderer mehrstufiger Netzformen. Für ausführlichere Erläuterungen des Shuffle-Exchange-Netzes siehe [Stone 71]. Weitere Angaben zum Shuffle-Exchange-Netz und zu Netzstrukturen, die auf diesem aufsetzen, finden sich in [Kumar 87], [Bhuyan 83], [Raghavendra 86] und [Steinberg 83].

Ähnlich der Beziehung zwischen ILLIAC-Netz und Gitterstrukturen läßt sich zwischen Shuffle-Exchange-Netzen und dem statischen Cube Connected-Cycles-Netz eine Beziehung herstellen. Nähere Angaben hierzu sind in [Jain 86] zu finden.

V.3.5.4 Cube-Netze

Die Cube-Netzstruktur ist eine Verallgemeinerung der Shuffle-Exchange-Netze. Genaugenommen enthält diese Netzform nur eine Verallgemeinerung der Tauschpermutation. Gegenüber dieser Permutation sind hier Verknüp-

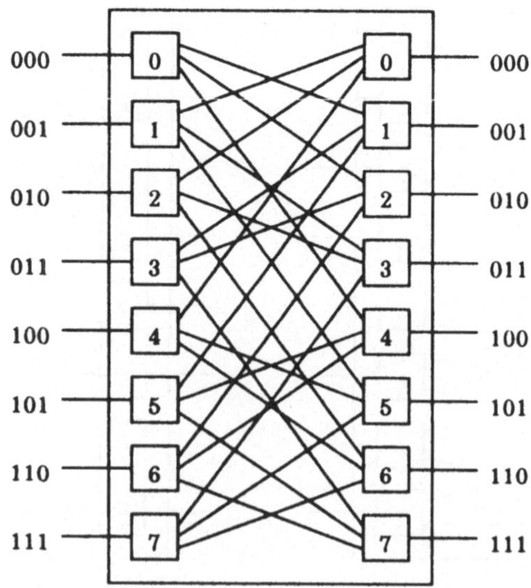

Bild V.41: Einstufiges Cube-Netz mit acht Ein-/Ausgängen

fungen zwischen Ein-/Ausgängen möglich, deren Adressen sich als Binärzahlen in einer beliebigen einzelnen Bitposition unterscheiden. Bild V.41
zeigt ein Beispiel mit acht Ein-/Ausgängen.

V.3.6 Busstrukturen

In diesem Abschnitt werden Busse zum Aufbau von Multiprozessor-Struk-
turen betrachtet. Das Bus-Grundprinzip ist einfach: eine Übertragungsleitung wird abwechselnd den einzelnen angeschlossenen Knoten für „kurze"
Zeitintervalle zur Verfügung gestellt. Busse sind im Gegensatz zu Permutationsnetzen bisher nicht eingesetzt worden, um sehr große Zahlen (tausende)
von Prozessoren miteinander zu koppeln. Strukturen aus mehreren bis vielen
einzelnen Bussen, die dies ermöglichen sollen, werden aber in der Literatur
untersucht. Ein Beispiel sind die Spanning Bus Hypercubes (Abschnitt
V.3.6.3). Für weitere Buskonfigurationen für die Vernetzung „größerer"
Prozessorzahlen siehe [Kalé 85] und [Bhuyan 84].
　　Da bis heute fast alle kommerziell vertriebenen Multiprozessor-Systeme
nur eine beschränkte Anzahl von Prozessoren enthalten und auch „einfache"
Bussysteme zu hoher Leistung fähig sind, sind sie die in der Praxis am häufigsten eingesetzte Verbindungstechnik. Im weiteren werden folgende Busstrukturen erläutert:

- Systembus (V.3.6.1),
- Mehrbussysteme (V.3.6.2),
- Spanning Bus Hypercube (V.3.6.3),
- Beta-Netze (V.3.6.4).

V.3.6.1 Systembus

Die einfachste Busstruktur ist der globale Systembus, über den die angeschlossenen Prozessorbausteine auf die gemeinsamen Ressourcen zugreifen
(Bild V.42). Wenn die Interfaces der angeschlossenen Elemente die Datenübertragung regeln, kann diese Komponente sogar vollständig passiv sein.

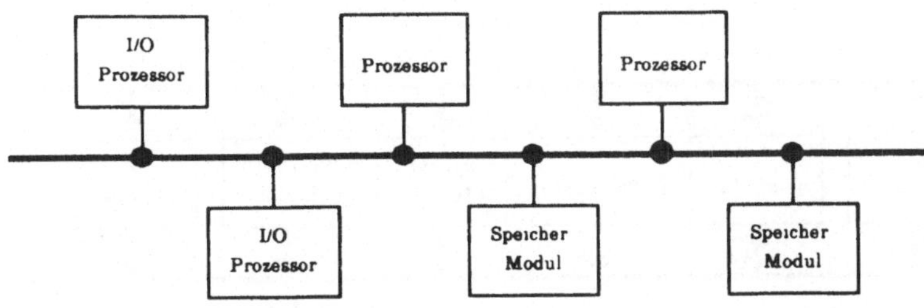

Bild V.42: Multiprozessor-Kopplung mit einem Systembus [Hwang 85]

Die bei Systembussen auftretenden Zugriffskonflikte werden mit unterschiedlichen Methoden aufgelöst: Daisy-Chain, feste Prioritäten, FIFO-Warteschlangen usw.

Den Vorteilen wie relativ niedrigen Kosten und der einfachen Hinzunahme zusätzlicher Bausteine stehen jedoch auch schwerwiegende Nachteile gegenüber. Ein einzelner Systembus stellt eine „kritische" Komponente dar, deren Ausfall das Gesamtsystem vollständig lahmlegt. Die Erweiterung des Systems um Prozessoren und Speicherbausteine erhöht die Zahl der Zugriffskonflikte und verringert dadurch die mögliche Systemleistung. Somit ist die Leistung eines Multiprozessor-Systems mit Systembus praktisch durch diese eine Komponente begrenzt. Um den Busengpaß abzumildern, werden häufig private Cache-Speicher bei den Prozessoren eingesetzt, die die Zahl der notwendigen Zugriffe pro Prozessor verringern.

Ein Beispiel eines Multiprozessor-Systems mit Systembus ist der MX500 von Siemens (Abschnitt R.1.21).

V.3.6.2 Mehrbussysteme

Um die Nachteile von Einbus-Strukturen zu vermeiden, werden verschiedene Erweiterungen gegenüber dieser Grundstruktur vorgeschlagen. Eine geringe Verbesserung ergibt sich durch die Verwendung von zwei unidirektionalen Bussen, anstatt eines bidirektionalen (Bild V.43).

Eine wirkliche Verbesserung stellt der Einsatz zusätzlicher bidirektionaler Busse dar, wobei jeder Prozessor- bzw. Speicherbaustein mit jedem Bus verbunden ist. Mit dieser Erweiterung werden parallele Datentransfers möglich, durch die Bereitstellung redundanter Zugriffspfade wird die Fehlertoleranz bedeutend verbessert. Die Verbesserungen werden allerdings durch die Erhöhung der Komplexität des Gesamtsystems erkauft. Bild V.44 zeigt ein Beispiel einer derartigen Kopplung.
Mehrbussysteme kommen z.B. im Flex/32-Rechner der Firma Flexible (Abschnitt R.1.11) oder als Cluster-Verbindung im Suprenum-Rechner (Abschnitte R.2.9 u. 3.3.2) zum Einsatz.

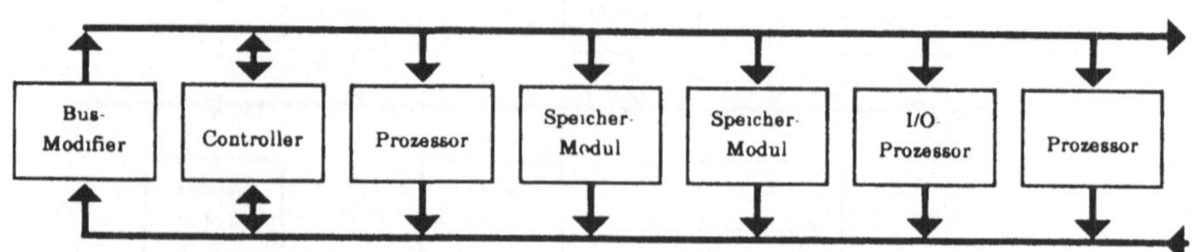

Bild V.43: Multiprozessor-Kopplung mit zwei unidirektionalen Bussen [Hwang 85]

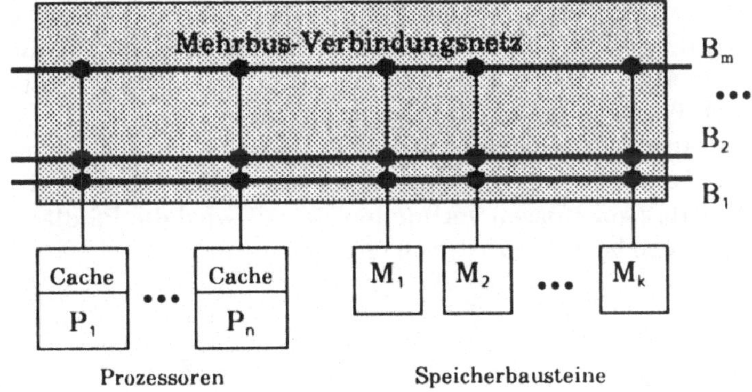

Bild V.44: Mehrbus-Verbindungsnetz [Mudge 87]

V.3.6.3 Spanning Bus Hypercube

Dieses Verbindungsnetz (Bild V.45 a)) ähnelt von der Struktur her einem mehrdimensionalen Gitter bzw. Torus (Abschnitt V.2.2.9). $N = n^d$ Knoten sind gitterförmig angeordnet und an jeweils d Busse angeschlossen. Jeder dieser Busse „spannt" jeweils eine Dimension i („i-Bus") des Gitters auf. Knoten, die gemeinsam mit einem Bus der i-ten Dimension verbunden sind, haben gleiche Koordinaten, bis auf die i-te.

Gegenüber einem mehrdimensionalen Gitter mit bidirektionalen Verbindungen haben Spanning Bus Hypercubes nur halb soviele Ports pro Knoten (d gegenüber $2d$). Darüberhinaus benötigen Nachrichten im Spanning Bus

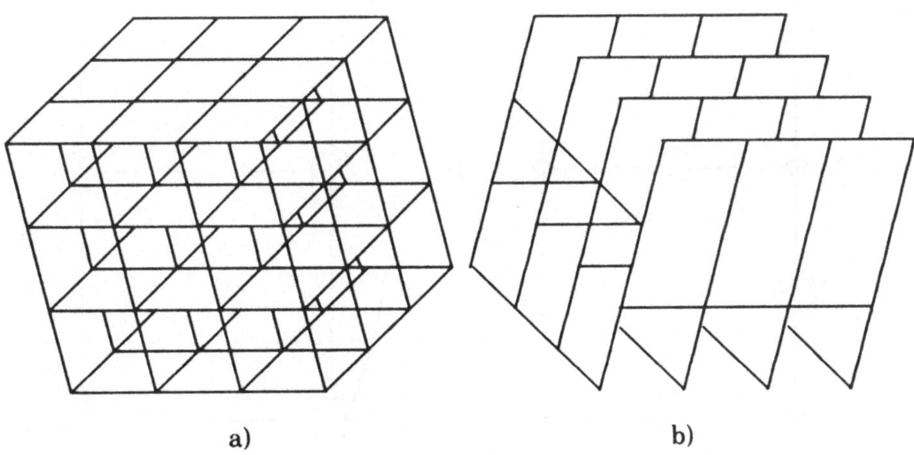

Bild V.45: Bus-Hypercubes; links: Spannning Bus Hypercube; rechts: Dual Bus Hypercube

Hypercube weniger „Teilstrecken" (einzelne zu belegende Busse) als in einem
Gitter notwendig sind. Pro Dimension wird hier nur ein Bus angesprochen
gegenüber im Mittel $n/4$ bei einem Gitter. Allerdings treten bei der Busstruktur natürlich Wartezeiten auf die einzelnen Busse auf.

Ein Spezialfall eines Spanning Bus Hypercube ist der sogenannte *Dual
Bus Hypercube* (Bild V.45 b)). Gegenüber der vollen Struktur ist hier jeder
Knoten nur mit zwei Bussen verbunden. Damit wird die Pfadlänge zwischen
Knoten doppelt so hoch wie in der Originalstruktur.

V.3.6.4 Beta-Netze

Die Beta-Struktur [Bhuyan 82] ist von der in Abschnitt V.2.2.10 beschriebenen (statischen) Struktur der Alpha-Netze abgeleitet (Bild V.46). Ein
Beta-Netz wird aus einem entsprechenden Alpha-Netz erzeugt, indem dort
die Knoten und Verbindungen „vertauscht" werden. An Stelle einer jeden
Verbindung im Alpha-Netz wird ein Knoten, an die Stellen der Knoten im
Alpha-Netz jeweils ein Buskoppler gesetzt. Daraus ergibt sich dann, daß
jeder Knoten im Beta-Netz über je zwei Busse und Buskoppler mit insgesamt
vier Nachbarn verbunden ist. Im Vergleich zu Spanning Bus Hypercubes hat
die Beta-Struktur eine geringere durchschnittliche Entfernung (Zahl der für
eine Verbindung zu belegenden einzelnen Busse), die normalisierte durch-

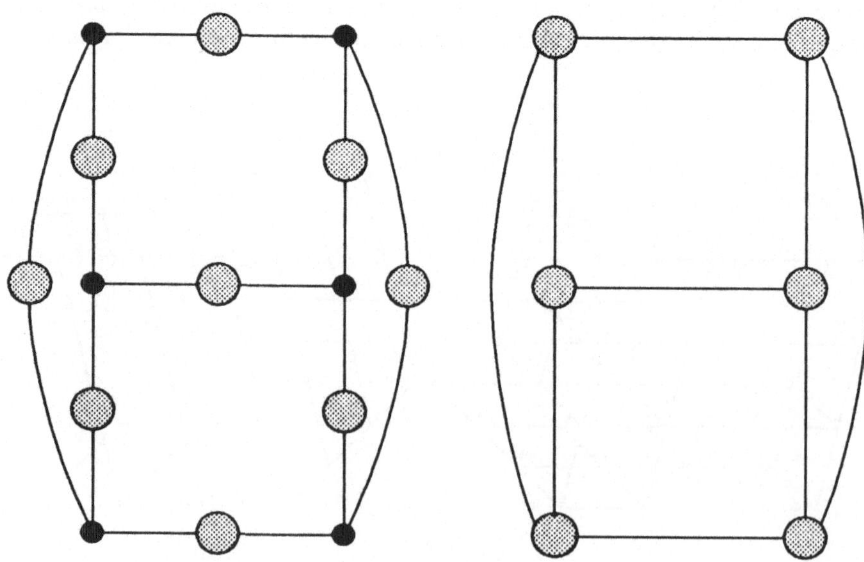

Bild V.46: Beta-Netz; links: Beta-Struktur, rechts: entsprechende Alpha-Struktur
[Bhuyan 82]

schnittliche Entfernung ist jedoch größer und wächst auch schneller als bei jenen.

Anmerkung: Beta-Netze werden auch unter dem Namen „Hyperbus-Strukturen" untersucht [Bhuyan 84]. Der Begriff „Beta-Netz" wird von einzelnen Autoren auch in anderem Sinn verwendet (z.B. [Adams 87]). Unter Beta-Netzen werden dann allgemein zellenbasierte Netze verstanden, wobei der Name eine Beziehung zu den „Beta-Elementen" (Abschnitt V.3.3) herstellt.

Literatur zu Verbindungsnetzen

[Adams 87]   Adams G.B. III; Agrawal D.P.; Siegel H.J.
              Fault-Tolerant Multistage Interconnection Networks
              IEEE Computer, Vol. 20, No. 6 (1987), pp. 14 - 27

[Agrawal 86] Agrawal D.P.; Janakiram V.K.; Pathak G.C.
              Evaluating the Performance of Multicomputer Configurations
              IEEE Computer, Vol. 19, No. 5 (1986), pp. 23 - 37

[Anderson 75] Anderson G.A.; Jensen E.D.
              Computer Interconnection Structures: Taxonomy, Characteristics, and
              Examples
              Computing Surveys, Vol. 7, No. 4 (1975), pp. 197 - 213

[Arden 82]   Arden B.W.; Lee H.
              A Regular Network for Multicomputer Systems
              IEEE Transactions on Computers, Vol. C-31, No. 1 (1982), pp. 60 - 69

[Batcher 76] Batcher K.E.
              The flip network in STARAN
              Proc. 1976 Int. Conf. on Parallel Processing 1976, pp. 65 - 71

[Beneš 64a]   Beneš V.E.
              Permutation Groups, Complexes, and Rearrangeable Connecting Networks
              Bell System Technical Journal, Vol. 43, No. 4 (1964), pp. 1619 - 1640

[Beneš 64b]   Beneš V.E.
              Optimal Rearrangeable Multistage Connecting Networks
              Bell System Technical Journal, Vol. 43, No. 4 (1964), pp. 1641 - 1656

[Bhuyan 82]   Bhuyan L.N.; Agrawal D.P.
              A General Class of Processor Interconnection Strategies
              Proc. 9th Annual Symposium on Computer Architecture, Austin Texas 1982,
              pp. 90 - 98

[Bhuyan 83]   Bhuyan, L.N.; Agrawal D.P.
              Design and Performance of Generalized Interconnection Networks
              IEEE Transactions on Computers, Vol. C-32, No. 12 (1983), pp. 1081 - 1090

[Bhuyan 84]   Bhuyan L.N.; Agrawal D.P.
              Generalized Hypercube and Hyperbus Structures for a Computer Network
              IEEE Transactions on Computers, Vol. C-33, No. 4 (1984), pp. 323 - 333

[Bhuyan 87]   Bhuyan L.N.
              Interconnection Networks for Parallel and Distributed Processing
              IEEE Computer, Vol. 20, No. 6 (1987), pp. 9 - 12

[Broomell 83] Broomell G.; Heath J.R.
              Classification Categories and Historical Development of Circuit Switching
              Topologies
              Computing Surveys, Vol. 15, No. 2 (1983), pp. 95 - 133

[Chen 87]   Chen W.; Sheu J.
                     Fault-Tolerant Two-Level Multistage Interconnection Networks
                     Proc. 7th Int. Conf. on Distributed Computing Systems 1987, pp. 120 - 127

[Cherkassy 86]   Cherkassy V.; Malek M.
                     Analysis of CC-Banyan Networks
                     Proc. 1986 Int. Conf. on Parallel Processing 1986, pp. 115 - 118

[Clos 53]   Clos C.
                     A Study of Non-Blocking Switching Networks
                     Bell System Technical Journal, Vol. 32, No. 2 (1953), pp. 406 - 424

[Dally 87]   Dally W.J.; Seitz C.L.
                     Deadlock-Free Message Routing in Multiprocessor Interconnection Networks
                     IEEE Transactions on Computers, Vol. C-36, No. 5 (1987), pp. 547 - 553

[Dugar 86]   Dugar A.; Banerjee P.
                     A Fault-Tolerant Interconnection Network Supporting the Fetch-And-Add
                     Primitive
                     Proc. 1986 Int. Conf. on Parallel Processing, 1986, pp. 327 - 334

[Enslow 77]   Enslow P.H. Jr.
                     Multiprocessor Organization - A Survey
                     Computing Surveys, Vol. 9, No. 1 (1977), pp. 103 - 129

[Feng 74]   Feng T.
                     Data Manipulating Functions in Parallel Processors and Their
                     Implementations
                     IEEE Transactions on Computers, Vol. C-23, No. 3 (1974), pp. 309 - 318

[Feng 81]   Feng T.
                     A Survey of Interconnection Networks
                     IEEE Computer, Vol. 14, No. 12 (1981), pp. 12 - 27

[Finkel 81]   Finkel R.A.; Solomon M.H.
                     The Lens Interconnection Strategy
                     IEEE Transactions on Computers, Vol. C-30, No. 12 (1981), pp. 960 - 965

[Franklin 81]   Franklin M.A.
                     VLSI Performance Comparison of Banyan and Crossbar Communication
                     Networks
                     IEEE Transactions on Computers, Vol. C-30, No. 4 (1981), pp. 283 - 291

[Franklin 86]   Franklin M.A.; Dhar S.
                     Interconnection Networks: Physical Design and Performance Analysis
                     Journal of Parallel and Distributed Computing, Vol. 3, (1986), pp. 352 - 372

[Geyer 82]   Geyer J.
                     32-Bit-Mikrocomputer besitzt neuartige Architektur
                     Elektronik, Sonderheft „Multi-Prozessor-Systeme", 1982

[Ghafoor 87]   Ghafoor A.; Bashkow T.R.; Ghafoor I.
                     An Interconnection Topology for Fault-Tolerant Multiprocessor Systems
                     Proc. 7th Int. Conf. on Distributed Computing Systems 1987, pp. 136 - 145

[Giloi 81]   Giloi W.K.
                     Rechnerarchitektur
                     Springer-Verlag, 1981

[Goke 73]   Goke L.R.; Lipovski G.J.
                     Banyan Networks for Partitioning Multiprocessing Systems
                     Proc. First Annual Computer Architecture Conf. 1973, pp. 21 - 28

[Goodman 81]   Goodman J.R.; Séquin C.H.
                     Hypertree: A Multiprocessor Interconnection Topology
                     IEEE Transactions on Computers, Vol. C-30, No. 12 (1981), pp. 923 - 933

[Gottlieb 82]   Gottlieb A.; Schwartz J.T.
                     Networks and Algorithms for Very-Large-Scale Parallel Computation
                     IEEE Computer, Vol. 15, No. 1 (1982), pp. 27 - 36

[Horn 86]   Horn M.; Lobjinski M.; Raabe U.
                     Netzarchitekturen für Computernetze; Ein Weg zum Vergleich unter-
                     schiedlicher Strukturen
                     Siemens, 1986

[Hwang 85]   Hwang K.; Briggs F.A.
                     Computer Architecture and Parallel Processing
                     McGraw-Hill, New York, 1985

[Jain 86]   Jain B.; Tripathi S.K.
                     Equivalence Between Cube-Connected Cycles Networks and Circular Shuffle
                     Networks
                     Proc. 1986 Int. Conf. on Parallel Processing 1986, pp. 8 - 11

[Jin 86]   Jin Lan; Yang Y.
                     Analysis of a Kind of Fault-Tolerant Interconnection Network
                     Proc. 1986 Int. Conf. on Parallel Processing 1986, pp. 335 - 341

[Joel 68]   Joel A.E.
                     On Permutation Switching Networks
                     Bell System Technical Journal, Vol. 47, No. 5 (1968), pp. 813 - 822

[Kalé 85]   Kalé L.V.
                     Lattice-Mesh: A Multi-Bus Architecture
                     Proc. 1985 Int. Conf. on Parallel Processing 1985, pp. 700 - 702

[Kautz 68]   Kautz W.H.; Levitt K.N.; Waksman A.
                     Cellular Interconnection Arrays
                     IEEE Transactions on Computers, Vol. C-17, No. 5 (1968), pp. 443 - 451

[Klein 87]   Klein A.; Eckhart H.; Istavrinos P.
                     Parallelrechner-Architekturen: Eine Studie zum Stand der Technik
                     Siemens, 1987

[Krings 83]   Krings L.; Milde J.; Ameling W.
                     The Influence of Bus Allocation Algorithms on the System Performance of
                     Multiprocessor Systems with a Time-Shared Bus; in: Parallel and Large-
                     Scale Computers: Performance, Architecture, Applications
                     M. Ruschitzka et al., IMACS/North-Holland Publishing Company 1983, pp.
                     267 - 272

[Kruskal 83]   Kruskal C.P.; Snir M.
                     The Performance of Multistage Interconnection Networks for Multiprocessors
                     IEEE Transactions on Computers, Vol. C-32, No. 12 (1983), pp. 1091 - 1098

[Kruskal 84]   Kruskal C.P.; Snir M.
                     The Importance of Being Square
                     Proc. 11th Ann. Symp. on Computer Architecture, Ann Arbor, MI, USA 1984,
                     pp. 91 - 98

[Kruskal 86]   Kruskal C.P.; Snir M.
                     A Unified Theory of Interconnection Network Structure
                     Theoretical Computer Science, Vol. 48, No. 1 (1986), pp. 75 - 94

[Kumar 87]   Kumar V.P.; Reddy S.M.
                     Augmented Shuffle-Exchange Multistage Interconnection Networks
                     IEEE Computer, Vol. 20, No. 6 (1987), pp. 30 - 40

[Lawrie 75]   Lawrie D.H.
                     Access and Alignment of Data in an Array Processor
                     IEEE Transactions on Computers, Vol. C-24, No. 12 (1975), pp. 1145 - 1155

[Lipovski 87]   Lipovski G.J.; Malek M.
                     Parallel Computing
                     John Wiley & Sons 1987

[Malowaniec 85]   Malowaniec K.T.
                     Construction Principles of Distributed Communication System for POOL
                     Universität des Saarlandes, FB 10, SFB124-D3, 37/1985

[Masson 77]   Masson G.M.
                     Binomial Switching Networks for Concentration and Distribution
                     IEEE Transactions on Communications, Vol. Com-25, No. 9 (1977), pp. 873 -
                     883

[Masson 79]   Masson G.M.; Gingher G.C.; Nakamura S.
                     A Sampler of Circuit Switching Networks
                     IEEE Computer, Vol. 12, No. 6 (1979), pp. 32 - 48

[Melo 86]   Melo J. de; Jenevein R.M.
                     SK-Banyans: A Unified Class of Banyan Networks
                     Proc. 1986 Int. Conf. on Parallel Processing 1986, pp. 100 - 107

[Mudge 87]   Mudge T.N.; Hayes J.P.; Winsor D.C.
                     Multiple Bus Architectures
                     IEEE Computer, Vol. 20, No. 6 (1987), pp. 42 - 48

[Opferman 71a]   Opferman D.C.; Tsao-Wu N.T.
                     On a Class of Rearrangeable Switching Networks, Part I: Control Algorithm
                     Bell System Technical Journal, Vol. 50, No. 5 (1971), pp. 1579 - 1600

[Opferman 71b]   Opferman D.C.; Tsao-Wu N.T.
                     On a Class of Rearrangeable Switching Networks
                     Part II: Enumeration Studies and Fault Diagnosis
                     Bell System Technical Journal, Vol. 50, No. 5 (1971), pp. 1601 - 1618

[Padmanabhan 83]Padmanabhan K.; Lawrie D.H.
                     A Class of Redundant Path Multistage Interconnection Networks
                     IEEE Transactions on Computers, Vol. C-32, No. 12 (1983), pp. 1099 - 1108

[Palmer 85]   Palmer M.D.
                     On the Power of the Augmented Data Manipulator Network
                     Proc. 1985 Int. Conf. on Parallel Processing 1985, pp. 74 - 78

[Parker 80]   Parker S.
                     Notes on Shuffle/Exchange-Type Switching Networks
                     IEEE Transactions on Computers, Vol. C-29, No. 3 (1980), pp. 213 - 222

[Patel 81]   Patel J.H.
                     Performance of Processor-Memory Interconnections for Multiprocessors
                     IEEE Transactions on Computers, Vol. C-30, No. 10 (1981), pp. 771 - 780

[Pease 77]   Pease M. C., III
                     The Indirect Binary n-Cube Microprocessor Array
                     IEEE Transactions on Computers, Vol. C-26, No. 5 (1977), pp. 458 - 473

[Preparata 81]   Preparata F. P.; Vuillemin J.
                     The Cube-Connected Cycles: A Versatile Network for Parallel Computation
                     Communications of the ACM, Vol. 24, No. 5 (1981), pp. 300 - 309

[Raghavendra 86] Raghavendra C. S.; Vama A.
                     Rearrangeability of the 5-Stage Shuffle/Exchange Network for N = 8
                     Proc. 1986 Int. Conf. on Parallel Processing 1986, pp. 119 - 122

[Regenspurg 87]   Regenspurg G.
                     Hochleistungsrechner-Architekturen
                     McGraw-Hill-Texte, McGraw-Hill 1987

[Renben 85]   Renben S.; Patton P. C.
                     BCA: A Bus Connected Architecture
                     Proc. 1985 Int. Conf. on Parallel Processing 1985, pp. 79 - 88

[Schindler 87]   Schindler M.
                     Technology Forecast 1987: Parallel Processing
                     Electronic Design, Vol. 35, No. 1 (1987) pp. 90 - 100

[Siegel 79a]   Siegel H. J.
                     Interconnection Networks for SIMD Machines
                     IEEE Computer, Vol. 12, No. 6 (1979), pp. 57 - 66

[Siegel 79b]   Siegel H. J.; McMillen R. J.; Mueller P. T. Jr.
                    A survey of interconnection methods for reconfigurable parallel processing
                    systems
                    Proc. 1979 National Computer Conf., Vol. 48, AFIPS Press 1979

[Siegel 85]   Siegel H. J.
                    Interconnection Networks for Large-Scale Parallel Processing
                    Lexington Books, D.C. Heath and Company/Lexington, Massachusetts /
                    Toronto 1985

[Siegel 87]   Siegel H. J.
                    Parallel Processing Networks and Systems
                    The 7th Int. Conf. on Distributed Computing Systems, Tutorial No. 8, 1987

[Steinberg 83]   Steinberg D.
                    Invariant Properties of the Shuffle-Exchange and a Simplified Cost-Effective
                    Version of the Omega Network
                    IEEE Transactions on Computers, Vol. C-32, No. 5 (1983), pp. 444 - 450

[Stolfo 86]   Stolfo S.; Miranker D. P.
                    The DADO Production System Machine
                    Journal of Parallel and Distributed Computing 3 (1986), pp. 269-296

[Stone 71]   Stone H. S.
                    Parallel Processing with the Perfect Shuffle
                    IEEE Transactions on Computers, Vol. C-20, No. 2 (1971), pp. 153 - 161

[Szymanski 86]   Szymanski T. H.
                    A VLSI Comparison of Switch-Recursive Banyan and Crossbar
                    Interconnection Networks
                    Proc. 1986 Int. Conf. on Parallel Processing 1986, pp. 192 - 199

[Thompson 78]   Thompson C. D.
                    Generalized Connection Networks for Parallel Processor Intercommunication
                    IEEE Transactions on Computers, Vol. C-27, No. 12 (1978), pp. 1119 - 1125

[Thurber 74]   Thurber K. J.
                    Interconnection networks - A survey and assessment
                    Proc. 1974 National Computer Conf., Vol. 43, AFIPS Press 1974, pp. 909 - 919

[Upfal 84]   Upfal E.
                    Efficient Schemes for Parallel Communications
                    Journal of the ACM, Vol. 31, No. 3 (1984), pp. 507 - 517

[Waksman 68]   Waksman A.
                    A Permutation Network
                    Journal of the ACM, Vol. 15, No. 1 (1968), pp. 159 - 163

[Wittie 80]   Wittie L.D.
                    Communication Structures for Large Networks of Microcomputers
                    IEEE Transactions on Computers, Vol. C-29, No. 4 (1980), pp. 264 - 273

[Wu 80]   Wu C.; Feng T.
                    On a Class of Multistage Interconnection Networks
                    IEEE Transactions on Computers, Vol. C-29, No. 8 (1980), pp. 694 - 702

[Yalamanchili 87]   Yalamanchili S.; Aggarwal J.K.
                    A Characterization and Analysis of Parallel Processor Interconnection
                    Networks
                    IEEE Transactions on Computers, Vol. C-36, No. 6 (1987), pp. 680 - 691

R Beispiele für Multiprozessor-Systeme

Die nachfolgenden Beispiele für Multiprozessor-Systeme werden in zwei
Kategorien eingeordnet. Die eine Kategorie umfaßt Produktentwicklungen,
die andere bilden Systeme, die als Forschungsprojekte ausgewiesen sind. Die
Beschreibung umfaßt jeweils eine einheitliche Tabelle mit den wichtigsten
Eigenschaften der Rechner. Aufgrund der unterschiedlichen verfügbaren
Information über die Systeme fehlen teilweise einzelne Merkmale.
Von einer Bewertung der beschriebenen Rechner wird abgesehen, da diese
nur im Zusammenhang mit entsprechenden Anwendungen und den unter-
schiedlichen Zielgruppen der Systeme vorgenommen werden könnte.

Am Ende dieses Anhangs sind die nachfolgend beschriebenen Rechnersysteme noch einmal mit ihren wesentlichen Merkmalen in Tabellenform
aufgeführt (Abschnitte R.3.1 u. R.3.2). Außerdem ist eine weitere Tabelle
angefügt, in der eine Anzahl hier nicht näher beschriebener Multiprozessor-
Systeme in Kurzform vorgestellt wird (Abschnitt R.3.3).

R.1 Kommerzielle Rechner

R.1.1 Alliant - FX-Serie

Die Rechner der FX-Serie der Firma Alliant Computer Systems Corporation
sind ausbaufähige Multiprozessor-Systeme, die für technisch-wissenschaftliche Anwendungen konzipiert sind. Die FX-Rechner sind „strukturell" eng
gekoppelte, heterogene Minisuper-Computer. Sie bestehen aus max. 20 Prozessoren, die über Caches und einen Systembus mit einem globalen, „interleaved" Speichersystem (Abschnitt 1.3.5) verbunden sind.

Grundlage der heterogenen FX-Architektur sind zwei Klassen von Prozes-
soren: Eine Klasse bilden die *interactive processors* (IPs), die als Front-End-
Prozessoren eingesetzt werden. Sie führen sowohl Anwender- als auch
Betriebssystemprogramme parallel aus und unterstützen die Geräte-Ein-/
Ausgabe. In einem FX-Rechner sind bis zu 12 IPs enthalten.

Die andere Klasse besteht aus *computational elements* (CEs), von denen in
einem FX-Rechner bis zu 8 vorhanden sein können. CEs sind Prozessoren, die
mit Vektor- und Gleitpunktoperationen vor allem die Ausführung rechenintensiver Anwenderprogramme unterstützen. Scheduling und Synchronisation der auf diesen Prozessoren ablaufenden Prozesse werden von der Hardware unterstützt. Der vektorisierende FX-FORTRAN-Compiler schöpft die

Hardware-Merkmale der CEs für die parallele Ausführung von existierenden
FORTRAN 77-Programmen aus. Parallel ausführbare Programmsegmente
werden zur Übersetzungszeit transparent (Abschnitt 1.3.6) für den Benutzer
auf die CEs verteilt und nach der Übersetzung, falls möglich, im Vektor-
modus ausgeführt.

Neben FX-FORTRAN werden die Programmiersprachen Pascal, C und
Alliant-Assembler angeboten. Speziell für C gibt es Bibliotheksroutinen, um
Nebenläufigkeiten oder Vektorisierungen in C-Programmen erzeugen zu
können. Das Betriebssystem der FX-Rechner ist Concentrix, eine erweiterte
Version vom 4.2 bsd UNIX. Concentrix ist zuständig für die Betriebsmittel-
zuteilung, Ein-/Ausgabe-Organisation und Speicherverwaltung und unterstützt Multitasking bzw. Multiprocessing.

Die Reihe der FX-Rechner ist baugleich mit der DSP 9000 Serie von
Apollo.

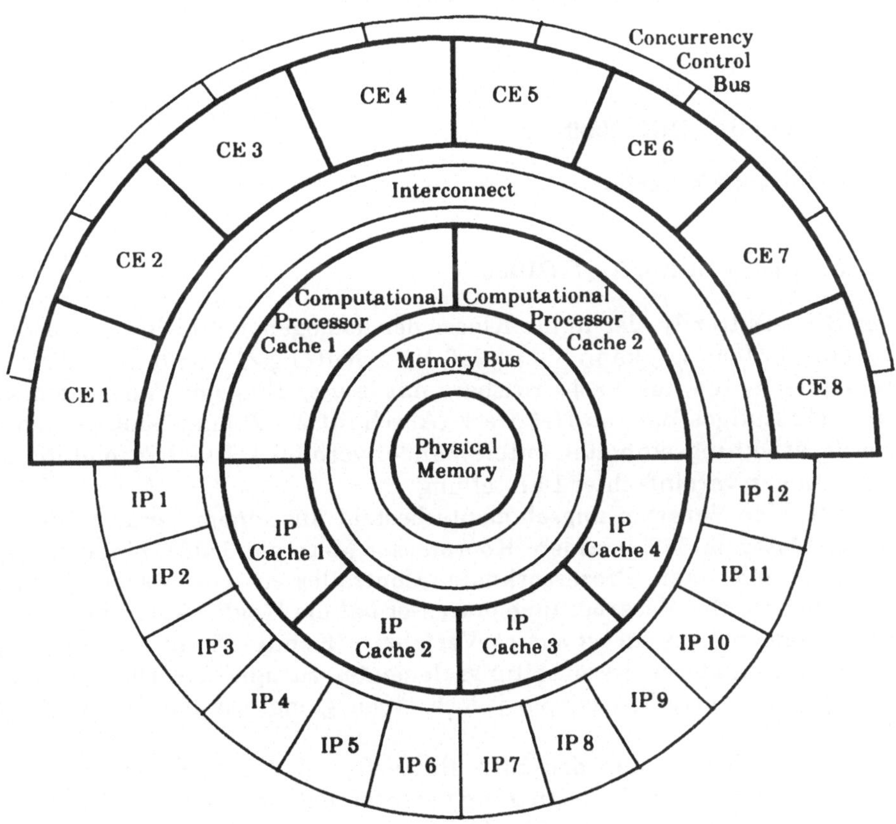

Bild R.1: Alliant-FX [Bond 87]

Firma	Alliant Computer Systems Corporation
Rechner	FX-Serie
Netzwerk	Systembus mit 2×72-Bit-Datenleitungen
Zahl der Verarbeitungs-einheiten	bis zu 8 „computational elements" (CEs), bis zu 12 „interactive processors" (IPs)
Prozessortyp	rechnerspezifisch
Speicher	bis zu 64 MByte gemeinsamer Speicher (8 × 8 MByte Speichermodule mit 4-Weg-Interleaving)
maximale Leistung	188,8 MFlops (FX/80)
Betriebssystem	Concentrix (erweiterte Version von 4.2 bsd UNIX)
Programmiersprachen	FX-FORTRAN, C, Pascal, Alliant-Assembler

R.1.2 Apollo - DSP 9000

(siehe Alliant FX-Serie)

R.1.3 BBN - Butterfly, GP1000

Der BBN-Butterfly, der in die Klasse der homogenen Multiprozessor-Systeme einzuordnen ist, kann bis zu 256 Verarbeitungselemente enthalten. Mit Schaltelementen aus 4×4-Crossbars mit je vier Ein- und Ausgängen kann ein mehrstufiges Banyan-Netzwerk (Abschnitt 2.3.2) aufgebaut werden, das die Verarbeitungseinheiten untereinander verbindet. Bild R.2 zeigt die Konfiguration in vereinfachter Darstellung

Jedes der Verarbeitungselemente besteht aus einem Verarbeitungsprozessor Motorola-68020, einem Koprozessor Motorola-68881, einem 1MByte-Speicher und einem Prozessorknoten-Controller zur Überwachung des Datentransfers. Ein Verarbeitungsprozessor hat die Möglichkeit, über mehrere Schaltelemente im *packet-switch*-Verfahren (Kapitel 2) auf Daten des Speichers eines anderen Verarbeitungselementes zuzugreifen. Die Speicher im System sind verteilt, besitzen jedoch einen gemeinsamen physikalischen Adreßraum.

Das Betriebssystem des BBN-Butterfly ist das in C implementierte Chrysalis. Es liefert Unterstützung für Interruptbehandlung und Konfigurationskontrolle und ist zuständig für die Verwaltung des physikalischen und virtuellen Adreßraums. Auf jedem Prozessor ist ein Prozeßscheduler vorhan-

den, der Multitasking innerhalb eines Verarbeitungselementes ermöglicht.
Die Anwendersoftware wird auf einem Host-Front-End, z.B. einer SUN-
Workstation, in C, FORTRAN oder LISP entwickelt. Unterstützt wird die
Programmimplementation von einem Software-Paket „Uniform System". Es
ist beabsichtigt, neben C, LISP, FORTRAN auch die Sprachen Ada und
MODULA II anzubieten. Bekannte Anwendungsgebiete sind Bildverarbei-
tung und Schaltkreissimulation.

Auf der Basis des Butterfly entwickelte BBN einen neuen Rechner, den
GP 1000, der aus maximal 256 Knoten besteht und eine Höchstleistung von
600 MIPS erbringt. Diese Leistung ist auf eine Erweiterung des Adreß- und
Datenbusses (32-Bit-Bus statt 24-Bit-Bus) in den Prozessor-Knoten zurück-
zuführen (Bild R.3). Für diesen Rechner wird das Betriebssystem Mach 1000,
eine modifizierte Version des von der Carnegie Mellon University entwickelten Mach, angeboten.

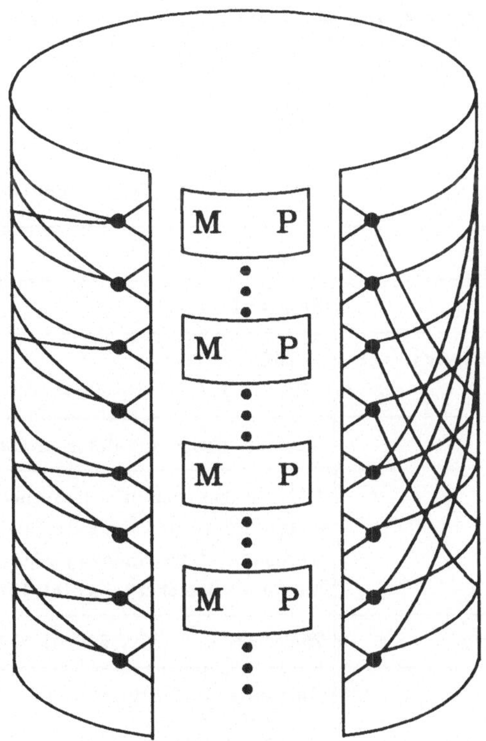

Bild R.2: vereinfachte Darstellung des BBN-Butterfly
[Crowther 85]

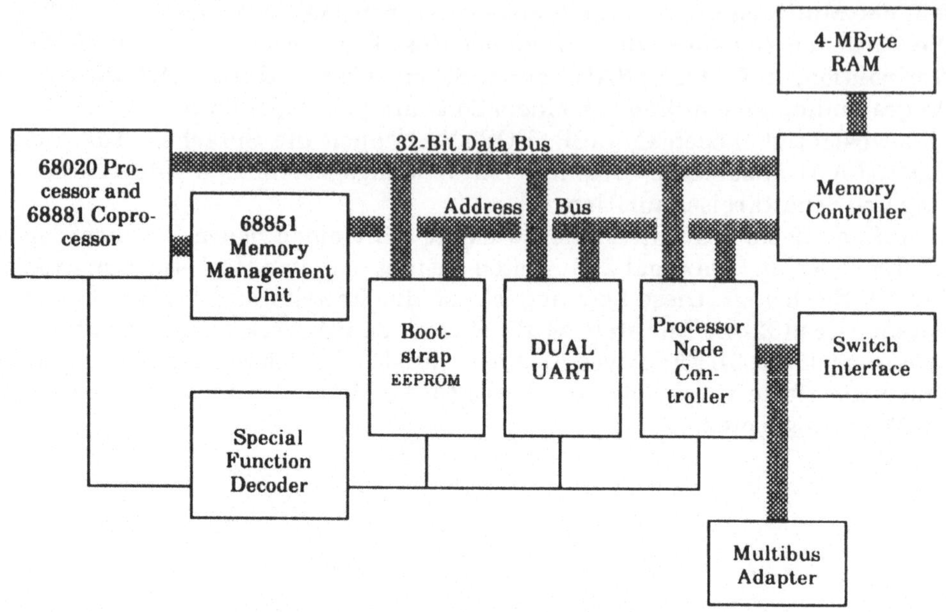

Bild R.3:   Neuer BBN-Prozessor-Knoten des GP1000 mit gegenuber dem Butterfly
erweitertem Adreß- und Datenbus [Electronics 87]

Firma	BBN (Bolt, Beranek, Newman) Advanced Computers
Rechner	Butterfly, GP1000
Netzwerk	Banyan-Netzwerk
Zahl der Verarbeitungs-einheiten	1 - 256
Prozessortyp	Motorola-68020 mit Motorola-68881 Koprozessor
Speicher	1 MByte Speicher auf jedem Knoten, der auf 4 MByte ausgebaut werden kann. Die Speicher in den Knoten werden als shared memory genutzt Maximale Speicherkapazitat: 1 GByte
maximale Leistung	256 MIPS (Butterfly), 600 MIPS (GP1000)
Betriebssystem	Chrysalis (Butterfly), Mach (GP1000)
Programmiersprachen	C, LISP, FORTRAN; es ist beabsichtigt, auch Ada und MODULA II anzubieten

R.1.4 Bromcom - Hyper-micro

Der Hyper-micro von Bromcom ist funktional ein heterogenes Multi-User-System ohne Shared Memory. Es besteht aus maximal 17 Prozessoren Intel-80186 mit jeweils 1 MByte Lokalspeicher, die über einen DMA-fähigen Bus Zugriffe auf „shared" Ressourcen wie Printer, Telex oder Laufwerke haben. Einer der 17 Prozessoren hat die Funktion eines Master-Prozessors, die anderen dienen als Slaves. Auf jedem der Slaves ist das Multitasking-Betriebssystem Concurrent-DOS 4.1 geladen, das die Ausführung von Hintergrundprozessen erlaubt. Ein Slave besitzt 4 Ports, an die Terminals, Printer oder Telex anschließbar sind. Werden vier Terminals angeschlossen, so können vier Anwender (bei Aufteilung des Lokalspeichers) im Time-Sharing-Betrieb arbeiten. Die Daten-Ein-/Ausgabe von bzw. zu den „shared" Ressourcen wird über den Master-Prozessor durchgeführt. Software, die unter MS-DOS oder CP/M-86 abläuft, ist auch unter Concurrent-DOS 4.1 auf dem Hyper-micro ablauffähig.

Firma	Bromcom
Rechner	Hyper-micro
Netzwerk	Bus (IEEE 696)
Zahl der Verarbeitungs-einheiten	bis zu 17 Prozessoren (1 Master und bis zu 16 Slaves)
Prozessortyp	Intel-80186
Speicher	bis zu 1 MByte Lokalspeicher pro Prozessor, kein „shared memory"
Betriebssystem	Concurrent-DOS 4.1
Programmiersprachen	Software bzgl. MS-DOS oder CP/M-86 auf dem Hyper-micro ablauffähig

R.1.5   Concurrent - 3280-MPS

Das 3280-MPS-System von Concurrent (früher Perkin Elmer) ist von der
Struktur her ein eng gekoppeltes 32-Bit-Multiprozessor-System, das für allgemeine Anwendungen eingesetzt wird. Grundlage des Rechners bildet der
3280-Prozessor. Der 3280-Prozessor verfügt über eine 4-stufige Pipeline,
einen 64-Bit-Gleitpunktprozessor und ein Steuerungs- und Diagnosesystem
CDS, das alle aktiven Bausteine im System überwacht. Der 3280-Rechner
kann auf maximal 6 Prozessoren erweitert werden.

Das 3280-MPS-System ist heterogen (Abschnitt 1.3) in dem Sinne, daß die
vorhandenen Prozessoren des gleichen Typs unterschiedliche Funktionen
ausführen. Jeder der Prozessoren kann als I/O-Prozessor, als Verarbeitungsprozessor für Anwenderprogramme oder als Steuerungseinheit verwendet
werden. Über einen Systembus hat jeder Prozessor im System gleichberech-
tigten Zugriff auf den Hauptspeicher. Der Hauptspeicher selbst besteht aus
mindestens einem, maximal aus acht „interleaved" Speichermodulen zu je 2
MByte Speicherkapazität. Am Systembus können vier DMI-Module (Direct
Memory Interfaces) angeschlossen werden, die die nebenläufige Daten-Ein-/
Ausgabe mit einer Übertragungsrate von 40 MByte/s zu den peripheren
Geräten ermöglichen.

Das Betriebssystem des 3280-Multiprozessor-Systems mit mehr als einem
Prozessor ist das realzeitfähige OS/32, das die Prozeßverwaltung sowie die
Zuordnung der Prozesse zu den Prozessoren, transparent für den Benutzer,

Firma	Concurrent Computer Corporation (früher: Perkin Elmer)
Rechner	3280 MPS
Netzwerk	32 Bit-Systemdatenbus
Zahl der Verarbeitungs- einheiten	bis zu 6
Prozessortyp	rechnerspezifisch
Speicher	gemeinsamer Hauptspeicher mit max. 16 MByte Speicherkapazität (2 oder 4-Weg-Interleaving)
maximale Leistung	34 MIPS
Betriebssystem	OS/32 (für 1-Prozessor-Konfiguration XELOS, von UNIX System V abgeleitet)
Programmiersprachen	FORTRAN VII, COBOL, Pascal, C

unterstützt. Speziell für eine 1-Prozessor-Konfiguration wird ein von UNIX System V abgeleitetes Betriebssystem XELOS angeboten. Zur Programmentwicklung stehen Sprachen wie FORTRAN VII, COBOL, Pascal und C zur Verfügung.

R.1.6 Convex - C1-XP

Der C1-XP der Firma Convex gehört zur Kategorie der 64-Bit-Supercomputer mit heterogener Rechnerstruktur. Der XP-Prozessor basiert auf einer Cray-ähnlichen RISC-Architektur, die eine Verarbeitung von Skalaren und Vektoren mit sehr hoher Geschwindigkeit ermöglicht. Der XP-Rechner hat einen bis zu 1 GByte ausbaubaren Hauptspeicher und maximal 5 I/O-Kontrollprozessoren.

C1-XP-Rechner können über ein fiberoptisches Verbindungssystem, das auf dem sogenannten CXS-Konzept (Convex Extended Supercomputing) basiert, lose gekoppelt werden. Die Übertragungsrate zwischen zwei XP-Prozessoren, die maximal 2,5 km entfernt sein können, beträgt 80 Mbit/s. Verschiedenartige Konfigurationen wie Ringe oder Cubes sind denkbar. Gegenwärtig bietet Convex die vorkonfigurierten Systeme XP1 mit 1 XP-Prozessor bis XP4 mit 4 XP-Prozessoren in einem Token-passing-Ring an. Über LAN sind weitere Rechner an das CXS-System anschließbar.

Prozesse, die auf unterschiedlichen C1-Rechnern in einem lose gekoppelten System unabhängig voneinander ablaufen, kommunizieren per Nachrichtenaustausch. Das CXS-Konzept sieht vor, daß Nachrichten mit Hilfe von Hochgeschwindigkeitsprotokollen zwischen den Rechnern ausgetauscht werden.

Das Betriebssystem auf den C1-Rechnern ist Convex-UNIX, das auf 4.2 bsd UNIX basiert. Als Programmiersprachen werden FORTRAN 77, C und

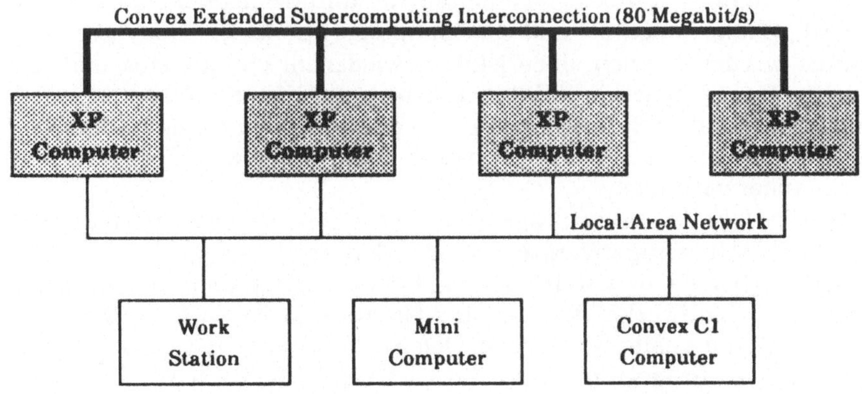

Bild R.4: C1- XP4-Konfiguration mit LAN-Anschluß [Electronics 86]

Firma	Convex Computer Ltd.
Rechner	C1-XP1 bis C1-XP4
Netzwerk	Token-passing-Ring
Zahl der Verarbeitungs-einheiten	1 - 4
Prozessortyp	rechnerspezifisch
Speicher	1 - 4 GByte (verteilter Speicher)
maximale Leistung	160 MFlops; 25,6 MIPS bzgl. C1-XP4
Betriebssystem	Convex-UNIX (Erweiterung von 4.2 bsd UNIX)
Programmiersprachen	FORTRAN 77, C, Ada

Ada verwendet, für die jeweils ein vektorisierender Compiler zur Verfügung
steht. Eingesetzt werden die C1-Rechner hauptsächlich im technisch-wissen-
schaftlichen Bereich.

R.1.7 Cray Research - Cray X-MP

Die Cray X-MP, eine Weiterentwicklung der Cray-1, gehört zu den „Supercomputern", die hauptsächlich für technisch-wissenschaftliche Anwendungen ausgerichtet sind. Die X-MP hat bis zu vier Cray-1 ähnliche Hochleistungsprozessoren, die über Multiports direkten Zugriff auf ein „shared"
Memory (Kapazität: bis zu 8 MWord, Wortlänge: 64 Bit) haben. Jeder Prozessor enthält 14 Funktionseinheiten für unterschiedliche Bearbeitungen
(Adreß-, Skalar-, Vektor- und Gleitpunktoperationen), die asynchron durchgeführt werden können. Jede Einheit wiederum enthält eine mehrstufige
Pipeline für die synchrone Datenverarbeitung. Für die Interprozessor-Kom-
munikation und zu Synchronisationszwecken ist eine Kommunikations- und
Kontrolleinheit mit „shared" Registern vorhanden, die die vier Prozessoren
miteinander verbindet.
    Das SSD (Solid-state storage device), das über eine Speicherkapazität von
32 MWord (Übertragungsrate: bis 1000 MByte/s) verfügt, kann als zweiter
Hauptspeicher genutzt werden. Am IOS (I/O subsystem) können periphere
Geräte wie Laufwerke, Magnetband-Geräte und Front-End-Rechner (z.B.
IBM/MVS) angeschlossen werden. Das Betriebssystem ist COS (Cray Opera-
ting System). Programmiersprache ist Cray-FORTRAN (CFT), wobei der
CFT-Compiler FORTRAN-Code in skalar- und vektorverarbeitende Anteile
partitioniert.

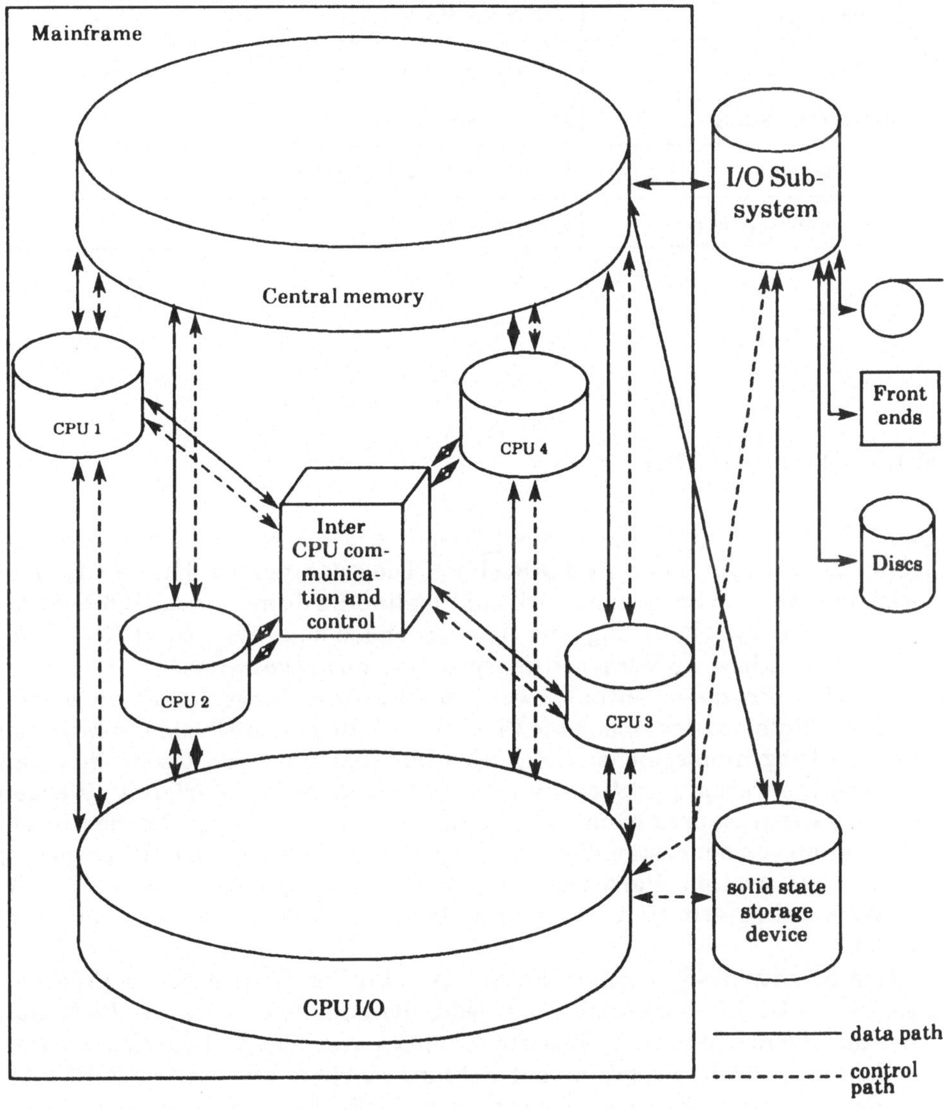

Bild R.5: Konfiguration der Cray X-MP 4 [Lazou 86]

Firma	Cray Research, Inc.
Rechner	Cray X-MP
Netzwerk	speichergekoppeltes System
Zahl der Verarbeitungs-einheiten	1 - 4
Prozessortyp	rechnerspezifisch
Speicher	bis zu 8 MWord Hauptspeicher (Wortlänge: 64 Bit)
maximale Leistung	1100 MFlops
Betriebssystem	COS (Cray Operating System)
Programmiersprachen	Cray-FORTRAN

R.1.8   Denelcor - HEP

Das HEP-System (Heterogeneous Element Processor) der Firma Denelcor
gehört zur Kategorie der MIMD-Rechner. Die erste Version hat vier Prozessoren, die über ein Schaltnetzwerk auf Pipeline-Basis mit einem 128 KWord-
„shared memory" (Wortlänge: 64 Bit) verbunden sind. Weitere HEP-Versio-
nen sind mit 8 bzw. 16 Verarbeitungsprozessoren ausgestattet.

Ein HEP-Prozessor enthält zwei Prozeßwarteschlangen. Eine davon liefert Prozeßinformationen an eine Pipeline, die die entsprechende Instruktion
aus dem Programmspeicher holt, dekodiert und - mit den Operanden - an
eine von mehreren „function units" zur Ausführung weiterleitet. Werden
Daten aus dem „shared memory" benötigt, so wird die entsprechende Prozeß-
information von der ersten Warteschlange nicht zur „function unit" gesendet,
sondern zur zweiten Warteschlange, von der aus über das Pipeline-Schalt-
netzwerk paketvermittelt die notwendigen Speicherzugriffe durchgeführt
werden.

Das Schaltnetzwerk selbst ist ein beliebig konfigurierbares Pipeline-
System mit Schaltelementen, wobei jedes der Schaltelemente drei Ports hat,
über die Nachrichten in Paketform simultan gesendet und empfangen werden können. Für die Programmentwicklung steht ein erweitertes FORTRAN
77 zur Verfügung. Eingesetzt wird der HEP-Rechner im technisch-wissen-
schaftlichen Bereich.

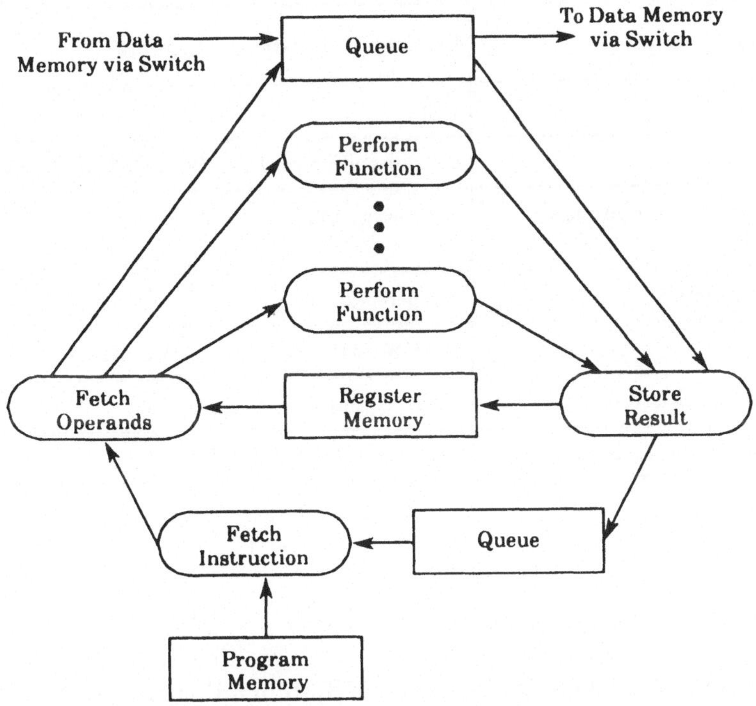

Bild R.6: HEP-Prozessor-Organisation [Smith 78]

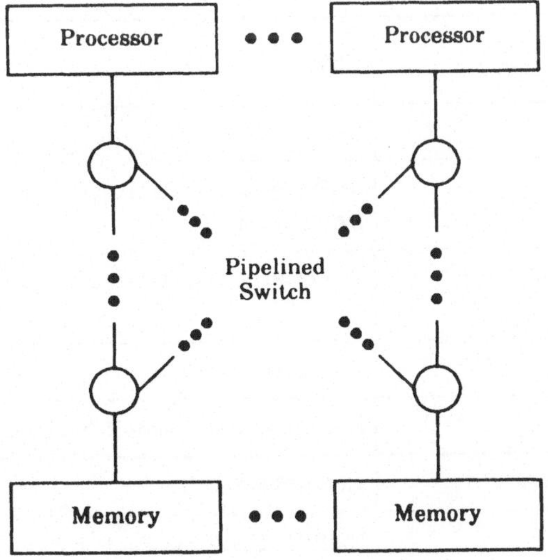

Bild R.7: HEP-Gesamtsystem [Smith 78]

Firma	Denelcor Inc. (existiert nicht mehr)
Rechner	HEP
Netzwerk	beliebig konfigurierbares Pipeline-Schaltnetzwerk
Zahl der Verarbeitungs-einheiten	4 (1.Version), 8, 16
Prozessortyp	rechnerspezifisch
Speicher	128 KWord (Datenwortlange: 64 Bit) in der 1.Version
maximale Leistung	10 MIPS pro Verarbeitungseinheit
Programmiersprachen	Erweitertes FORTRAN 77

R.1.9   Elxsi - System 6400

Das System 6400 ist ein Multiprozessor-System mit einem 64-Bit-Systembus.
Bis zu 10 64-Bit-CPUs und vier 64-Bit-I/O-Prozessoren können über den Bus
gekoppelt werden und haben Zugriff auf den maximal 192 MByte großen
gemeinsamen Hauptspeicher.

Firma	Elxsi
Rechner	System 6400
Netzwerk	64-Bit-Systembus, maximale Übertragungsbandbreite: 320 MByte/s
Zahl der Verarbeitungs-einheiten	1 - 12 CPUs, 1 - 4 I/O-Prozessoren
Prozessortyp	rechnerspezifisch
Speicher	gemeinsamer Hauptspeicher (max. 192 MByte)
maximale Leistung	13 MIPS pro CPU
Betriebssystem	EMBOS, UNIX System V, 4.2 bsd UNIX, EMS
Programmiersprachen	BASIC, C, COBOL, FORTRAN, Pascal

Vier Betriebssysteme werden angeboten, die auf dem Rechner simultan ablauffähig sind: EMBOS, ein auf Nachrichtenverkehr basierendes Betriebssystem für Realzeit-Anwendungen, UNIX System V für kommerzielle Anwendungen, 4.2 bsd Unix für technisch-wissenschaftliche Zwecke und EMS, das für VMS (VAX)-Benutzer vorgesehen ist. An Programmiersprachen stehen BASIC, C, COBOL, FORTRAN und Pascal im Angebot.

R.1.10 Encore - Multimax

Der Multimax von Encore Computer ist ein homogenes, strukturell eng gekoppeltes Multiprozessor-System mit Systembus-Architektur. In diesem System sind bis zu 20 Verarbeitungseinheiten über eine 32-Bit-Adreßleitung und einen 64-Bit-Datenbus verbunden. Eine Verarbeitungseinheit besteht aus einer CPU vom Typ NS32332, einer Speicherverwaltungseinheit NS32382 und einem Cache. Über den Systembus haben die CPUs Zugriff auf den Hauptspeicher, der bis zu einer Speicherkapazität von 128 MByte ausgebaut werden kann. Auf dem Rechner sind zwei UNIX-Versionen, UMax 4.2 und UMax V, parallel ausführbar. An höheren Programmiersprachen stehen Ada, BASIC, C, COBOL, FORTRAN, LISP und Pascal zur Verfügung.

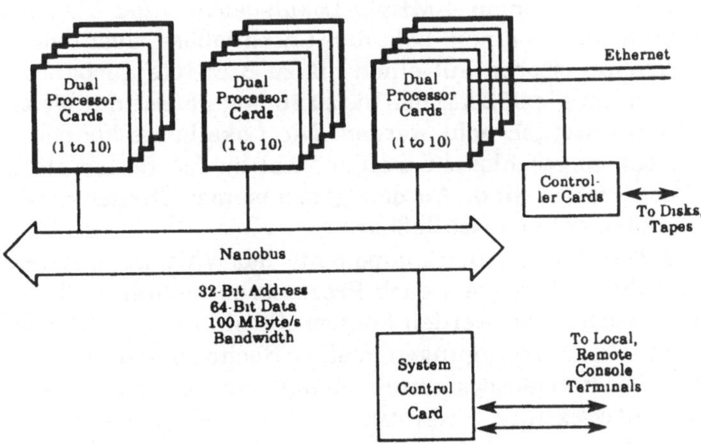

Bild R.8: Encore-Multimax [Siewiorek 85]

Firma	Encore Computer
Rechner	Multimax
Netzwerk	Systembus
Zahl der Verarbeitungs-einheiten	2 - 20
Prozessortyp	NS32332
Speicher	gemeinsamer Hauptspeicher (32 - 128 MByte)
maximale Leistung	15 MIPS
Betriebssystem	UMax 4.2 (abgeleitet von 4.2 bsd UNIX), UMax V (abgeleitet von UNIX System V)
Programmiersprachen	Ada, BASIC, C, COBOL, FORTRAN, LISP, Pascal

R.1.11 Flexible - Flex/32

Der Flex/32 von Flexible ist ein Multicomputer-System, das besonders für
Realzeit-Anwendungen geeignet ist. Grundeinheit des Rechners ist eine
Rechnerkomponente, die aus einem NS32032 oder MC68020 Mikroprozessor
in Verbindung mit einem 4-MByte-Lokalspeicher und I/O besteht. Je zwei
Komponenten sind an einem Lokalbus anschließbar, über den die eng gekoppelten Mikroprozessoren auf einen bis zu 8 MByte ausbaubaren Speicher
Zugriff haben. Im Flex/32 können bis zu 10 Lokalbusse mit bis zu 20 Rechnerkomponenten untergebracht werden. Die Lokalbusse können an 2 gemeinsamen Bussen angeschlossen werden, welche für fehlertolerante Anwendungen ausgerichtet sind. An den gemeinsamen Bussen sind gemeinsame
Speicherkomponenten anschließbar.

Der I/O-Teil der Rechnerkomponente hat VME-Schnittstellen, über die
sowohl periphere Geräte als auch Prozessoren mehrerer Flex-Rechner über
VME-Busse verbunden werden können. So sind enge und lose Kopplungen
unterschiedlicher Ausprägungen in einer Rechnerkonfiguration denkbar.

Die Flex/32-Betriebssystemumgebung umfaßt UNIX System V, das die
Programmentwicklung unterstützt, sowie das Realzeit-Betriebssystem
MMOS. An Programmiersprachen sind Concurrent C und Concurrent
FORTRAN verfügbar.

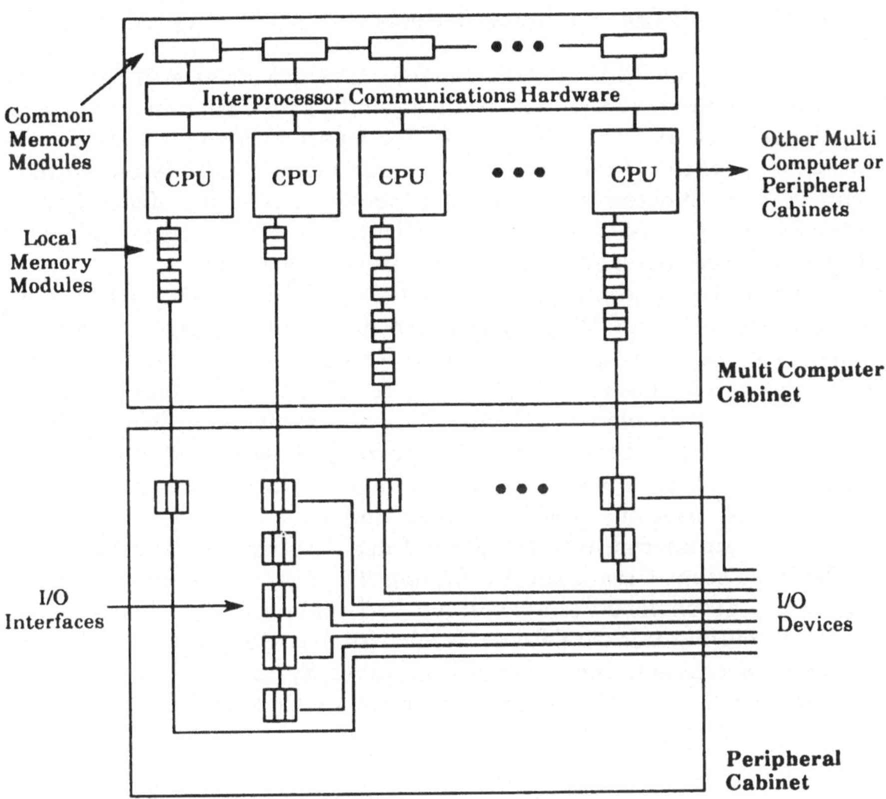

Bild R.9: Architektur des Flex/32 [Matelan 85]

Firma	Flexible Computer Company
Rechner	Flex/32
Netzwerk	Busstruktur
Zahl der Verarbeitungs-einheiten	bis 20 Prozessoren in einem Rechnergehäuse; Kopplung von max. 20480 Prozessoren möglich
Prozessortyp	NS32032 oder MC68020
Speicher	gemeinsame und lokale Speicher variabel konfigurierbar
Betriebssystem	UNIX System V, MMOS
Programmiersprachen	Concurrent C, Concurrent FORTRAN

R.1.12 Floating Point Systems - T-Serie

Die T-Rechner von FPS sind homogene, lose gekoppelte Multiprozessor-Systeme mit Hypercube-Struktur, die besonders für rechenintensive Anwendungen geeignet sind. In der Grundversion ist ein T-Rechner mit 8 Prozessorknoten ausgestattet. In der theoretisch maximalen Ausbaustufe enthält der Rechner 16384 Knoten in einem 14-dimensionalen Cube. Jeder Prozessorknoten hat einen T414-Transputer der Firma Inmos als Steuerungsprozessor, eine Vektoreinheit und einen 1-MByte-Dualportspeicher.

Die 4 bidirektionalen Anschlüsse des T414-Transputers sind über Multiplex-Komponenten auf 16 erweitert, von denen 14 als Kommunikationsanschlüsse zur Verschaltung mit anderen Knoten und zwei für Systemzwecke vorgesehen sind. Jeweils acht Knoten, zu einem dreidimensionalen Cube zusammengefaßt, bilden ein Modul. An einem der acht Knoten ist eine Systemeinheit zur Überwachung der Prozessorknoten und zur Datensicherung angeschlossen. Über diese Systemeinheiten können bis zu 2048 Module zu einem Ring zusammengeschlossen werden.

Als Programmiersprache für die auf den Transputern parallel ablaufenden Prozesse steht Occam zur Verfügung. Programme, die in FORTRAN, C oder Pascal geschrieben sind, müssen in Occam eingebunden werden. Die Prozeßkommunikation findet per Nachrichtenaustausch statt. Auf einem Host (z.B. Microvax), angeschlossen an einer Systemeinheit, können unter dem Betriebssystem VMS Programme für den T-Rechner entwickelt werden.

Firma	Floating Point Systems
Rechner	FPS T-Serie
Netzwerk	Hypercube
Zahl der Verarbeitungs-einheiten	von 8 bis 16384
Prozessortyp	T414 Transputer als Steuerungsprozessor
Speicher	pro Knoten 1 MByte Privatspeicher sowie 2 KByte RAM (im Transputer)
maximale Leistung	pro Prozessor 16 MFlops und 7,5 MIPS
Programmiersprachen	Occam; Programme in FORTRAN, C oder Pascal müssen in Occam eingebunden werden

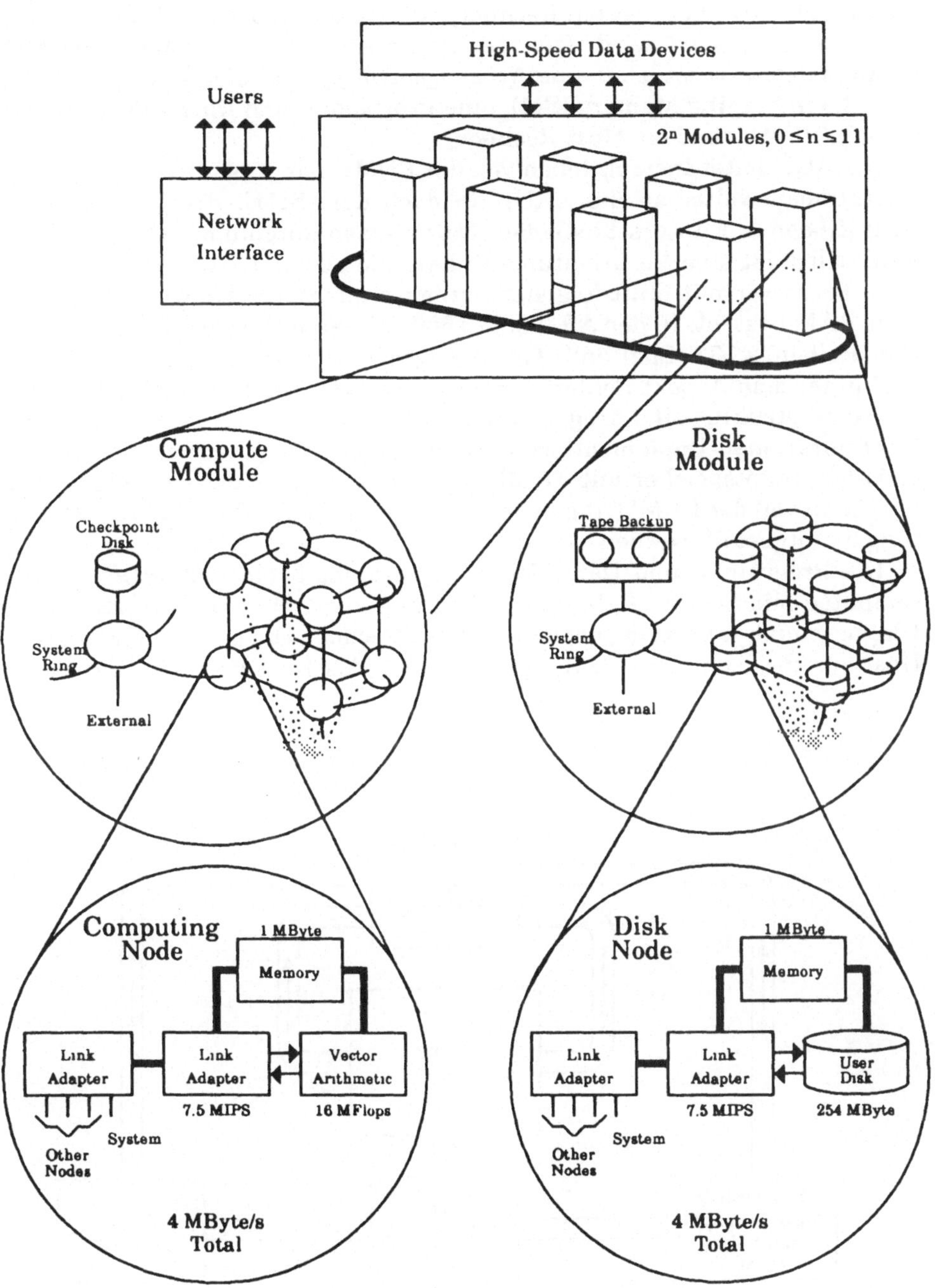

Bild R.10: T-Rechner von FPS [Frenkel 86]

R.1.13 Goodyear Aerospace - MPP

Der MPP (<u>M</u>assively <u>P</u>arallel <u>P</u>rocessor), seit 1979 von der Firma Goodyear Aerospace entwickelt, ist ein Rechner, der speziell in der Satellitenbild-Verarbeitung eingesetzt wird. Die Hauptkomponenten, aus denen der MPP zusammengesetzt ist, sind eine <u>A</u>rray <u>C</u>ontrol <u>U</u>nit (ACU), eine <u>A</u>rray <u>U</u>nit (ARU), ein <u>S</u>taging <u>M</u>emory (SM), eine Programm- und Daten-Verwaltungs-einheit (PDMU) und ein Host-Rechner.

Die ACU leitet Instruktionen von der PDMU zur Ausführung von Array-Operationen weiter an die ARU, die nach dem SIMD-Prinzip synchrone Operationen auf unterschiedlichen Datensätzen durchführt. Grundlage der ARU selbst ist eine Verarbeitungseinheit, die aus einem speziellen bit-seri-ellen Prozessor mit Shift-Registern programmierbarer Länge und einem 1-Kbit-RAM besteht. In der ARU sind 16896 Verarbeitungselemente in einem 128 (Reihen)×132 (Spalten) - Gitter angeordnet. Vier von den 132 Spalten sind unter dem Aspekt Fehlertoleranz redundant. Die Randverbindungen in der Gitterstruktur sind programmierbar, so daß auch Zylinder- oder Torus-Konfigurationen implementiert werden können. Das Staging Memory, ein globaler Hauptspeicher mit 67 MByte maximaler Speicherkapazität, erhält die Daten von der PDMU, die über eine Schaltstufe für die ARU zur Bearbei-tung bereitgestellt werden.

Die Programm- und Daten-Verwaltungseinheit, ein DEC PDP-11 Mini-computer mit Schnittstellen zur ACU und zur SM, wird zur Hardware-Diagnose und, falls kein „normaler" Host-Rechner verfügbar ist, als Ersatz-Host zur Programmentwicklung eingesetzt. Als Host-Rechner, der wie die

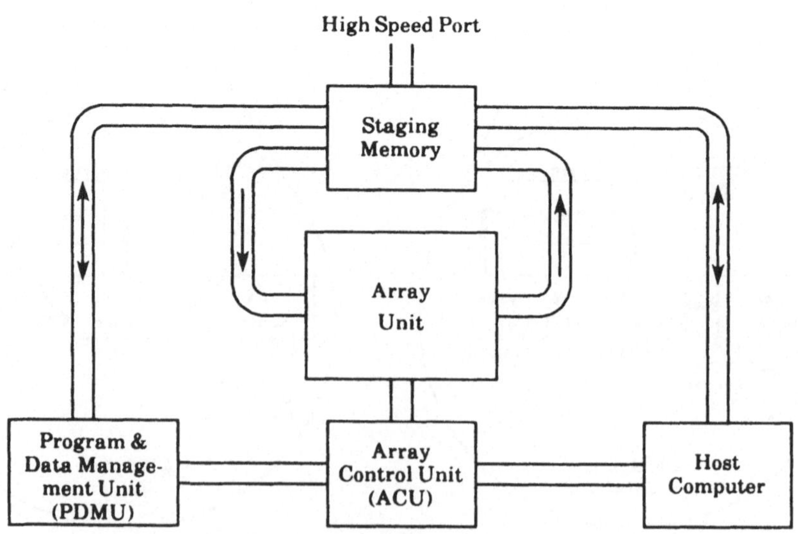

Bild R.11:   MPP von Goodyear Aerospace [Batcher 85]

Firma	Goodyear Aerospace Corporation
Rechner	MPP
Netzwerk	Gitter
Zahl der Verarbeitungs-einheiten	16896
Prozessortyp	rechnerspezifisch
Speicher	67 MByte Globalspeicher, 1 KBit in jeder der 16896 Verarbeitungseinheiten
maximale Leistung	470 MFlops
Programmiersprachen	Cross-Assembler

PDMU mit der ACU und der SM verbunden ist, kann z.B. eine DEC VAX-11/780 verwendet werden. MPP-Programm-Module können in Cross-Assembler geschrieben und in die ACU geladen werden.

R.1.14 Intel - iPSC-Serie

Die iPSC-Rechner (intel Personal-Supercomputer), von denen die Ausführungen iPSC-MX/D, iPSC-VX/D und iPSC/D angeboten werden, gehören zur Familie der homogenen, lose gekoppelten Multiprozessor-Systeme mit Hypercube-Struktur. Die Hypercube-Architektur wurde vor der iPSC-Entwicklung bereits am „California Institute of Technology" (Caltech) untersucht (Abschnitt R.2.3).

Maximal werden 128 Prozessorknoten zu einem Cube konfiguriert. Jeder Prozessorknoten besteht grundsätzlich aus einer Intel-80286 Master-CPU, einem Intel-80287 Gleitpunktarithmetik-Koprozessor und einem 512-KByte dynamischen RAM. Zusätzlich enthält jeder der Knoten 8 Koprozessoren Intel-82586, von denen jeder einen bidirektionalen Kommunikationskanal kontrolliert. Sieben von diesen Kanälen dienen als Verbindungen zu anderen Knoten, ein Kanal führt zum Host-Rechner. Jeder Prozessorknoten der VX-Reihe besitzt außerdem einen Vektorprozessor mit einem 1MByte-Speicher, auf welchen auch die Master-CPU Zugriff hat.

Die Prozessorknoten in einem iPSC-Rechner sind über Ethernet mit einem Host, dem Cube Manager verbunden. Der Cube Manager ist ein Intel-80286/310 Mikrocomputer, auf dem unter dem Betriebssystem XENIX Programme entwickelt und auf die Knoten geladen werden. Auf jedem der Prozessorknoten selbst läuft das Betriebssystem MBOS, das die Verwaltung und Ausführung der Prozesse sowie die Koordinierung des Nachrichtenverkehrs unterstützt und den Vektorprozessor kontrolliert.

Als Programmiersprachen für alle iPSC-Rechner werden FORTRAN 77, C und Assembler angeboten. Eine Systembibliothek stellt für die Prozeßkommunikation entspechende Systemaufrufe zur Verfügung. Speziell zur Vektorverarbeitung hat Intel einen vektorisierenden Präprozessor VXP entwickelt, der FORTRAN-77-Programme in skalar- und vektorverarbeitende Tasks partitioniert. In C oder Assembler geschriebene Programme werden nicht vektorisiert. Eingesetzt werden die iPSC-Rechner vornehmlich für technisch-wissenschaftliche Anwendungen.

Mittlerweile ist die neue Serie iPSC/2 am Markt verfügbar [Comp 87], die mit Intel-80386/387-Mikroprozessoren ausgestattet ist und über mehr Speicherkapazität verfügt als die iPSC-Reihe.

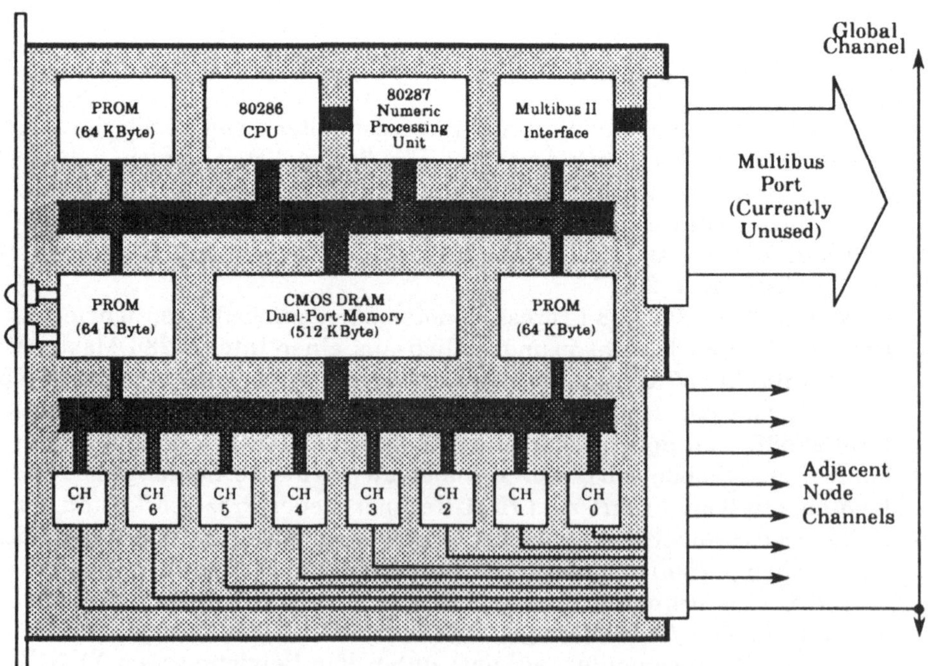

Bild R.12:   Block-Diagramm eines iPSC-Knotens [Rosenberg 85]

Firma	Intel Scientific Computers
Rechner	Intel iPSC
Netzwerk	Hypercube
Zahl der Verarbeitungs-einheiten	16 - 64 (iPSC-VX, iPSC-MX), 32 - 128 (iPSC)
Prozessortyp	Intel-80286 als Master-CPU (80386 f. iPSC/2) mit Intel-80287 als Koprozessor; in VX-Rechnern Master-CPU mit einem Vektorprozessor eng gekoppelt
Speicher	512 KByte lokaler Speicher auf jedem Knoten; zusätzlich hat der iPSC-VX 1 MByte Speicher auf jeder Vektorkarte in einem Knoten. Der iPSC-MX kann pro Knoten um 4 MByte Speicherkapazität erweitert werden
maximale Leistung	iPSC-VX mit 64 Prozessoren und 64 Bit-Verarbeitung leistet 424 MFlops
Betriebssystem	XENIX auf dem Cube Manager, MBOS auf jedem Knoten
Programmiersprachen	Auf allen iPSC-Rechnern läuft FORTRAN 77, C, Assembler. Auf dem iPSC-MX läuft außerdem Concurrent Common LISP

R.1.15 Intel - iSGR-Serie

Die iSGR-Rechner (SugarCube) sind die kleineren Versionen der iPSC-Rechner von Intel. Die SugarCube-Systeme haben die Topologie eines Hypercubes. Es gibt sie in den Ausführungen iSGR, iSGR-MX, iSGR-VX und iSGR-HX. Der iSGR, das Standardsystem für allgemeine Software-Anwendungen, hat 8 Prozessorknoten mit 500 KByte Speicherkapazität pro Knoten. Der iSGR-MX mit 4 Prozessorknoten und 4,5 MByte Speicher pro Knoten ist besonders geeignet für speicherintensive Anwendungen. Für numerische Aufgaben steht ein Vektorsystem, der iSGR-VX, mit vier Vektor-Prozessorknoten und einer Gleitpunkt-Einheit auf jedem Knoten zur Verfügung. Für Anwendungen, die numerische und symbolische Verarbeitung erfordern, gibt es eine Hybrid-Version iSGR-HX, die aus zwei Vektorknoten und zwei Knoten mit erhöhter Speicherkapazität zusammengesetzt ist.

Jeder Knoten bearbeitet Prozesse asynchron und unabhängig von anderen Knoten. Die Kommunikation der Knoten erfolgt über *message passing,*

Firma	Intel Scientific Computers
Rechner	SugarCube
Zahl der Verarbeitungs-einheiten	8 (iSGR), 4 (iSGR-MX, iSGR-VX, iSGR-HX)
Prozessortyp	Intel-80286/80287 bzw. 80386/80387; die VX- Reihe hat vier Vektoreinheiten, die HX-Reihe zwei
Speicher	4 MByte (iSGR), 18 MByte (iSGR-MX), 6 MByte (iSGR-VX), 12 MByte (iSGR-HX)
maximale Leistung	8 MIPS (iSGR), 26 MFlops (iSGR-VX)
Betriebssystem	NX
Programmiersprachen	C, FORTRAN, CCLISP

das vom Betriebssystem NX (Node Executive) unterstützt wird. Das NX ist auf jedem Knoten verfügbar.

Ein an einem SugarCube angeschlossener Cube Manager (Intel-80286/80287-Prozessor) dient als Host, liefert Schnittstellen für I/O und bietet eine Programm-Entwicklungsumgebung an. Die Software ist in C, FORTRAN oder CCLISP zu schreiben.

R.1.16 Meiko - Computing Surface

Die Firma Meiko bietet einen Supercomputer auf Transputer-Basis an, den Computing Surface. Der Rechner ist aus Transputer-Standardkomponenten aufgebaut, die untereinander „beliebig" verschaltet werden können. Es sind vier Komponenten-Typen verfügbar, die sich durch die Zahl der Transputer bzw. durch die Speicherkapazität unterscheiden (Bild R.13).

Zusätzlich kann die Komponente TDS (Transputer Development System) der Firma Inmos, die mit einem Transputer T212 ausgestattet ist, mit dem Computing Surface verbunden werden. Angeschlossen z.B. an eine VAX bietet das TDS die Schnittstelle zum Benutzer. Das TDS gibt Unterstützung bei der Programmentwicklung in Occam und der Verteilung der Occam-Prozesse auf dem Computing Surface.

Neben Occam sollen zusätzlich die Programmiersprachen C, FORTRAN und Pascal angeboten werden.

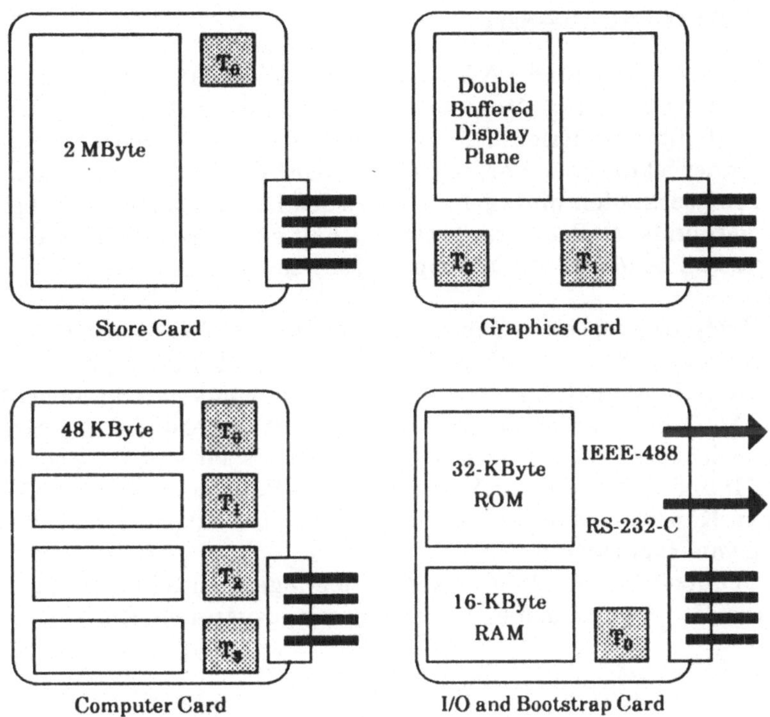

Bild R.13: Standardkomponenten für den Computing Surface [Electronics 85]

Firma	Meiko Ltd.
Rechner	Computing Surface
Netzwerk	die angebotenen Module können „beliebig" konfiguriert werden (in Form von statischen Netzen)
Zahl der Verarbeitungs-einheiten	bis zu vierzig Module in einer Systemeinheit
Prozessortyp	Transputer T212 bzw. T414
Speicher	abhängig von der gewählten Konfiguration
maximale Leistung	12 MIPS pro Verarbeitungseinheit
Programmiersprachen	Occam, C, FORTRAN, Pascal

R.1.17 NCube - NCube-Serie

Die NCube-Serie der Firma NCube Corporation umfaßt homogene Rechner
mit Hypercube-Struktur. Maximal 1024 Prozessorknoten können zu einem
maximal 10-dimensionalen Cube verschaltet werden. Charakteristisch für
diese Rechner ist die hohe Packungsdichte der Prozessorkarten, auf denen bis
zu 64 Prozessorknoten untergebracht werden können. Jeder der über DMA-
Kanäle verbundenen Prozessorknoten enthält einen speziell für diesen Rechner zugeschnittenen 32-Bit-Mikroprozessor sowie einen 128 KByte-Privat-
speicher.

Als Hostprozessor im NCube dient ein Intel 80286-Mikroprozessor, auf
dem AXIS, ein UNIX ähnliches Multi-User-Betriebssystem, abläuft. Bis zu
acht Terminals können am Host zur Programmentwicklung angeschlossen
werden. Als Programmiersprachen werden FORTRAN und C angeboten. Für
den Nachrichtenaustausch zwischen zwei Prozessen stehen Mechanismen
wie SEND und RECEIVE zur Verfügung. Das Betriebssystem VERTEX, das
auf jedem Knoten vorhanden ist, unterstützt die Pufferung und Weiterver-
mittlung von Nachrichten.

Der Benutzer hat die Möglichkeit, einen logischen Sub-Cube zu konfigurieren und die Prozesse den logischen Knoten zuzuordnen. Die Abbildung der

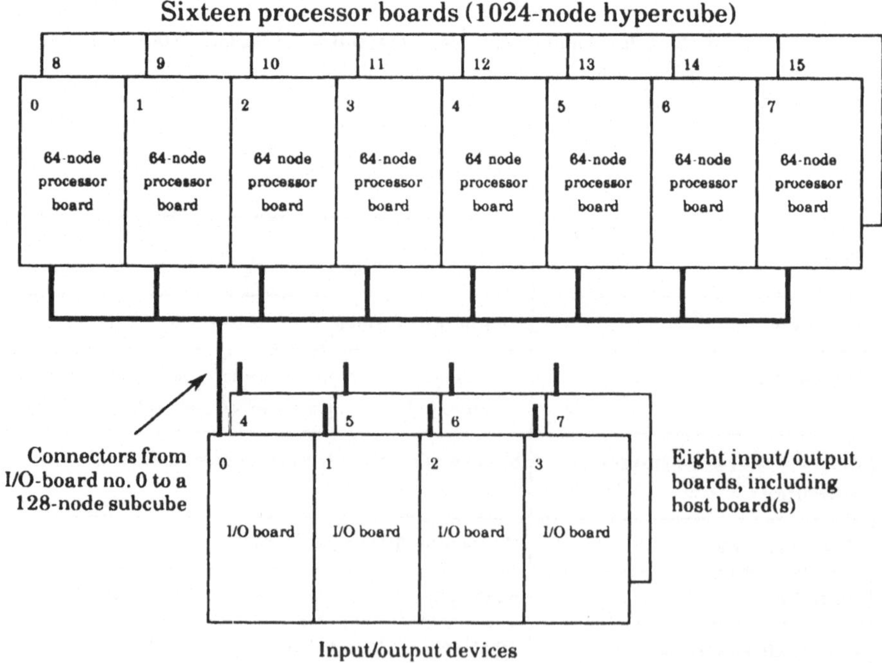

Bild R.14: maximale Konfiguration des NCube/10 [Hayes 86]

Firma	NCUBE Corporation
Rechner	NCUBE/4, NCUBE/7, NCUBE/10
Netzwerk	Hypercube
Zahl der Verarbeitungs-einheiten	4 - 16 (NCUBE/4), 16 - 128 (NCUBE/7), 16 - 1024 (NCUBE/10)
Prozessortyp	rechnerspezifisch
Speicher	128 KByte Privatspeicher in jedem Knoten
maximale Leistung	bis 500 MFlops, 2000 MIPS
Betriebssystem	fur das gesamte Multiprozessor-System: AXIS (UNIX ähnlich), in jedem Knoten: VERTEX
Programmiersprachen	FORTRAN, C

logischen Konfiguration auf die physikalische wird vom System durchgeführt.

R.1.18 Parsytec - Megaframe

Der Megaframe von Parsytec ist ein Rechner, der ähnlich wie der Computing Surface von Meiko Transputer-Bausteine als Grundlage verwendet. Die Megaframe-Rechner können nach dem Baukastenprinzip aus Modulen - den „Computing Clusters" - aufgebaut werden. Ein Modul enthält jeweils vier Transputer T800 (ab 1989 wird der um 50% leistungsstärkere T801 angeboten), wobei jedem dieser Bausteine ein 4-MByte-Lokalspeicher zugeordnet ist. Jeweils vier Module und eine NCU (Network Configuration Unit) können zu einem Computing-Cluster zusammengefaßt werden. Über die NCU sind die 16 Transputer „beliebig" konfigurierbar.

Der Zusammenschluß von vier Computing-Clustern und zwei weiteren NCUs ergibt das Modell 64, die Basiseinheit der Megaframe-Rechner (Bild R.15). Das Modell 64 verfügt außerdem über einen System-Services-Cluster, der parallele Massenspeichersysteme, Benutzer-Interface-Module und anwendungsspezifische Schnittstellenmodule enthält. Aus diesen Basiseinheiten können wiederum größere Systeme zusammengestellt werden.

Als Programmiersprache kommt vor allem Occam zum Einsatz. In C, FORTRAN oder Pascal geschriebene Programme werden in einen Occamrahmen eingebunden. Die Programmerstellung wird durch „Megatool", ein modifiziertes TDS (Transputer Development System) unterstützt. Das Betriebssystem der Rechner ist Helios. Für die Verwaltung der konfigu-

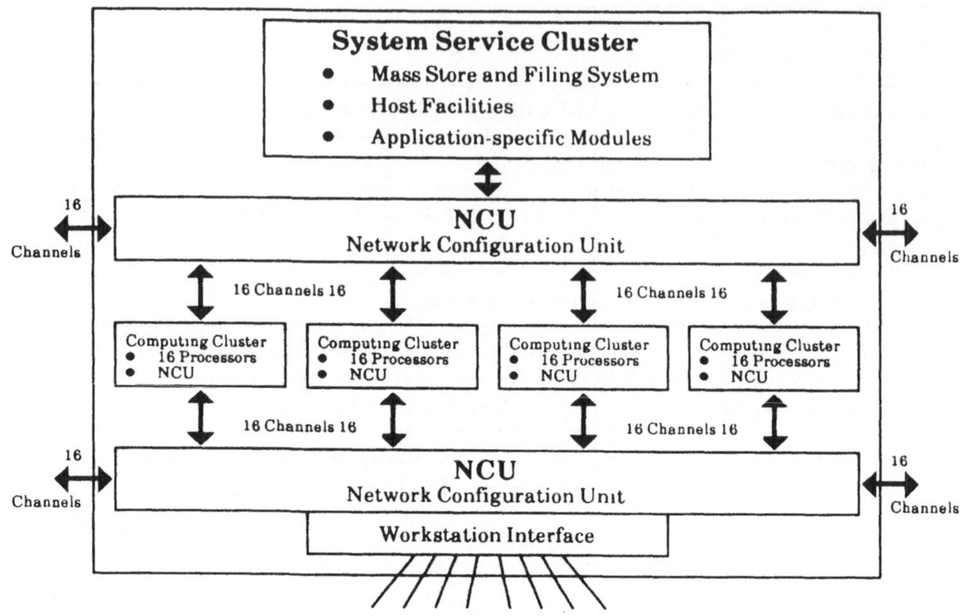

Bild R.15: Megaframe, Modell 64 [Kubler 88]

rierbaren Hardware ist der „Network Configuration Manager", eine spezielle
Systemsoftware der NCUs, zuständig.

Firma	Parsytec (Gesellschaft für Parallele Systemtechnik mbH)
Rechner	Megaframe
Netzwerk	„beliebig" konfigurierbar
Zahl der Verarbeitungseinheiten	64 (in einer Basiseinheit)
Prozessortyp	Transputer T800 (bzw. T801 ab 1989)
Speicher	4 MByte pro Transputer
maximale Leistung	10 Mips pro Transputerbaustein
Betriebssystem	Helios
Programmiersprachen	Occam, C, FORTRAN, Pascal

R.1.19 Sequent - Balance

Die Rechner Balance 8000 und Balance 21000 von der Firma Sequent
gehören zu den Multi-User-Systemen, die die simultane Ausführung voneinander unabhängiger Tasks unterstützen. Die Balance 8000 ist von 2 bis 12,
die Balance 21000 von 4 bis 30 Verarbeitungsprozessoren ausbaubar. Die
Verarbeitungsprozessoren sind über einen Systembus gekoppelt und haben
Zugriff auf einen gemeinsamen Hauptspeicher. Über einen SCSI-Bus bzw.
Multibus I, der mit dem Systembus verbunden ist, können I/O-Geräte angeschlossen werden.

Jeder Verarbeitungsprozessor besteht aus einem Mikroprozessor vom Typ
NS32032, einem Gleitpunktprozessor NS32081, einer Hauptspeicherverwal-
tung für Speicherschutz und virtuelle Adressierung sowie einem 8-KByte-
Cache. Die Verarbeitungsprozessoren sind im System gleichberechtigt. Das
bedeutet, daß sie sowohl Anwender- als auch Betriebssystemprozesse ausführen. Grundsätzlich kann jeder Prozeß auf jedem Prozessor ablaufen. In
einer für alle Prozessoren verfügbaren Systemwarteschlange sind die ausführbaren Prozesse enthalten. Sobald ein Prozessor mit der Bearbeitung
eines Prozesses fertig ist, wählt ein Prozeß-Scheduler für diesen Prozessor
den Prozeß mit der höchsten Priorität aus der Warteschlange zur Weiter-
bearbeitung aus.

Das Betriebssystem DYNIX, eine UNIX-Version, lädt die auszuführenden
Prozesse, transparent für den Benutzer, auf die vorhandenen Prozessoren, so
daß diese gleichmäßig ausgelastet sind und damit ein größtmöglicher

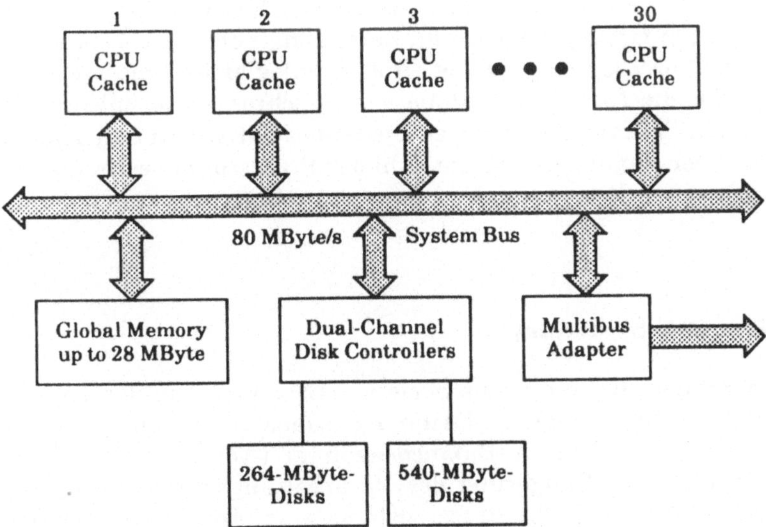

Bild R.16: Sequent-System mit Standard-Mikroprozessoren NS32032 (Balance-Rechner) oder
Intel-80386 (Symmetry-Rechner, Abschnitt AR.1.22) [Bond 87]

Firma	Sequent Computer Systems Inc.
Rechner	Balance 8000 (Balance 21000)
Netzwerk	32-Bit-Systembus (Transferrate: 26,7 MByte/s); geplant ist ein 64-Bit-Systembus (+ 32-Bit-Adreßleitung) mit einer Transferrate von 80 MByte/s
Zahl der Verarbeitungseinheiten	2 - 12 (4 - 30)
Prozessortyp	National Semiconductor 32032 / 32081
Speicher	gemeinsamer „interleaved" Hauptspeicher bis zu 28 (48) MByte
maximale Leistung	0,94 (2,25) MFlops; 8,4 (21) MIPS
Betriebssystem	DYNIX, eine UNIX-Version mit Schnittstellen zu 4.2 bsd UNIX und System V
Programmiersprachen	FORTRAN 77, C, Assembler, Ada

Systemdurchsatz erreicht wird. DYNIX bietet für die parallele Programmierung in FORTRAN, C oder Pascal eine Bibliothek mit unterschiedlichen Diensten an. Solche Dienste sind z.B. Initialisierung von Speicherbereichen der gewünschten Größe, dynamische Zuweisung von Speicherbereichen an privilegierte Prozesse, die Bindung eines privilegierten Prozesses an einen Prozessor oder die Inanspruchnahme von Synchronisationsmitteln für die Prozeßkommunikation. Ein weiterer Dienst bezieht sich auf die Systemkonfigurierung. Der Benutzer kann die Zahl der Prozessoren bestimmen, die im System aktiv sein sollen.

R.1.20 Sequent - Symmetry

Die Firma Sequent hat eine neue Serie von Systemen, die Symmetry-Rechner, entwickelt. Die Symmetry-Rechner beruhen im wesentlichen auf der gleichen Architektur wie die Balance-Rechner (Abschnitt R.1.19 u. Bild R.16), verwenden zur Steigerung der Verarbeitungsgeschwindigkeit aber Intel-80386- und Intel-80387-Prozessorbausteine. Die Symmetry-Rechner umfassen in der höchsten Ausbaustufe 30 Verarbeitungsprozessoren wie die Balance 21000. Die Software der Balance-Rechner ist auch auf den Symmetry-Rechnern ablauffähig.

Firma	Sequent Computer Systems Inc.
Rechner	Symmetry
Netzwerk	64-Bit-Datenbus (+ 32-Bit-Adreßleitung) mit 80 MByte/s
Zahl der Verarbeitungs-einheiten	2 - 30
Prozessortyp	Intel-80386/80387
Speicher	max. 240 MByte
maximale Leistung	81 MIPS
Betriebssystem	DYNIX, eine UNIX-Version mit Schnittstellen zu 4.2 bsd UNIX und System V
Programmiersprachen	FORTRAN 77, C, Assembler, Ada

R.1.21 Siemens - MX 500

Der MX 500 von Siemens ist ein 32-Bit-Multiprozessor-System, das als
Multi-User-System für allgemeine Problemstellungen ausgelegt ist. Der
Rechner wird mit zwei bis acht Verarbeitungsprozessoren und mit einem bis
zu 16 MByte ausbaufähigen Hauptspeicher angeboten. Jeweils zwei Prozes-
soren sind in einer Verarbeitungseinheit untergebracht. Jeder Prozessor be-
sitzt einen 8 KByte großen Cache, einen Gleitpunktprozessor und eine eigene
Speicherverwaltung. Über einen Systembus sind die Prozessoren und der
Hauptspeicher von der Struktur her eng gekoppelt.

Die Anbindung der Peripheriebausteine erfolgt über einen eigenen E/A-
Bus (Multibus I), der mittels Adapter an den Systembus gekoppelt wird.
Magnetbandkassette und Festplattenlaufwerke (Kapazität bis zu 1,3 GByte)
werden ebenfalls über einen eigenen SCSI-Bus (Bild R.17) angebunden.

Der Rechner wird in den drei Modellen MX 500-20, MX 500-40 und MX
500-60 angeboten. Die einzelnen Modelle unterscheiden sich in der Zahl der
anschließbaren Bildschirmarbeitsplätze, der Größe des Hauptspeichers und
der Zahl der Prozessoren.

Das Multi-User-System wird mit dem Betriebssystem SINIX betrieben.
Als Programmiersprachen stehen C, COBOL, FORTRAN, Pascal und BASIC
zur Verfügung.

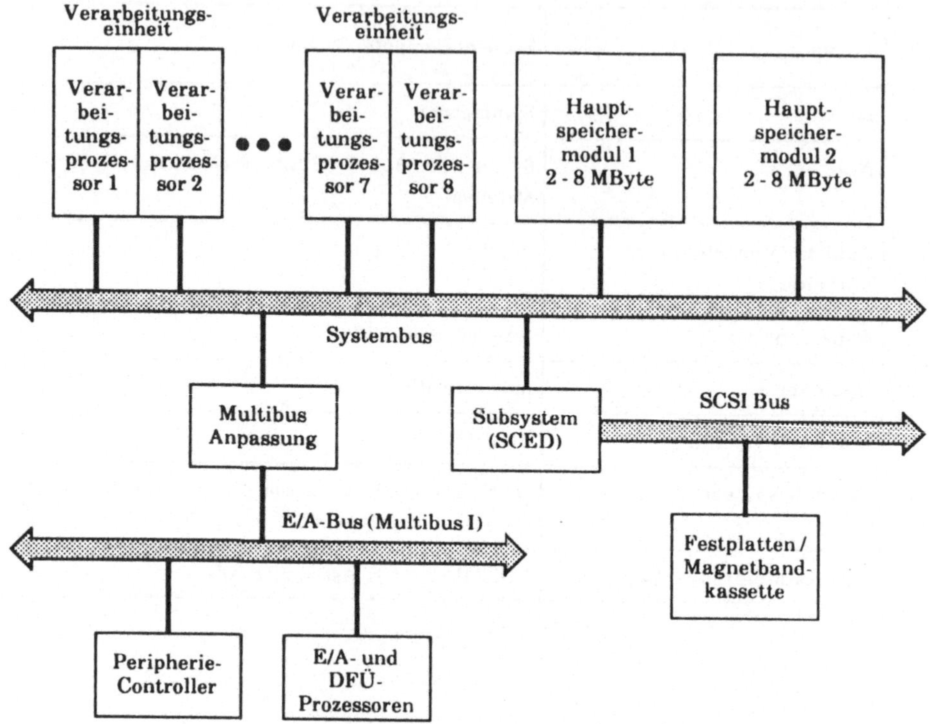

Bild R.17: Siemens MX 500 [Siemens 86]

Firma	Siemens AG
Rechner	MX 500
Netzwerk	Systembus
Zahl der Verarbeitungs-einheiten	2 - 8
Prozessortyp	National Semiconductor 32032 / 32081
Speicher	bis zu 16 MByte
maximale Leistung	0,64 MFlops; 5,6 MIPS
Betriebssystem	SINIX
Programmiersprachen	FORTRAN 77, C, COBOL, Pascal-XT, UX-BASIC

R.1.22 Thinking Machines - Connection Machine

Die Connection Machine der Firma Thinking Machines ist ein Rechner, der
in die Klasse der SIMD-Maschinen eingeordnet werden kann. In der höchsten Ausbaustufe hat die Connection Machine 65536 Verarbeitungselemente. Jedes dieser Elemente besitzt eine 1-Bit-ALU, einen 4-KBit-Speicher
und ein Register für 1-Bit-Flags zur Anzeige des internen Prozessorzu-
standes. Jeweils eine Gruppe von 16 Verarbeitungselementen, inklusive
eines „routers", ist auf einem Chip untergebracht, so daß 4096 Chips zu
einem 12-dimensionalen Hypercube verschaltet sind. Der „router" puffert
und leitet Nachrichten weiter, die die Prozessoren im Hypercube-System
paketvermittelt senden bzw. empfangen. Das Hypercube-System ist dynamisch rekonfigurierbar. Zum Aufbau einer Verbindungsstruktur, die sich an
die Problemstruktur eines Anwenderprogramms anpaßt, werden die dafür
notwendigen Verarbeitungselemente aktiviert. Bild R.18 zeigt den Aufbau
des Rechners

Ein Microcontroller in der Connection Machine verteilt Instruktionen, die
er von einem Hostrechner erhält, zur synchronen Ausführung an die Verarbeitungselemente. Der Hostrechner selbst kontrolliert die Ausführung von
Anwenderprogrammen. Als Programmiersprachen zur Programmentwicklung stehen erweiterte Versionen von C und LISP zur Verfügung. Eingesetzt
wird der Rechner z.B. in den Bereichen Schaltkreissimulation und Bildverarbeitung, in denen große Datenmengen parallel zu verarbeiten sind.

Firma	Thinking Machines Corporation
Rechner	Connection Machine
Netzwerk	Hypercube
Zahl der Verarbeitungs-einheiten	max. 65536
Prozessortyp	rechnerspezifisch
Speicher	4-KBit-Lokalspeicher in jedem Verarbeitungselement
maximale Leistung	> 1000 MIPS
Programmiersprachen	erweiterte Versionen von C und LISP

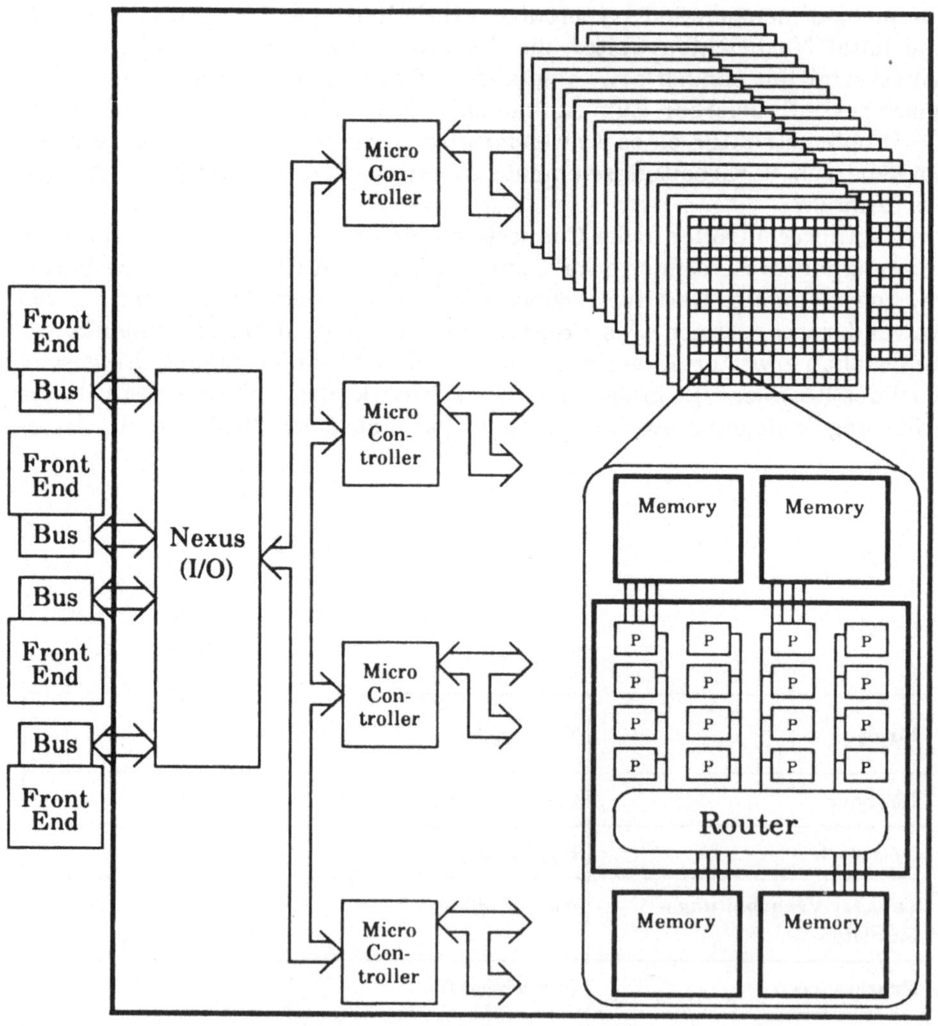

Bild R.18: Connection-Machine [Frenkel 86]

Bild R.18: Connection-Machine [Frenkel 86]

R.2   Forschungsprojekte

R.2.1   Cedar (University of Illinois, USA)

Das Cedar-System, entwickelt an der University of Illinois, ist ein hierarchisch aufgebautes Multiprozessor-System. Es soll einerseits die Leistung
einer Cray-1 haben, andererseits - im Vergleich zur Cray-1 - für ein größeres
Anwendungsspektrum gedacht sein. Basiselement ist der „processor cluster"
(PC). Dieser besteht aus n Prozessoren, die über ein „switching"-Netzwerk
mit n Speicher-Komponenten gekoppelt sind, und einer „cluster control unit"
(CCU) für die Kontrolle der Prozessoraktivitäten. Mehrere PCs wiederum
können über ein globales Netzwerk (Omega) paketvermittelt auf ein „shared
memory" zugreifen. Überwacht wird die gesamte Rechneraktivität durch
eine „global control unit" (GCU), die mit den CCUs gekoppelt ist (Bild R.19).
Im Cedar laufen FORTRAN-Programme ab. Ein ausführbares Programm
wird aus Systemsicht als ein „Flußgraph" betrachtet, der aus Knoten (compound functions, kurz CFs) und Kanten (Ausführungsanordnung der CFs)

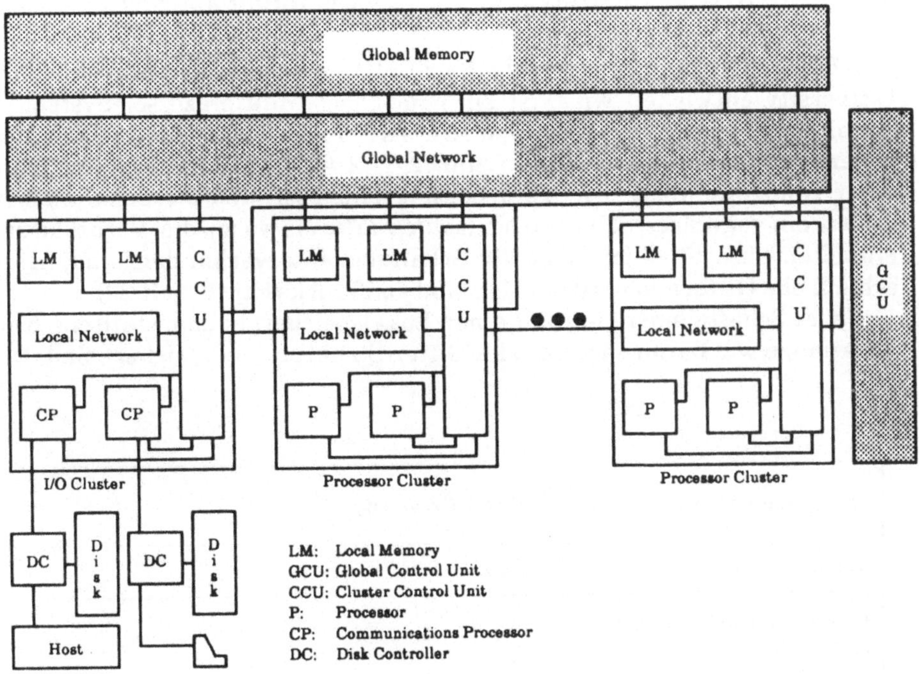

Bild R.19: Block-Diagramm des Cedar-Systems [Gajski 87]

Firma / Universität	University of Illinois
Rechner	Cedar
Netzwerk	globales Netz (Omega), lokales Netz („switching network")
Zahl der Verarbeitungs-einheiten	32
Speicher	„shared memory"
Programmiersprachen	FORTRAN

besteht. Die CFs können in „computational functions", die von den PCs bearbeitet werden, und in „control functions", die die GCU ausführt, eingeteilt werden.

R.2.2   CHIP (Purdue University, Lafayette, Indiana, USA)

Der CHIP (Configurable Highly Parallel Computer), der an der Purdue University entwickelt wird, ist ein homogenes Multiprozessor-System. Die Architektur des CHIP besteht aus drei Arten von Komponenten: den homogenen Verarbeitungseinheiten (Zahl: 2^8 - 2^{16}), den Schaltelementen und einer Kontrolleinheit. Die Verarbeitungseinheiten und die Schaltelemente bilden ein reguläres Schaltgitter (*switch lattice*), wobei die Verarbeitungseinheiten ausschließlich über die Schaltelemente verbunden sind. Unterschiedliche Gittermuster des CHIP sind konfigurierbar (Bild R.20).

Jedes Schaltelement enthält einen Lokalspeicher, in dem statische Konfigurationen wie Baum-, Torus- oder Gitter-Strukturen gespeichert sind. Diese

Firma / Universität	Purdue University
Rechner	CHIP
Zahl der Verarbeitungs-einheiten	bis 2^{16}
Speicher	lokale Speicher in den Verarbeitungseinheiten und in den Schaltelementen

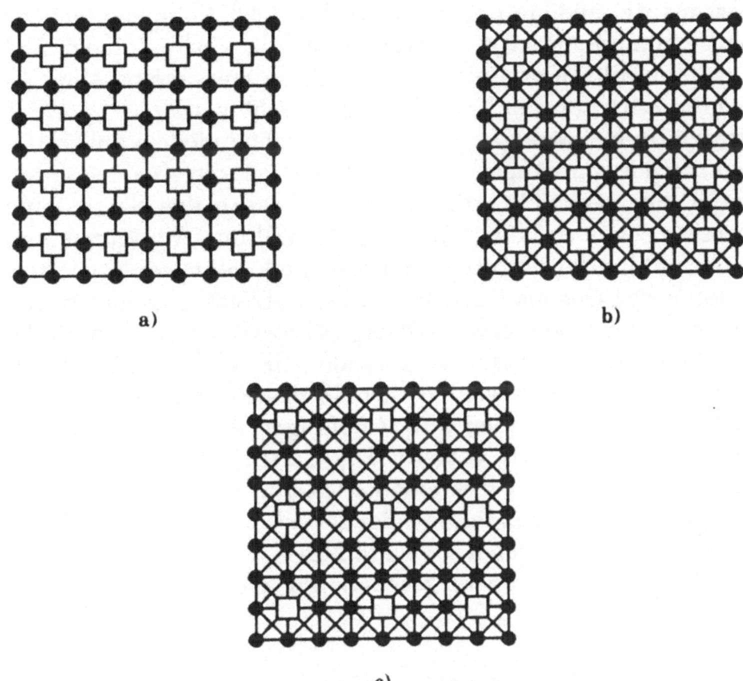

a)

b)

c)

Bild R.20:   verschiedene CHIP-Gittermuster [Snyder 87]
(□: Verarbeitungseinheit, ●: Schaltelement)

Strukturen können zur Laufzeit, also während der Programmausführung variiert werden. Die Kontrolleinheit ist verantwortlich für das Laden der Konfigurationen in die Schaltelement-Speicher. Die CHIP-Verarbeitung beginnt damit, daß ein Kommando von der Kontrolleinheit zu allen Schaltelementen gesendet wird (broadcasting), um die aktuelle Konfiguration festzulegen. Die Verarbeitungseinheiten führen dann ihre Bearbeitung synchron durch. Der CHIP ist besonders für die Ausführung systolischer Algorithmen geeignet.

R.2.3   Cosmic Cube (California Institute of Technology, Pasadena, USA)

Der Cosmic Cube, entwickelt am California Institute of Technology (Caltech), gehört zur Kategorie der homogenen Multiprozessor-Systeme mit Hypercube-Struktur. Die Rechner eignen sich besonders für physikalische Anwendungen. Die 1983 entwickelte Version des Cosmic Cube besteht aus 64 Verarbeitungselementen, die zu einem sechsdimensionalen Cube verschaltet sind (Bild R.21). Jede Verarbeitungseinheit, auch als Knoten bezeichnet, hat

einen Prozessor Intel-8086 mit Koprozessor Intel-8087 und lokalem Speicher
sowie sechs Verbindungen zu Nachbarknoten. Die Verbindungen sind bidirektionale Kommunikationspfade, auf denen im „message-passing"-Verfah-
ren Nachrichten zwischen den Knoten ausgetauscht werden.

Jeder Prozeß im Netzwerk kann eine Nachricht zu jedem anderen Prozeß
schicken, egal ob der Empfänger sich im gleichen oder in einem anderen Knoten befindet. Eine Nachricht enthält die Adressen des Sende- und Em-
pfängerprozesses sowie Art und Länge der Mitteilung. Auf kürzestem Wege
wird die Nachricht im Routingverfahren zum Zielknoten weitergeleitet.

Jeder Knoten des Cosmic Cube hat einen Betriebssystemkern. Die Auf-
gaben des Kerns sind Speicherverwaltung, Verwaltung der innerhalb eines
Knotens im Round-Robin-Modus ablaufenden Prozesse und die Weiterver-
mittlung von Nachrichten sowohl innerhalb des Knotens als auch zu den
Nachbarknoten. Für das Senden und Empfangen von Nachrichten werden
Systemaufrufe zur Verfügung gestellt. Die Caltech-Cubes haben als Host
SUN Workstations für die Programmentwicklung unter 4.2 bsd UNIX. Als
Programmiersprachen werden Pascal oder C verwendet.

Nachfolger des Cosmic Cubes sind die Mark-Rechner. Für den Rechner
Mark III sind 1024 Prozessoren vorgesehen, die zu einem Hypercube zusam-

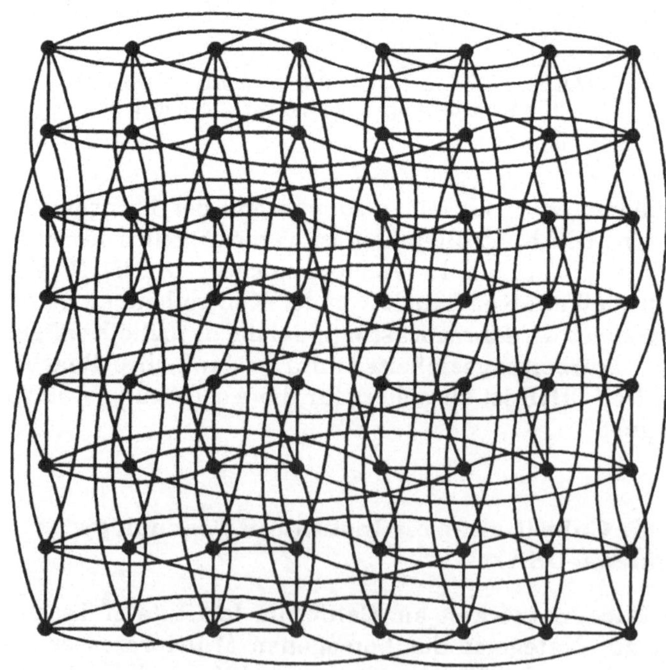

Bild R.21: Der Cosmic Cube ist hier dargestellt in Form einer zweidimensionalen Projektion eines sechsdimensionalen Hypercubes
mit 64 Rechnerknoten [Seitz 85]

Firma / Universität	California Institute of Technology
Rechner	Cosmic Cube
Netzwerk	Hypercube
Zahl der Verarbeitungs-einheiten	64
Prozessortyp	Intel 8086/8087
Speicher	128-KByte-Speicher in jedem Knoten
maximale Leistung	3 MFlops
Betriebssystem	4.2 bsd UNIX auf dem Host
Programmiersprachen	Pascal, C

mengeschaltet werden sollen. Eine 32-Prozessor-Version des Mark III soll
laut [Peterson 85] die Leistung einer Cray-1 haben.

R.2.4   DADO (Columbia University, New York, USA)

Der DADO-Rechner ist ein auf Binärbaumarchitektur basierender Parallelrechner, der an der Columbia University New York seit Ende der 70er Jahre
entwickelt wird. Die seit 1985 existierende Version DADO 2 besitzt 1023
Prozessorknoten, wobei der Chip-Entwurf für die Baumstruktur dieses Rechners auf einer Idee von Leiserson beruht (Abschnitt V.2.2.3). Jeder der Prozessorknoten enthält einen Intel-8751 8-Bit-Mikroprozessor und einen lokalen 20-KByte-RAM. An der Wurzel des DADO-Baumes ist ein DEC-Rechner
VAX 11/750 als Host zur Kontrolle der Operationen aller DADO-Verarbei-
tungselemente angeschlossen. Ein Verarbeitungselement kann entweder im
SIMD- oder im MIMD-Modus arbeiten. Im SIMD-Modus werden Befehle ausgeführt, die von einem Vorgängerknoten in der Baumhierarchie angeordnet
sind. Im MIMD-Modus führt der Prozessor unabhängig von den Vorgängerknoten die Befehle aus, die im eigenen lokalen RAM gespeichert sind. Jeder
8751-Prozessor hat in seinem EPROM ein Betriebssystem, den DADO-Kern,
auf dem die höheren Programmiersprachen PPL/M, Parallel-C und PSL-
LISP aufsetzen. Der DADO-Rechner wird auf dem Gebiet der künstlichen
Intelligenz zur effizienten Verarbeitung von Programmen eingesetzt, in
denen eine große Anzahl von Pattern-Matching-Operationen nebenläufig
auszuführen sind.

Firma / Universität	Columbia University
Rechner	DADO 2, MIMD/SIMD-Betrieb möglich
Netzwerk	Binärbaum
Zahl der Verarbeitungseinheiten	1023
Prozessortyp	Intel-8751
Speicher	20-KByte-Speicher in jedem Knoten
Betriebssystem	DADO-Kern in jedem Knoten
Programmiersprachen	PPL/M, Parallel-C, PSL-LISP

R.2.5 DIRMU (Universität Erlangen-Nürnberg, BRD)

DIRMU (Distributed Reconfigurable Multiprocessor Kit) ist ein an der Universität Erlangen-Nürnberg entwickeltes Multiprozessor-System für technisch-wissenschaftliche Anwendungen. Das Projekt wird vom BMFT, von der Deutschen Forschungsgesellschaft und der Siemens AG unterstützt.

Grundlage des Multiprozessor-Systems ist ein Mikrorechner-Baustein. Solch ein Baustein besteht aus einem Prozessormodul, der die Prozessoren Intel-8086/8087 und einen 320-KByte-Privatspeicher sowie einen Multiport-Speicher enthält. Jeder Baustein besitzt 16 Ports, davon sind acht Ports dem Prozessormodul und acht Ports dem Multiport-Speicher zugeordnet. Ein Multiprozessor-System läßt sich dadurch aufbauen, daß jeweils ein Port eines Prozessormoduls mit einem Port des Multiport-Speichers eines anderen Bau-

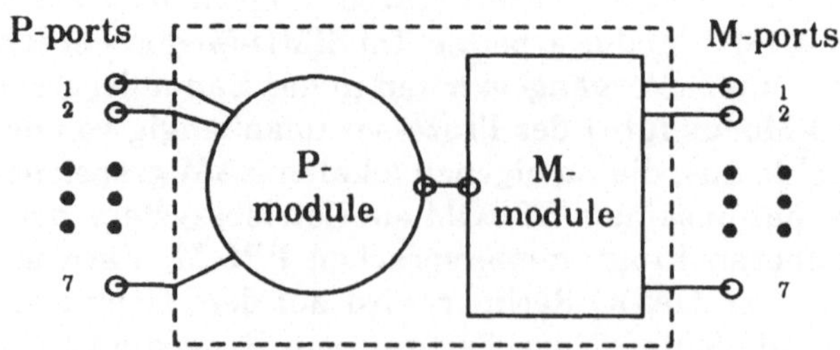

Bild R.22: DIRMU-Mikrorechner-Baustein, aufgebaut aus einem
Prozessor-Modul und einem Memory-Modul [Maehle 85]

steins verknüpft wird. Da jeder Prozessormodul mit seinem Multiport-Speicher verbunden ist, kann jeder Baustein mit maximal sieben Nachbarbausteinen verbunden werden (Bild R.22). Über steckbare Verbindungen können „beliebig" viele Bausteine zu einem speichergekoppelten Multiprozessor-System zusammengeschaltet werden (Bild R.23). Die Kommunikation der Prozessoren ist über die gekoppelten Multiport-Speicher gewährleistet.

Zur Zeit existiert das System DIRMU 25 mit 25 (+1) Mikrorechner-Bausteinen, die untereinander teilweise vermascht sind (Bild R.24). Das Netzwerk des DIRMU-Rechners gewährleistet einen hohen Grad an Fehlertoleranz. Unterschiedliche Konfigurationen wie Ringe, Cubes, Felder und Baumstrukturen können in das DIRMU-Netz abgebildet werden. Die Anwenderprogramme für DIRMU sind vorzugsweise in MODULA 2 geschriebene Programme, die den verfügbaren Prozessoren zugeordnet werden und parallel ablaufen. Es können maximal soviele Programme ausgeführt werden wie Prozessoren vorhanden sind. Der Programmcode und die privaten Daten sind im RAM des jeweiligen Prozessormoduls gespeichert, während die öffentlichen Daten in den Multiport-Speichern verfügbar sind.

Die Programmentwicklung selbst wird unter dem Betriebssystem CP/M 86 auf jeweils einem Mikrorechner-Baustein durchgeführt, an dem ein Terminal angeschlossen ist. Das Betriebssystem für das Multiprozessor-System selbst ist das in MODULA 2 implementierte DIRMOS. DIRMOS verwaltet die Multiport-Speicher sowie die Peripherie-Ein-/Ausgabe und stellt den An-

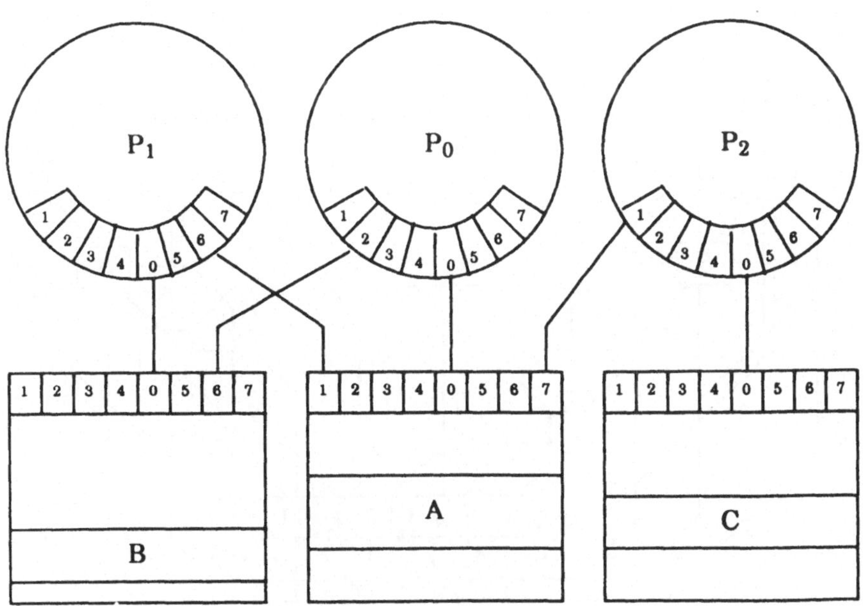

Bild R.23: prinzipieller Aufbau eines speichergekoppelten Systems mit DIRMU-Mikrorechnern [Maehle 85]

wenderprozessen Synchronisationsmechanismen zur Prozeßkommunikation
zur Verfügung.

Das DIRMU-System eignet sich sehr gut für spezielle Klassen von numerischen Anwendungen, bei denen Aufgaben in parallel ausführbare Teilaufgaben aufgespalten werden können.

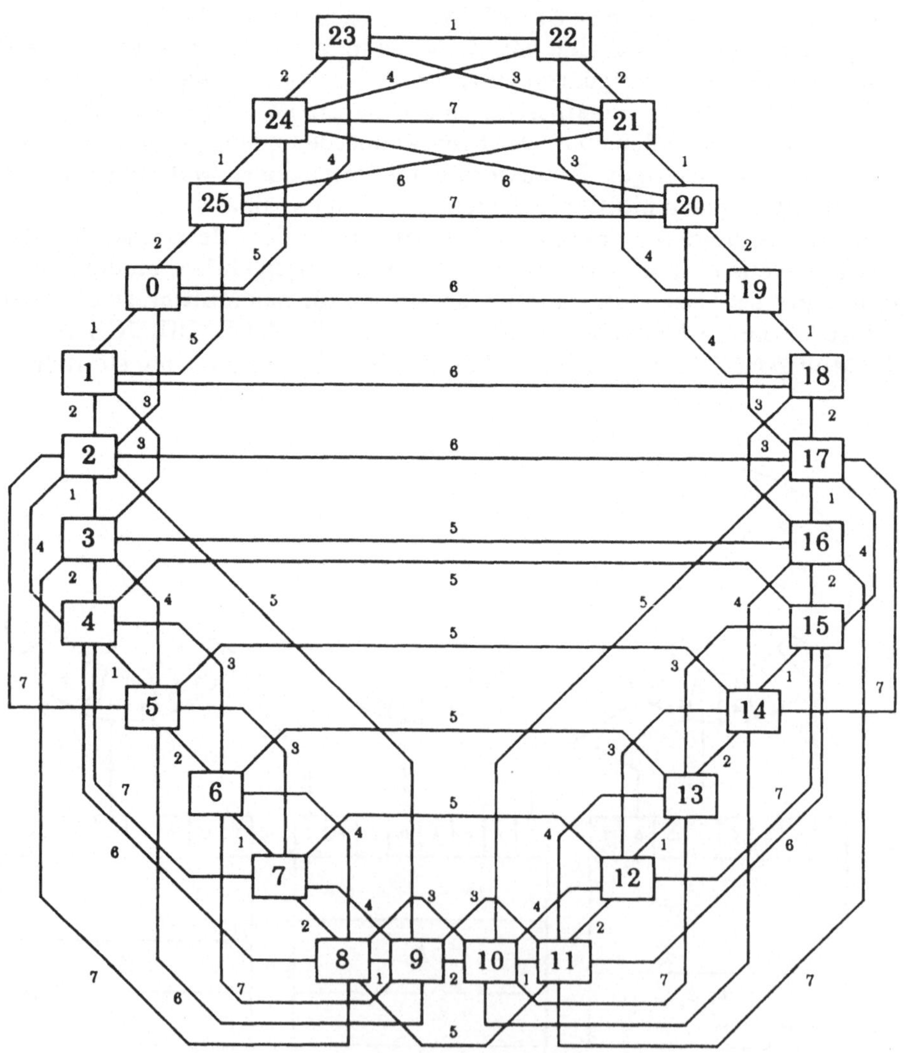

Bild R.24: Konfiguration des DIRMU 25 mit 25 (+ 1) Mikrorechner-Bausteinen
[DIRMU-Seminar, Univ. Erlangen-Nürnberg, 14./15.05.1987]

Firma / Universität	Universität Erlangen-Nürnberg
Rechner	DIRMU 25, speichergekoppeltes System
Zahl der Verarbeitungs-einheiten	25 (+ 1)
Prozessortyp	Intel 8086/8087
Speicher	320-KByte-Privatspeicher in jedem Prozessormodul; jeder Multiportspeicher hat 64 KByte
Betriebssystem	DIRMOS (in MODULA 2 geschrieben)
Programmiersprachen	bevorzugt MODULA 2

R.2.6 M⁵PS (TH Aachen, BRD

Das Multiprozessor-System M⁵PS (<u>M</u>odulares <u>M</u>ulti-<u>M</u>ode <u>M</u>ulti-<u>M</u>ikroprozessor <u>S</u>ystem), das vom Land Nordrhein-Westfalen gefördert und an der Technischen Hochschule in Aachen entwickelt wird, wird besonders für die Bild- und Matrizenverarbeitung eingesetzt. Grundbaustein des Systems ist ein Prozessormodul, bestehend aus einem 8-Bit-Mikroprozessor Z80 und einem 2-KByte-Lokalspeicher. Über einen prozessoreigenen Bus können weitere Speicherkomponenten und Peripheriegeräte angeschlossen werden. Maximal 8 dieser Module, die über einen gemeinsamen Bus Zugriff auf einen gemeinsamen Speicher und gemeinsame Peripherie haben, bilden ein Teilsystem. Mehrere Teilsysteme können über Kopplungsmodule zum Gesamtsystem lose verbunden werden. Die Systemkonfiguration ist in Bild R.25 dargestellt.

Ein Teilsystem hat zwei unterschiedliche Betriebsmodi: Im MIMD-Modus bearbeiten die Prozessoren unterschiedliche Programme, während im SIMD-Modus von mehreren Prozessoren der gleiche Befehlsstrom synchron ausgeführt wird, wobei die Synchronisation von einer Buskontrolleinheit gewährleistet wird.

Das Betriebssystem, das in jedem Teilsystem realisiert ist, ist zuständig für die Prozeß- bzw. Prozessorverwaltung sowie die Speicherverwaltung und liefert Unterstützung für die Prozeßsynchronisation.

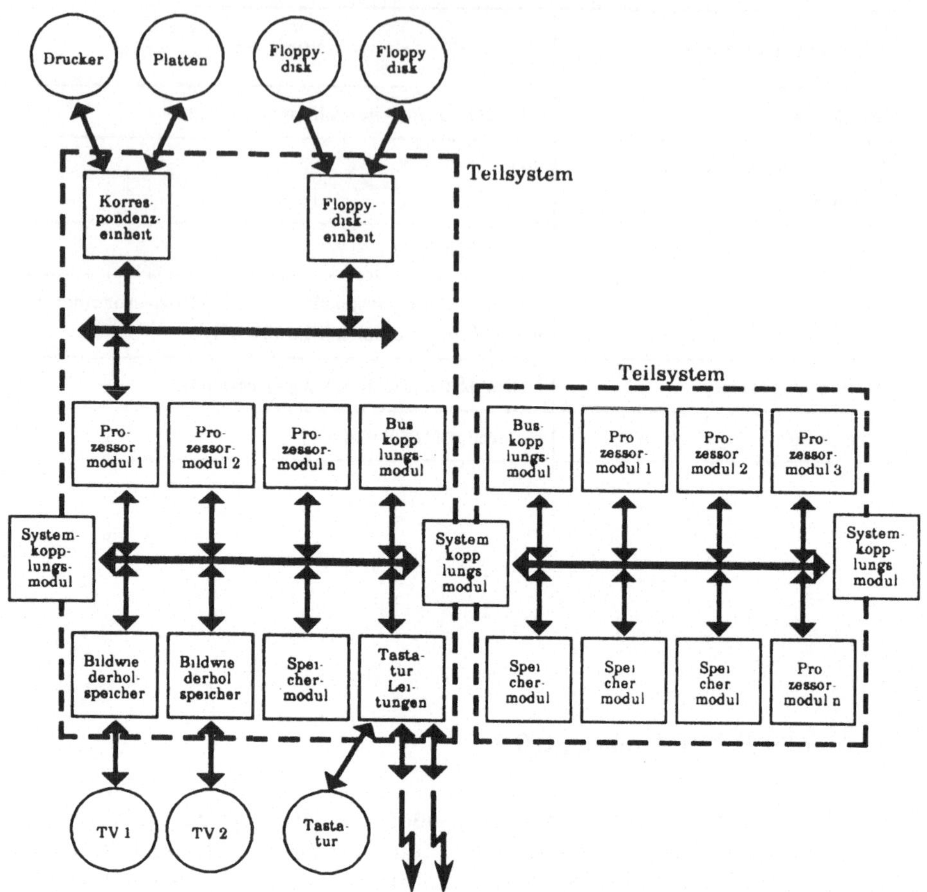

Bild R.25: M⁵PS-Struktur [Ameling 82]

Firma / Universität	TH Aachen
Rechner	M⁵PS, MIMD/SIMD
Netzwerk	Bus
Zahl der Verarbeitungs-einheiten	8 Verarbeitungseinheiten pro Teilsystem
Prozessortyp	Z80
Speicher	pro Teilsystem: 2-KByte-Lokalspeicher in jeder Verarbeitungseinheit; gemeinsamer Hauptspeicher

R.2.7   PASM (Purdue University, Lafayette, Indiana, USA)

Der PASM (Partitionable SIMD/MIMD) ist ein an der Purdue University entwickeltes, dynamisch rekonfigurierbares Multiprozessor-System, das in der parallelen Bildverarbeitung und bei der Mustererkennung Verwendung findet. Grundlage des PASM bilden die Verarbeitungseinheiten, die parallel im SIMD- oder im MIMD-Modus arbeiten (Bild R.26). Sie bestehen aus je einem Prozessor mit einem Speichermodul und sind über ein mehrstufiges Schaltnetzwerk verbunden. Bild R.27 zeigt den Systemaufbau.

Ein 1984 entwickelter Prototyp dieses Rechners hat 16 Verarbeitungseinheiten, die als Prozessoren Motorola-68000-Bausteine haben. Für Untersuchungszwecke werden zwei Arten von Netzwerken verwendet [Siegel 85]: das Augmented Data Manipulator-Netz (Abschnitt V.3.4.11) und das Extra-Stage-Cube-Netz (Abschnitt V.3.4.12).

Das Betriebssystem ist PASMOS, ein verteiltes Multi-User-System. Über eine Systemkontrolleinheit im PASM kann ein Hostrechner zur Programmentwicklung angeschlossen werden. Als Programmiersprachen für die parallele Programmierung sind C und Ada vorgesehen.

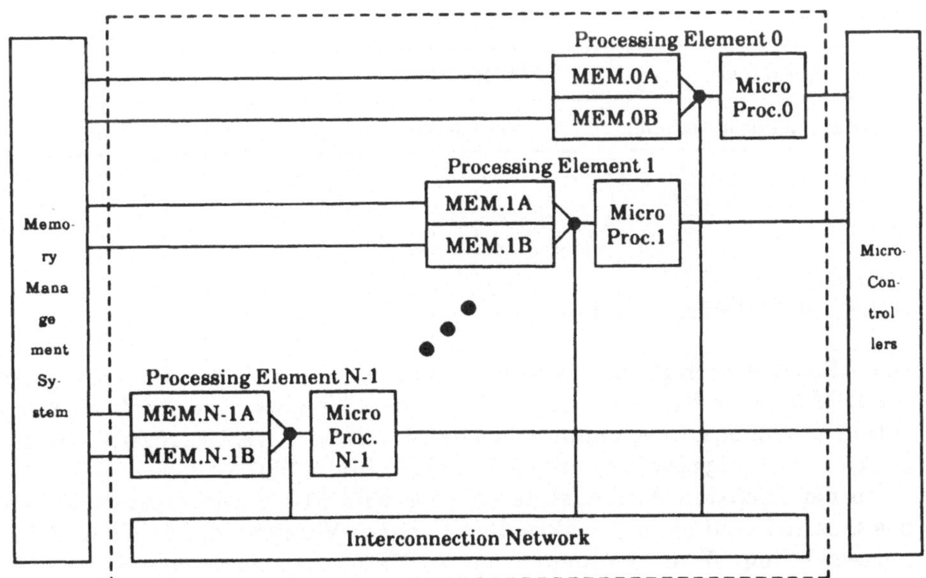

Bild R.26: Verarbeitungseinheiten des PASM-Systems [Siegel 85]

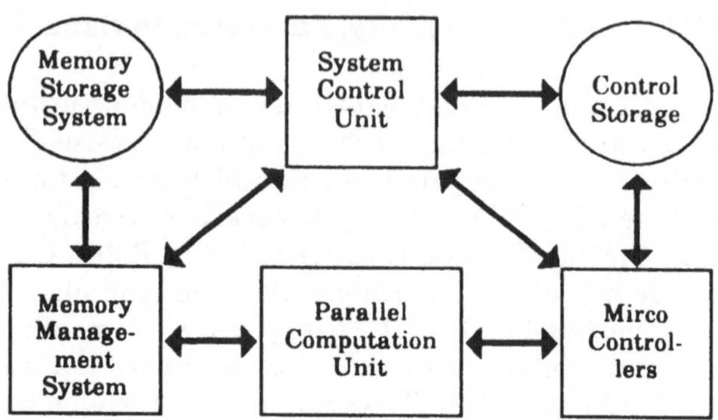

Bild R.27: Block-Diagramm des gesamten PASM-Systems
[Siegel 85]

Firma / Universität	Purdue University
Rechner	PASM (Prototyp 1984), MIMD/SIMD
Netzwerk	Augmented Data Manipulator, Generalized Cube
Zahl der Verarbeitungs-einheiten	bis zu 1024
Prozessortyp	Motorola-68000
Speicher	lokaler Speicher in jeder Verarbeitungseinheit
Betriebssystem	PASMOS
Programmiersprachen	C und Ada zur parallelen Programmierung vorgesehen

R.2.8   RP3 (IBM, New York, USA)

Der RP3 (Research Parallel Processor Prototype) ist ein MIMD-Rechner, der
am IBM Watson Research Center (Yorktown Heights, New York) in Kooperation mit dem Ultracomputer-Projekt der New York University [Gottlieb
83] zu Forschungszwecken entwickelt wird (Bild R.28).

In der höchsten Ausbaustufe soll der RP3 512 Verarbeitungselemente
besitzen (64 sind es in der aktuellen Rechner-Version), die über ein Schaltnetzwerk Zugriff auf den gemeinsamen Hauptspeicher haben. Jedes dieser
Verarbeitungselemente enthält einen IBM-801 ähnlichen Mikroprozessor,
eine Speicherverwaltungseinheit, einen 32-KByte-Cache, eine Vektor-Gleit-

punkt-Einheit, einen 4-MByte-Speicher sowie Schnittstellen für I/O und das
Schaltnetzwerk. Der 4-MByte-Speicher kann dynamisch in einen Lokalteil
und in ein Shared Memory-Teil partitioniert werden. Es ist auch möglich,
den Speicher ausschließlich als lokalen Speicher oder ausschließlich als
Shared Memory zu nutzen.

Das Schaltnetzwerk besteht aus zwei separaten Netzen. Das Low Latency
Network, ein vierstufiges Banyan-Netzwerk mit 4×4-Schaltelementen, ist
für effiziente Zugriffe der Verarbeitungsprozessoren auf das Shared Memory
vorgesehen. Das zweite Netz ist ein aus 2×2-Schaltelementen aufgebautes
sechsstufiges Omega-Netzwerk, das zur Synchronisation von Prozessen eingesetzt wird. Sind mehrere Prozessorzugriffe auf gemeinsame Synchronisa-
tionsvariablen notwendig, so werden entsprechende Prozessor-Nachrichten,
falls sie gleichzeitig in einem Schaltelement eintreffen, zu einer kombiniert
und zur Zieladresse weitergeleitet (Combining Network, siehe auch Abschnitt 4.3). Auf diese Weise sollen Engpässe vermieden werden. Beide Netzwerke unterstützen sowohl die Paketvermittlung als auch die Durchschaltevermittlung.

Das Betriebssystem ist ein erweitertes 4.2 bsd UNIX-System. Als Programmiersprachen stehen dem Anwender C, FORTRAN und Pascal zur
Verfügung.

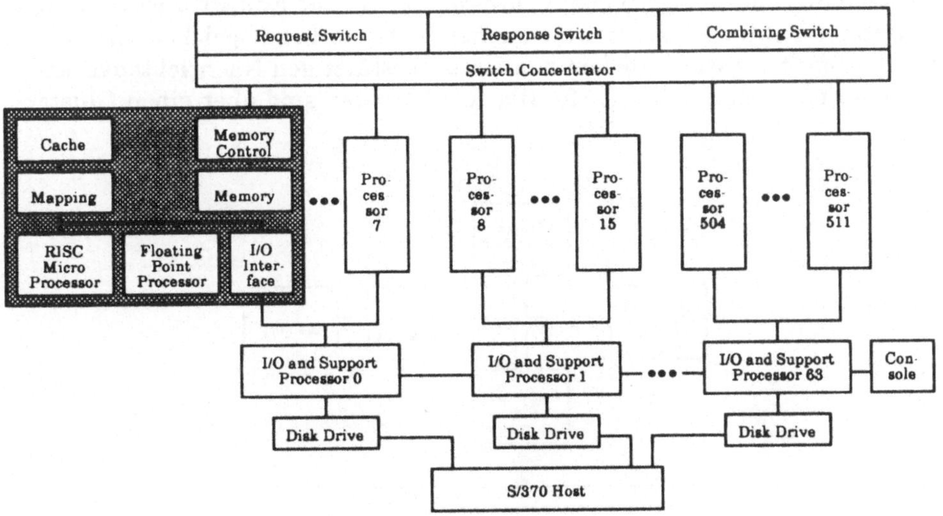

Bild R.28: Aufbau des RP3 [Manuel 86]

Firma / Universität	IBM Watson Research Center
Rechner	RP3
Netzwerk	Banyan- bzw. Omega-Netz
Zahl der Verarbeitungs-einheiten	bis zu 512
Prozessortyp	IBM-801 ähnlich
Speicher	4 MByte pro Prozessor
Betriebssystem	Erweiterte Version von 4.2 bsd UNIX
Programmiersprachen	C, FORTRAN, Pascal

R.2.9   Suprenum (Suprenum GmbH, BRD)

Der Suprenum-Rechner ist ein für numerische Anwendungen konzipiertes Multiprozessor-System. Die Entwicklung eines Prototyps ist Projektziel der Suprenum GmbH und wird von der GMD, von verschiedenen Firmen, Universitäten sowie vom BMFT unterstützt.

Nach dem aktuellen Konzept von Prof. Giloi ist der Rechner im Aufbau hierarchisch strukturiert. Grundelement ist der Rechnerknoten. Jeder Knoten hat einen 32-Bit-MC68020-Prozessor als Front-End-Prozessor, einen Gleitpunkt-Vektor-Prozessor sowie einen 8-MByte-Lokalspeicher. Ein Kommunikationsprozessor in jedem Knoten unterstützt den Nachrichtenverkehr mit anderen Knoten (Bild R.29). Bis zu 16 Knoten sind über einen Cluster-

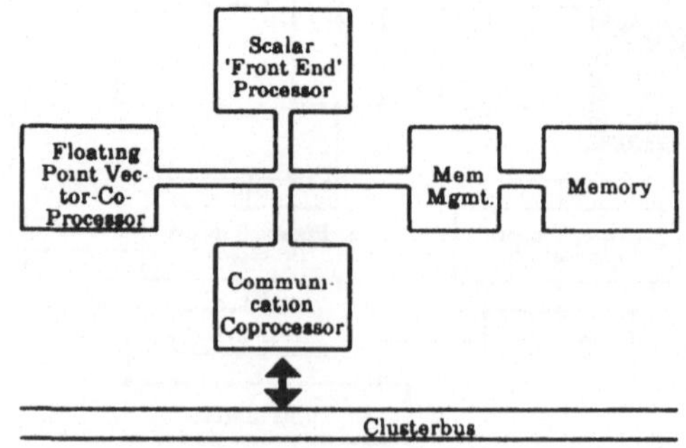

Bild R.29:   Struktur eines Suprenum-Knotens [Behr 86]

Bus (2-Bus-System) gekoppelt und somit zu einem Cluster zusammengefaßt.
Zusätzlich enthält der Cluster einen File Server und ein Diagnosesystem.
Über einen am Cluster-Bus angeschlossenen Buscontroller sind vier An-
schlüsse zur Verbindung mit anderen Clustern vorhanden (Bild R.31).

Der Prototyp soll eine 4×4-Torusstruktur aufweisen, in der 16 Cluster
mit dem „Suprenum-Bus" verbunden sind (Bild R.30). Die Prozeßkommunikation in dieser Verbindungsstruktur wird durch Nachrichtenaustausch
gewährleistet. Der Suprenum-Rechner hat eine „Betriebssystem-Maschine",
die u.a. die globalen Systemressourcen verwaltet, die Prozesse im System
verteilt und die Prozeßkommunikation unterstützt. Die Anwenderprogramme selbst werden in den Knoten ausgeführt, von denen jeder ein lokales
Betriebssystem besitzt. An Programmiersprachen sind MIMD-FORTRAN
und Concurrent-MODULA 2 verfügbar.

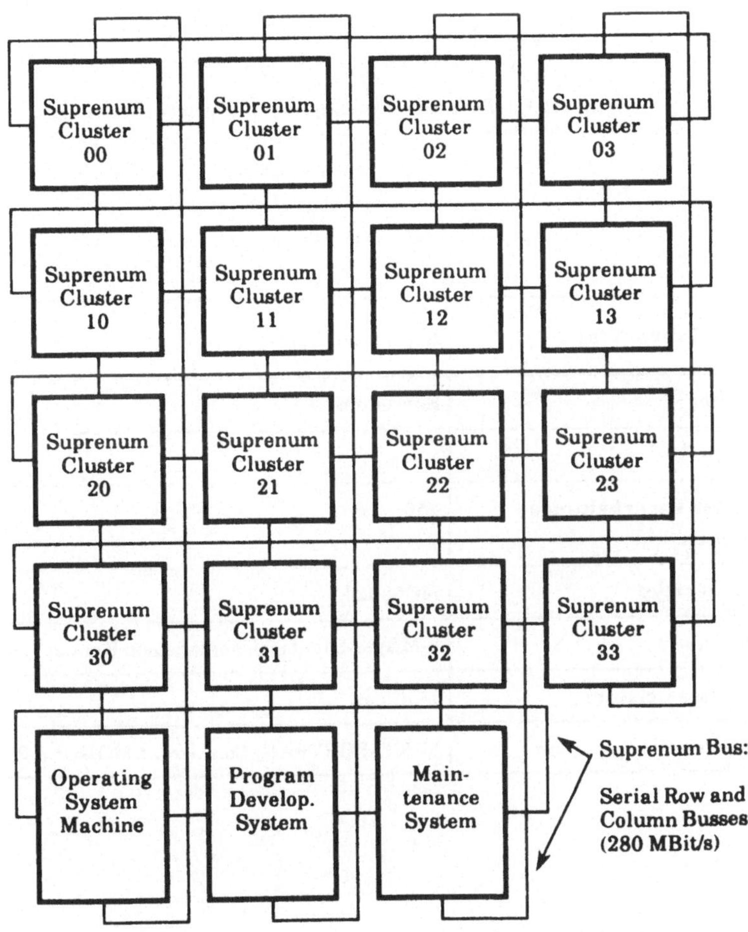

Bild R.30: Suprenum mit 16 Clustern (256 Knoten) [Behr 86]

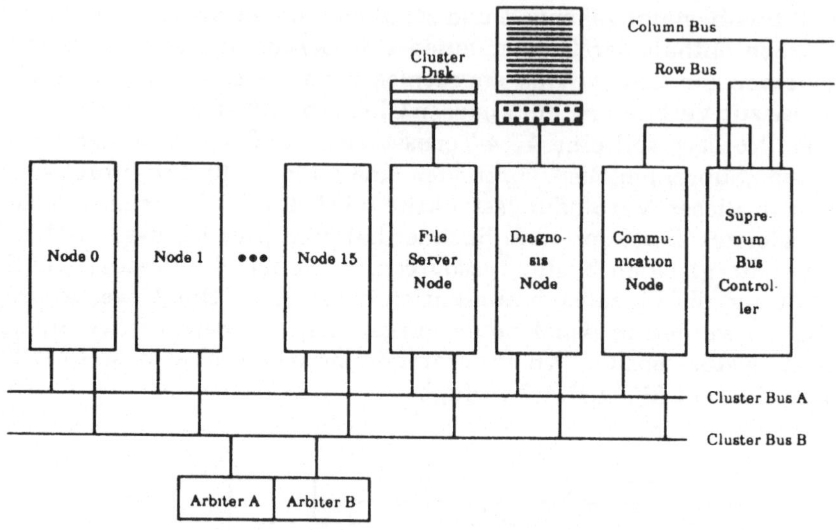

Bild R.31: Struktur eines Suprenum-Clusters [Behr 86]

Firma / Universitat	Suprenum GmbH
Rechner	Suprenum
Netzwerk	Bus
Zahl der Verarbeitungs-einheiten	256
Prozessortyp	MC68020
Speicher	8-MByte-Lokalspeicher in jedem Knoten
maximale Leistung	1 GFlops
Programmiersprachen	MIMD-FORTRAN, Concurrent-MODULA 2

R.3 Tabellen

Die Tabellen in den Abschnitten R.3.1. und R.3.2 enthalten in Kurzfassung wesentliche Merkmale derjenigen Multiprozessor-Systeme, die unter R.1 und R.2 näher beschrieben sind. Informationen über diese Rechner sind der Literatur am Ende dieses Anhangs bzw. den Angaben aus den Abschnitten R.1 und R.2 entnommen.

Die Tabelle im Abschnitt R.3.3 bringt Kurzbeschreibungen von Multiprozessor-Systemen, auf die im Text dieses Buches nicht näher eingegangen wird. Die zugehörigen Literaturangaben finden sich ebenfalls am Ende dieses Anhangs.

R.3.1   Kommerzielle Rechner

Firma - Produkt	Zahl der Verarbeitungseinheiten	Prozessortyp	Verbindungsstruktur	Speicherorganisation
Alliant - FX-Serie	1 - 8	speziell	Bus	shared central
Apollo - DSP9000	1 - 8	speziell	Bus	shared central
BBN - Butterfly, GP1000	1 - 256	68020	Banyan	shared local
Bromcom - Hyper-micro	1 - 17	80186	Bus	lokal
Concurrent - 3280-MPS	1 - 6	speziell	Bus	shared central
Convex - C1-XP	1 - 4	speziell	Token-passing-Ring	shared central
Cray Res. - Cray X-MP	1 - 4	speziell	Speicher-kopplung	shared central
Denelcor - HEP	4 (1. Vers.)	speziell	Schaltnetz-werk	shared local
Elxsi - 6400	1 - 12	speziell	Bus	shared central

Firma / Produkt	Zahl der Verarbeitungs- einheiten	Prozessor- typ	Verbin- dungs- struktur	Speicher- organisation
Encore - Multimax	2 - 20	32332	Bus	shared central
Flexible - Flex32	bis 20480	32032, 68020	Bus	shared central lokal
FPS - T-Serie	8 - 16384	Transputer	Hypercube	lokal
Goodyear - MPP	16896	speziell	Gitter	shared central lokal
Intel - iPSC	16 - 128	80286/87	Hypercube	lokal
Intel - iSGR	4, 8	80286/87	Hypercube	lokal
Meiko - Com- puting Surface		Transputer	variabel	lokal
NCube	4 - 1024	speziell	Hypercube	lokal
Parsytec - Megaframe	64 (Basis- einheit)	Transputer	variabel	lokal
Sequent - Balance	2 - 30	32032/32081	Bus	shared central
Sequent - Symmetry	2 - 30	80386/87	Bus	shared central
Siemens - MX 500	2 - 8	32032/32081	Bus	shared central
Thinking Machines - Connection Machine	16384 - 65536	speziell	Hypercube	lokal

R.3.2 Forschungsprojekte

Projekt (Universität oder Firma)	Zahl der Verarbeitungseinheiten (Jahreszahl bzgl. Entwicklungsstand)	Verbindungsstruktur	Speicherorganisation
Cedar (University of Illinois)	32 (1987)	Omega	shared central lokal
CHIP (Purdue Univ)	bis 2^{16}	Schaltgitter	lokal
Cosmic Cube (Caltech)	64 (1983)	Hypercube	lokal
DADO (Columbia University)	1023 (1985)	Binärbaum	lokal
DIRMU 25 (Universität Erlangen-Nürnberg)	25 (+1) (1987)	Teilvermaschung	shared local lokal
M^5PS (TH Aachen)	8 pro Teilsystem (1982)	Bus	shared central
PASM (Purdue University)	16 (1984) (geplant bis zu 1024)	Augmented Data Manipulator, Extra-Stage-Cube	shared local lokal
RP3 (IBM)	maximal 512 64 (1987)	SW-Banyan, Omega	shared local lokal
Suprenum (Suprenum GmbH)	256	Bus	lokal

R.3.3 Übersicht über weitere Multiprozessor-Systeme

Rechner/ Firma bzw. Universität	Zahl der Verarbei- tungsein- heiten	Verbin- dungs- struktur	Anwen- dungsgebiet	Literatur
Cellular (North Caro- lina Univ.)	10^6	Baum	Ausführung der FP- Sprache von Backus	[Almasi 85]
CHoPP (Columbia Univ.)	?	Hypercube	universell	[Almasi 85]
Cm* (CMU)	50	Bus	Betriebs- system- Testbett	[Almasi 85], [Giloi 81], [Swan 77]
Concert (MIT)	10^4	Ring-Bus	Parallel LISP	[Almasi 85]
Connection (MIT)	10^6	Hypercube, Gitter	AI-Anwen- dungen	[Almasi 85]
C.mmp (CMU)	16	Crossbar	Architektur- Testbett	[Almasi 85], [Giloi 81], [Hwang 85]
DAP (ICL)	4096	Gitter	partielle Differential- gleichungen	[Almasi 85]
DDSP (ESL)	32	Bus	Signal- verarbeitung	[Hogenauer 82]
DIPOD (Logica)	1 - 14	Bus	Signal- und Bildverar- beitung	[Unicom 86]
ELI (Yale Univ.)	16 (Stand 1984)	Chordaler Ring	Ausführung v. Program- men mit vie- len Schleifen	[Patt 84]

Rechner/ Firma bzw. Universität	Zahl der Verarbeitungseinheiten	Verbindungsstruktur	Anwendungsgebiet	Literatur
EMPRESS (ETH Zürich)	16 (+1) (1982)	Bus	Simulationsanwendungen	[Buehrer 82]
ETA 10-G8 (ETA Systems)	8	Speicherkopplung	technisch wissenschaftliche Anwendungen	[Computer 88]
GF11 (IBM)	576	Beneš-Netz	physikalische Problemstellungen	[Beetem 87], [Regenspurg 87]
HAP (NTT)	4096	Gitter	Sprach- und Mustererkennung	[Ishikawa 86]
Loral LDF 100 (Loral)	256	variabel	technisch wissenschaftliche Anwendungen	[Johnson 86]
Masscomp	?	Mehrbussystem	universell	[Anonym]
NON-VON (Columbia Univ.)	10^6	Baum	Datenbanken, AI	[Almasi 85], [Patt 84], [Shaw 81]
PARWELL (p1)	4097	Mehrbus-System	universell	[Klein 87], [Klein 88]
Philips Object-oriented Parallel Computer (Philips)	?			[Odijk 86]
Pyramid 9840	4	Bus	universell	[Electronics 87]

Rechner/ Firma bzw. Universität	Zahl der Verarbei- tungsein- heiten	Verbin- dungs- struktur	Anwen- dungsgebiet	Literatur
S1 (US Navy)	16	Crossbar	technisch wissenschaft- liche Anwen- dungen	[Hwang 85]
Series 1000 (Apollo)	4	Bus	universell	[Curran 88]
STARAN (Goodyear)	32×256	Flip-Netz	Signal- verarbeitung	[Batcher 74], [Giloi 81], [Hwang 85]
System 14 (Ametek)	256	Hypercube	technisch wissenschaft- liche Anwen- dungen	[Davis 87]
Titan (Ardent)	8	Bus	universell	[McLeod 88]
TRAC (University of Texas)	16	Banyan- Netz	Bildverarbei- tung, Daten- banken	[Almasi 85], [Lipovski 87], [Patt 84]
TX3 (IP-Systems)	512 - 4096	Baum	technisch wissenschaft- liche Anwen- dungen	[Computer- woche 87], [Wöst 88]
Ultracomputer (New York University)	4096	Omega- Netz	technisch wissenschaft- liche Anwen- dungen	[Lipovski 87]
WRM (IBM)	64	8×8-Gitter	Gatearray Wiring	[Almasi 85]
YSE (IBM)	256	Crossbar	Logik- simulation	[Almasi 85]

Literatur zu den Rechnerbeispielen

Literatur zu den im Text näher beschriebenen Rechnern

Alliant - FX-Serie

[Bond 87]   Bond J.
                     Parallel-processing concepts finally come together in real systems
                     Computer Design, June 1 (1987), pp. 51 - 74

[elektronik 88]   Offenes Geheimnis
                     elektronik praxis, Nr. 4, April 1988, S.70

[Johnson 86]   Johnson T.; Durham T.
                     Parallel Processing: the challenge of new computer architectures
                     Ovum Ltd., London, 1986

[Lackey 85]   Lackey S.; Veres J.; Ziegler M.
                     Supercomputer Expands Parallel Processing Options
                     Computer Design, Aug. 15 (1985), pp. 76 - 81

[Test 86]   Test J.A.; Myszewski M.; Swift R.C.
                     The Alliant FX/Series: A Near Supercomputer with Automatic
                     Transformation of Existing Programs for Parallel Execution
                     Major Advances in Parallel Processing, Unicom Seminars Ltd., 1986, pp. 162
                     - 170

BBN - Butterfly

[Bond 87]   Bond J.
                     Parallel-processing concepts finally come together in real systems
                     Computer Design, June 1 (1987), pp. 51 - 74

[Crowther 85]   Crowther W.; Goodhue J.; Starr E.; Thomas R.; Blackadar T.
                     Performance Measurements on a 128-Node Butterfly Parallel Processor
                     Proc. 1985 Int. Conf. on Parallel Processing, 1985, pp. 531 - 540

[Electronics 87]   Here Comes High-Powered Unix For Multiple CPUs
                     Electronics, Oct. 29 (1987), pp. 77 - 79

[Johnson 86]   Johnson T.; Durham T.
                     Parallel Processing: the challenge of new computer architectures
                     Ovum Ltd., London, 1986

[Rettberg 86]   Rettberg R.; Thomas R.
                     Contention is no Obstacle to Shared Memory Multiprocessing
                     Communications of the ACM, Vol. 29, No. 12 (1986), pp. 1202 - 1212

Bromcom - Hyper-micro

[Bromcom]   Bromcom-Kundenbroschüre

Concurrent - 3280-MPS

[Concurrent]   Concurrent-Kundenbroschüre
[Johnson 86]   Johnson T.; Durham T.
                     Parallel Processing: the challenge of new computer architectures
                     Ovum Ltd., London, 1986

[Unicom 86]   Unicom Seminars Ltd. (ed.)
                       Major Advances in Parallel Processing, 1986

Cedar

[Gajski 83]   Gajski D.D.; Kuck D.J.; Lawrie D.H.; Sameh A.H.
                       Cedar - A Large Scale Multiprocessor
                       Proc. 1983 Int. Conf. on Parallel Processing, 1983, pp. 524 - 529

[Gajski 87]   Gajski D.D.; Lawrie D.H.; Kuck D.J.; Sameh A.H.
                       „Cedar" in: Lipovski G.J.; Malek M. (ed.) „Parallel Computing"
                       John Wiley & Sons, New York, 1987, pp. 281 - 291

[Patt 84]   Patt Y.N.; Sheldon R.G.; Shebanow M.; Ponder C.; Hwu W.
                       A Comparison of several Evolving (University) Supercomputer Architectures
                       Proc. 4th Jerusalem Conf. on Information Technology, 1984, pp. 15 - 26

CHIP

[Snyder 81]   Snyder L.
                       Overview of the CHiP Computer
                       VLSI 81, John Gray (ed.), Academic Press, 1981, pp. 240 - 249

[Snyder 82]   Snyder L.
                       Introduction to the Configurable, Highly Parallel Computer
                       IEEE Computer, Vol. 15, No.1 (1982), pp. 47 - 56

[Snyder 87]   Snyder L.
                       Introduction to the Configurable, Highly Parallel Computer
                       „CHIP" in: Lipovski G.J.; Malek M. (ed.) „Parallel Computing"
                       John Wiley & Sons, New York, 1987, pp. 313 - 332

Convex - C1-XP

[Convex]   Convex-Kundenbroschüre

[Electronics 86]   This Minisuper is Aimed at Parallel Processing
                       Electronics, Oct. 30 (1986), pp. 56 - 58

[Unicom 86]   Unicom Seminars Ltd. (ed.)
                       Major Advances in Parallel Processing, 1986

Cosmic Cube

[Peterson 85]   Peterson J.C.; Tuazon J.C.; Lieberman D.; Pniel M.
                       The Mark III Hypercube-Ensemble Concurrent Computer
                       Proc. 1985 Int. Conf. on Parallel Processing, 1985, pp. 71 - 73

[Seitz 85]   Seitz C.L.
                       The Cosmic Cube
                       Communications of the ACM, Vol. 28, No. 1 (1985), pp. 22 - 33

[Seitz 87]   Seitz C.L.
                       „The Cosmic Cube" in: Lipovski G.J.; Malek M. (ed.) „Parallel Computing"
                       John Wiley & Sons, New York, 1987, pp. 295 - 311

Cray Research - Cray X-MP

[Lazou 86]   Lazou C.
Supercomputers and their Use
Clarendon Press, Oxford, 1986

[Hwang 85]   Hwang K.; Briggs F.A.
Computer Architecture and Parallel Processing
McGraw-Hill, New York, 1985

DADO

[Stolfo 86]   Stolfo S.J.; Miranker D.P.
The DADO Production System Machine
Journal of Parallel and Distributed Computing 3, 1986, pp. 269- 296

[Stolfo 87]   Stolfo S.J.
Initial Performance of the DADO 2 Prototype
Computer, Jan. 1987, pp. 75 - 82

Denelcor - HEP

[Jordan 83]   Jordan H.F.
Performance Measurement on HEP - A Pipelined MIMD Computer
Proc. 10th Annual Symposium on Computer Architecture, SIGARCH
Newsletter Vol. 11, No. 3 (1983), pp. 207 - 212

[Hwang 85]   Hwang K.; Briggs F.A.
Computer Architecture and Parallel Processing
McGraw-Hill, New York, 1985

[Kowalik 85]   Kowalik J.S. (ed.)
Parallel MIMD Computation: The HEP Supercomputer and its Applications
MIT Press (Cambridge, Mass.), 1985

[Smith 78]   Smith B.J.
A Pipelined, Shared MIMD Computer
Proc. 1978 Int. Conf. on Parallel Processing, 1978, pp. 6 - 8

DIRMU

[Händler 85]   Händler W.; Maehle E.; Wirl K.
Dirmu Multiprocessor Configurations
Proc. 1985 Int. Conf. on Parallel Processing, 1985, pp. 652 - 656

[Händler 86]   Händler W.
Multiprozessoren: Effizienz und Fehlertoleranz
NTG-GI-Fachtagung „Architektur und Betrieb von Rechenanlagen",
Stuttgart 1986, S. 7 - 29

[Maehle 86]   Maehle E.; Moritzen K.; Wirl K.
Fault-Tolerant Hardware Configuration Management on the Multiprocessor
System Dirmu 25
Proc. Conpar 86, Aachen, 1986, Springer-Verlag, pp. 190 - 197

Elxsi - System 6400

[Bond 87]   Bond J.
                     Parallel-processing concepts finally come together in real systems
                     Computer Design, June 1 (1987), pp. 51 - 74

[Sanguinetti 86]   Sanguinetti J.; Group D.
                     Performance of a Message-Based Multiprocessor
                     Computer, September 1986, pp. 47 - 55

Encore - Multimax

[Bond 87]   Bond J.
                     Parallel-processing concepts finally come together in real systems
                     Computer Design, June 1 (1987), pp. 51 - 74

[Siewiorek 85]   Siewiorek D.P.; Anzelmo T.; Moore R.
                     Multiprocessor Computers Expand User Visitas
                     Computer Design, Aug. 15 (1985), pp. 70 - 75

Flexible - Flex/32

[Bond 87]   Bond J.
                     Parallel-processing concepts finally come together in real systems
                     Computer Design, June 1 (1987), pp. 51 - 74

[Davis 87]   Davis D.B.
                     Parallel Computers Diverge
                     High Technology, Feb. 1987, pp. 16 - 22

[Matelan 85]   Matelan N.
                     The Flex/32 Multicomputer
                     Proc. 12th Int. Symp. on Computer Architecture, 1985, pp. 209 - 213

Floating Point Systems - T-Serie

[Frenkel 86]   Frenkel K.A.
                     Evaluating two Massively Parallel Machines
                     Communications of the ACM, Vol. 29, No. 8 (1986), pp. 752 - 758

[Gustafson 86]   Gustafson J. L.; Hawkinson S.; Scott K.
                     The Architecture of a Homogeneous Vector Supercomputer
                     Proc. 1986 Int. Conf. on Parallel Processing, 1986, pp. 649 - 652

[Johnson 86]   Johnson T.; Durham T.
                     Parallel Processing: the challenge of new computer architectures
                     Ovum Ltd., London, 1986

[Klein 87]   Klein A.; Eckhardt H.; Istavrinos P.
                     Parallelrechner-Architekturen - Eine Studie zum Stand der Technik
                     Siemens, 1987

Goodyear Aerospace - MPP

[Batcher 85]   Batcher K.E.
                     MPP: A High-Speed Image Processor
                     in „Algorithmically Specialized Parallel Computer" Snyder L.;
                     Jamieson L.H. (ed.)
                     Academic Press, 1985, pp. 59 - 68

[Hwang 85]   Hwang K.; Briggs F.A.
                    Computer Architecture and Parallel Processing
                    McGraw-Hill, New York, 1985

[Mak 86]   Mak V.W.K.
                    A Survey of Concurrent Architectures
                    Stanford University, 1986

Intel - iPSC-Serie

[Comp 87]   Generationswechsel bei Parallelrechnern
                    Computerwoche, 11. September 1987, S. 21

[Electronics 86]   Vector Processing Boosts Hypercube's Performance
                    Electronics, April 14 (1986), pp. 30 - 31

[Johnson 86]   Johnson T.; Durham T.
                    Parallel Processing: the challenge of new computer architectures
                    Ovum Ltd., London, 1986

[Klein 87]   Klein A.; Eckhardt H.; Istavrinos P.
                    Parallelrechner-Architekturen - Eine Studie zum Stand der Technik
                    Siemens, 1987

[Kober 86]   Kober R.; Müller-Schloer C.; Schmitter E.
                    Chancen für Parallelarchitekturen
                    aus „Informatik in der Praxis", Schwärtzel H. (Hrsg.),
                    Springer-Verlag, 1986, S. 295 - 313

[Rosenberg 85]   Rosenberg R.
                    Supercube
                    Electronics, Feb. 11, 1985, pp. 15 - 17

[Unicom 86]   Unicom Seminars Ltd. (ed.)
                    Major Advances in Parallel Processing, 1986

Intel - iSGR-Serie

[Intel]   Intel-Kundenbroschüre

Meiko - Computing Surface

[Electronics 85]   The Transputer Spawns a Radically New Computer
                    Electronics, Oct. 7 (1985), pp. 43 - 45

[Electronics 86]   How Meiko is Getting an Instant Supercomputer
                    Electronics, Nov. 27 (1986), pp. 56 - 57

[Meiko]   Meiko-Kundenbroschüre

M^5PS

[Ameling 82]   Ameling W.; Milde J.; Krings L.
                    Architektur des Multiprozessorsystems M^5PS und Auswertung einiger
                    Anwendungen
                    NTG-Fachberichte, Band 80 „Struktur und Betrieb von Rechenanlagen",
                    1982

[Ameling 87]   Ameling W.
                    Das Multiprozessorsystem M^5PS: Einleitung
                    Angewandte Informatik, Heft 8/9, September 1987, S. 317 - 318

[Hartung 87]   Hartung G.; Milde J.; Ameling W.
                      Organisation eines M⁵PS-Teilsystems
                      Angewandte Informatik, Heft 8/9, September 1987, S. 328 - 339

[Krings 87]   Krings L.; a Campo M.; Ameling W.
                      Das M⁵PS-Teilsystem: Ein eng gekoppelter Multiprozessor
                      Angewandte Informatik, Heft 8/9, September 1987, S. 319 - 327

[Regen 85]   Regen F.; Behrens M.; Ameling W.
                      Simulation unterschiedlicher Verbindungsnetzwerke im M⁵PS Multipro-
                      zessorsystem - Modellierung
                      Proc. 3. Symposium Simulationstechnik, Springer-Verlag 1985, S. 171 - 176

NCube - NCube-Serie

[Hayes 86]   Hayes J.P.; Mudge T.N.; Stout Q.F.; Colley S.; Palmer J.
                      Architecture of a Hypercube Supercomputer
                      Proc. 1986 Int. Conf. on Parallel Processing, 1986, pp. 653 - 660

[Palmer 86]   Palmer J. F.
                      A VLSI Parallel Computer
                      Proc. COMPCON Spring 86, pp. 397 - 401

Parsytec - Megaframe

[Parsytec]   Parsytec-Kundenbroschüre

[Kübler 88]   Kübler F.-D.
                      Der Megaframe-Supercluster - Ein rekonfigurierbarer Parallelrechner auf
                      Transputer-Basis
                      c't magazin für computer technik, Nr. 9, September 1988, S. 156 - 164

PASM

[Patt 84]   Patt Y.N.; Sheldon R.G.; Shebanow M.; Ponder C.; Hwu W.
                      A Comparison of several Evolving (University) Supercomputer Architectures
                      Proc. 4th Jerusalem Conf. on Information Technology, 1984, pp. 15 - 26

[Siegel 81]   Siegel H.J.; McMillen R.J.
                      The Multistage Cube: A Versatile Interconnection Network
                      Computer, December 1981, pp. 65 - 76

[Siegel 85]   Siegel H.J.; Kuehn J.T.
                      PASM: A Partitionable SIMD/MIMD System for Parallel Image Processing
                      Research
                      in: Snyder L.; Jamieson L.H. (ed.) „Algorithmically Specialized Parallel
                      Computers"
                      Academic Press, 1985, pp. 69 - 78

[Siegel 87]   Siegel H.J.; Schwederski T.; Davis N.J.; Kuehn J. T.
                      PASM: A Reconfigurable Parallel System For Image Processing
                      in: Lipovski G.; Malek M. (ed.) „Parallel Computing"
                      John Wiley & Sons, New York, 1987, pp. 215 - 238

RP3

[Brantley 85]   Brantley W.C.; McAuliffe K.P.; Weiss J.
                      RP3 Processor-Memory Element
                      Proc. 1985 Int. Conf. on Parallel Processing, 1985, pp. 782 - 789

[Gottlieb 83]   Gottlieb A.; Grishman R.; Kruskal C.P.; McAuliffe K.P.; Rudolph L.; Snir M.
                   The NYU Ultracomputer - Designing a MIMD Shared Memory Parallel
                   Computer
                   IEEE Transactions on Computers, Vol. C-32, No. 2 (1983), pp. 175 - 189
[Klein 87]   Klein A.; Eckhardt H.; Istavrinos P.
                   Parallelrechner-Architekturen - Eine Studie zum Stand der Technik
                   Siemens, 1987
[Kober 86]   Kober R.; Müller-Schloer C.; Schmitter E.
                   Chancen für Parallelarchitekturen
                   aus: Schwärtzel H. (Hrsg.) „Informatik in der Praxis",
                   Springer-Verlag, 1986, S. 295 - 313
[Manuel 86]   Manuel T.
                   Parallel Processing: The Pace Quickens
                   Electronics, Sept. 18 (1986), pp. 86 - 89
[Pfister 85]   Pfister G.F.; Brantley W.C.; George D.A.; Harvey S.L.; Kleinfelder W.J.;
                   McAuliffe K.P.; Melton E.A.; Norton V.A.; Weiss J.
                   The IBM Research Parallel Processor Prototype (RP3): Introduction and
                   Architecture
                   Proc. 1985 Int. Conf. on Parallel Processing, 1985, pp. 764 - 771
[Regenspurg 87]   Regenspurg G.
                   Hochleistungsrechner-Architekturen
                   McGraw-Hill-Texte, McGraw-Hill, 1987

Sequent - Balance

[Bond 87]   Bond J.
                   Parallel-processing concepts finally come together in real systems
                   Computer Design, June 1 (1987), pp. 51 - 74
[Mockhoff 87]   Mockhoff N.
                   Parallelism breeds a new class of supercomputers
                   Computer Design, March 15 (1987), pp. 53 - 64
[Sequent]   Sequent-Kundenbroschüre
[Unicom 86]   Unicom Seminars Ltd. (ed.)
                   Major Advances in Parallel Processing, 1986

Sequent - Symmetry

[Electronics 87a] Electronics Newsletter
                   Electronics, May 14 (1987), p. 21
[Electronics 87b] How Sequent's New Model Outruns Most Mainframes
                   Electronics, May 28 (1987), pp. 76 - 79
[Moad 87]   Moad J.
                   Sequent, Embracing Intel, Eyes the Commercial Market
                   Datamation, May 1987, pp. 31 - 32

Siemens - MX 500

[mMm 87]   Sinix-Rechnerfamilie MX 500 mit bis zu 32 Arbeitsplätzen
                   mini Micro magazin, 3 - 1987, S. 96 - 97
[Siemens 86]   Siemens MX 500 - Broschüre
                   Siemens AG, 1986

[Siemens 87]   Siemens MX 500 - die neue Computerklasse; Allgemeine Beschreibung
                    Siemens AG, Bereich Datentechnik, 1987

Suprenum

[Behr 86]   Behr P.M.; Giloi W.K.; Mühlenbein H.
                    Suprenum: The German Supercomputer Architecture - Rationale and
                    Concepts
                    Proc. 1986 Int. Conf. on Parallel Processing, 1986, pp. 567 - 575
[Giloi 88]   Giloi W. K.
                    Der Suprenum-Rechner - Eine Parallelrechner-Architektur für numerische
                    Anwendungen
                    c't magazin für computer technik, Nr.7, Juli 1988, S. 92 - 71
[Klein 87]   Klein A.; Eckhardt H.; Istavrinos P.
                    Parallelrechner-Architekturen - Eine Studie zum Stand der Technik
                    Siemens, 1987
[Regenspurg 87]   Regenspurg G.
                    Hochleistungsrechner-Architekturen
                    McGraw-Hill-Texte, McGraw-Hill, 1987
[Suprenum]   Suprenum-Kundenschrift
[Trottenberg 86]   Trottenberg U.
                    Suprenum - A MIMD Multiprocessor System for Multi-Level Scientific
                    Computing
                    Proc. CONPAR 86, Lecture Notes in Computer Science No. 237, Springer-
                    Verlag, 1986
[Trottenberg 88]   Trottenberg U.
                    Der Suprenum-Rechner - Eine Parallelkonzept mit superschneller
                    Anwendungssoftware
                    c't magazin für computer technik, Nr. 8, August 1988, S. 150 - 157

Thinking Machines - Connection Machine

[Electronics 86]   65000 Parallel Processors Tackle the Biggest Data Jobs
                    Electronics, June 2 (1986), pp. 45 - 47
[Fiebrich 86]   Fiebrich R.D.
                    A Supercomputer Workstation for VLSI CAD
                    IEEE Design & Test, June 1986, pp. 31 - 37
[Frenkel 86]   Frenkel K.A.
                    Evaluating Two Massively Parallel Machines
                    Communications of the ACM, Vol. 29, No. 8 (1986), pp. 752 - 758
[Hillis 85]   Hillis W.D.
                    The Connection Machine
                    The MIT Press, Cambridge, Mass., 1985
[Hillis 87]   Hillis W.D.
                    Ultraschnelle Prozessor-Netzwerke
                    Spektrum der Wissenschaft, Aug. 1987, S. 52 - 60
[Klein 87]   Klein A; Eckhardt H.; Istavrinos P.
                    Parallelrechner-Architekturen - Eine Studie zum Stand der Technik
                    Siemens, 1987
[Kober 86]   Kober R.; Müller-Schloer C.; Schmitter E.
                    Chancen für Parallelarchitekturen
                    aus „Informatik in der Praxis", Schwärtzel H. (Hrsg.),
                    Springer-Verlag, 1986, S. 295 - 313

[Panasuk 86]   Panasuk C.
                      Adaptable computer has all elements in parallel
                      Electronic Design, May 29 (1986), pp. 36 - 42

[Regenspurg 87]   Regenspurg G.
                      Hochleistungsrechner-Architekturen
                      McGraw-Hill-Texte, McGraw-Hill, 1987

Literatur zu den zusätzlichen Rechnerbeispielen

[Almasi 85]   Almasi G.S.
                      Overview of parallel processing
                      Parallel Computing 2, 1985, pp. 191 - 203

[Anonym]   Programmierung paralleler Prozesse unter einem echtzeitfähigen UNIX^{TM}
                      Betriebssystem

[Batcher 74]   Batcher K.E.
                      STARAN Parallel Processor System Hardware
                      AFIPS Conf. Proc. Vol. 43, 1974 NCC, pp. 405 - 410

[Beetem 87]   Beetem J.; Denneau M.; Weingarten D.
                      The GF11 Supercomputer
                      Nuclear Physics 461, No. 1 - 2, C367, 1987

[Buehrer 82]   Buehrer R.E.; Brundiers H.-J.; Benz H.; Bron B.; Friess H.; Haelg W.; Halin
                      H.J.; Isacson A.; Tadian M.
                      The ETH-Multiprocessor EMPRESS: A Dynamically configurable MIMD
                      System
                      IEEE Transactions on Computers, Vol. C-31, No. 11 (1982), pp. 1035 - 1044

[Computer 88]   Neue Rechnermodelle für den technisch wissenschaftlichen Einsatz
                      Computer Magazin 1 - 2, 1988

[Computerwoche 87]   Bei Supercomputern sacken die Preise
                      Computerwoche, 3. Juli 1987, S. 18

[Curran 88]   Curran L.
                      Surprise! Apollo Unveils a 'Desktop' Supercomputer
                      Electronics, March 3, 1988, pp. 69 - 70

[Davis 87]   Davis D.B.
                      Parallel Computers Diverge
                      High Technology, Feb. 1987, pp. 16 - 22

[Electronics 87]   Pyramid Adds Risc to Parallel Processing
                      Electronics, April 30, 1987, pp. 68 - 69

[Giloi 81]   Giloi W.K.
                      Rechnerarchitektur
                      Springer-Verlag, Berlin, 1981

[Hogenauer 82]   Hogenauer E.B.; Newbold R.F.; Inn Y.J.
                      DDSP - A Data Flow Computer for Signal Processing
                      Proc. 1982 Int. Conf. on Parallel Processing, 1982, pp. 126 - 133

[Hwang 85]   Hwang K.; Briggs F.A.
                      Computer Architecture and Parallel Processing
                      McGraw-Hill, New York, 1985

[Ishikawa 86]   Ishikawa T.; Momoi S.; Shimada S.; Ogawa Y.
                      Hierarchical Array Processor (HAP) Featuring High Reliability and High
                      System Performance
                      Proc. 1986 Int. Conf. on Parallel Processing 1986, pp. 293 - 300

[Johnson 86]   Johnson T.; Durham T.
                      Parallel Processing: the challenge of new computer architectures
                      Ovum Ltd., London, 1986

[Klein 87]   Klein A.; Eckhardt H.; Istavrinos P.
                    Parallelrechner-Architekturen - Eine Studie zum Stand der Technik
                    Siemens, 1987

[Klein 88]   Klein R.-D.
                    Das Parwell-Konzept - Ein Parallelrechner mit programmierbarer Hardware
                    c't magazin für computer technik, Nr.7, Juli 1988, S. 118 - 149

[Lipovski 87]   Lipovski G.J.; Malek M.
                    Parallel Computing - Theory and Comparisons
                    John Wiley & Sons, New York, 1987

[McLeod 88]   McLeod J.
                    Ardent Launches First 'Supercomputer on a Desk'
                    Electronics, March 3, 1988, pp. 65 - 67

[Odijk 86]   Odijk E.A.M.
                    The Philips Object-Oriented Parallel Computer
                    in J.V. Woods (ed.) „Fifth Generation Computer Architectures",
                    Elsevier Science Publishers, Netherlands, 1986, pp. 331 - 341

[Patt 84]   Patt Y.N.; Sheldon R.G.; Shebanow M.; Ponder C.; Hwu W.
                    A Comparison of several Evolving (University) Supercomputer Architectures
                    Proc. 4th Jerusalem Conf. on Information Technology, 1984, pp. 15 - 26

[Regenspurg 87]   Regenspurg G.
                    Hochleistungsrechner-Architekturen
                    McGraw-Hill-Texte, McGraw-Hill, 1987

[Shaw 81]   Shaw D.E.
                    NON-VON: A Parallel Machine Architecture for Knowledge-Based
                    Information Processing
                    Proc. 7th Int. Joint Conf. on AI, Vancouver 1981, pp. 961 - 963

[Swan 77]   Swan F.J.; Fuller S.H.; Siewiorek D.P.
                    Cm* - A modular multi-microprocessor
                    AFIPS Conf. Proc., Vol. 46, 1977 NCC, pp. 637 - 644

[Unicom 86]   Unicom Seminars Ltd. (ed.)
                    Major Advances in Parallel Processing, 1986

[Wöst 88]   Wöst W.
                    Wie funktioniert der TX3?
                    c't magazin für computer technik, Nr. 6, Juni 1988, S. 134 - 146

Angaben für die Tabellen

[Almasi 85]   Almasi G.S.
                    Overview of parallel processing
                    Parallel Computing 2, 1985, pp. 191 - 203

[Davis 87]   Davis D.B.
                    Parallel Computers Diverge
                    High Technology, February 1987, pp. 16 - 22

[Manuel 86]   Manuel T.
                    Parallel Processing: The Pace Quickens
                    Electronics, Sept. 18 (1986), pp. 86 - 89

Abkürzungen

BCMP	Baskett, Chandy, Muntz, Palacios
CCNC	Coalesce Computation of Normalizing Constants
CPU	Central Processing Unit
DMA	Direct Memory Access
DMI	Direct Memory Interface
FCFS	First Come First Served
FIFO	First In First Out
Flops	Floating Point Operations Per Second (MFlops: Mega-Flops; GFlops: Giga-Flops)
HRN	Highest Response Ratio Next
IS	Infinite Server
LAN	Local Area Network
LBANC	Local Balance Algorithm for Normalizing Constants
LCFS	Last Come First Served
LCFSPR	Last Come First Served Preemptive Resume
MIMD	Multiple Instruction, Multiple Data
MIPS	Mega Instructions Per Second
MISD	Multiple Instruction, Single Data
PS	Processor Sharing
RAM	Random Access Memory
RISC	Reduced Instruction Set Computer
RR	Round Robin
SCSI	Small Computer System Interface
SIMD	Single Instruction, Multiple Data
SISD	Single Instruction, Single Data
SJF	Shortest Job First
SRT	Shortest Remaining Time
SSD	Solid State Storage Device
VLIW	Very Long Instruction Word
VME (-Bus)	Versa Module Euro (-Bus)

Verzeichnis der Rechnerbeispiele

Sachverzeichnis

E. Hörbst, M. Nett, H. Schwärtzel

VENUS

Entwurf von VLSI-Schaltungen

1986. 192 Abbildungen. XII, 336 Seiten.
Gebunden DM 98,–. ISBN 3-540-16313-1

Standard-Designsysteme eröffnen den Weg zum schnellen und sicheren Entwurf integrierter Schaltungen.
Das Buch führt zunächst am Beispiel des Siemens-Designsystems VENUS in die Methoden des Entwurfs integrierter Schaltungen in die grundlegenden Halbleiter- und Schaltkreistechnologien, in die Methoden des Layout-Designs und in die prüftechnischen Konzepte ein. Anschließend werden alle Kenntnisse vermittelt, die für den Entwurf integrierter Schaltungen mit einem Standard-Designsystem erforderlich sind, einschließlich der wichtigsten Benutzungsanweisungen für VENUS in einfacher Form. Dazu wird der gesamte Entwurfsprozeß für eine integrierte Schaltung an einem einfachen Schaltungsbeispiel durchlaufen. Darüber hinaus sind einige der mit VENUS verbundenen Zellenbibliotheken und Master aufgelistet und eine für eigene Entwürfe ausreichende Auswahl von Zellen in Form eines Zellenkatalogs detailliert beschrieben. Auch wird die Methodik der Entwicklung von Zellenbibliotheken und ihrer Qualitätssicherung dargelegt. Zum Abschluß zeigen die Autoren, wie CAD-Systeme für den Entwurf integrierter Schaltungen in die umfassendere Umgebung von CAD-Systemen für die Entwicklung elektronischer Systeme aller Größenordnungen eingebettet werden können.

Springer-Verlag Berlin
Heidelberg New York London
Paris Tokyo Hong Kong